高等院校计算机应用系列教材

PowerPoint多媒体课件制作实例教程

（第4版） 微课版

方其桂 主编　　张青 唐小华 副主编

清华大学出版社

北京

<h1 style="text-align:center">内 容 简 介</h1>

应用多媒体 CAI 课件教学是新世纪教师必须掌握的教学方式。本书着重介绍使用 PowerPoint 制作多媒体 CAI 课件的方法与技巧，书中实例均选自中小学各学科的典型内容。本书图文并茂，利用图文结合的方式来讲解复杂的操作步骤，注重基础知识与应用技巧的结合，通过丰富、实用的示例，使读者学习起来更加轻松。

本书可以作为师范院校的教材，也可以作为广大中小学、大中专教师学习制作 PowerPoint 多媒体 CAI 课件的自学用书，还可以作为多媒体 CAI 课件制作培训班的教学用书。

图书在版编目(CIP)数据

PowerPoint 多媒体课件制作实例教程：微课版 / 方其桂主编. —4 版. —北京：清华大学出版社，2023.6
高等院校计算机应用系列教材
ISBN 978-7-302-63723-3

Ⅰ．①P…　Ⅱ．①方…　Ⅲ．①多媒体课件—制作—图形软件—高等学校—教材　Ⅳ．①G434

中国国家版本馆 CIP 数据核字(2023)第 099636 号

责任编辑：刘金喜
封面设计：常雪影
版式设计：妙思品位
责任校对：成凤进
责任印制：宋　林

出版发行：清华大学出版社
　　　　网　　　址：http://www.tup.com.cn，http://www.wqbook.com
　　　　地　　　址：北京清华大学学研大厦 A 座　　　　邮　　编：100084
　　　　社 总 机：010-83470000　　　　邮　　购：010-62786544
　　　　投稿与读者服务：010-62776969，c-service@tup.tsinghua.edu.cn
　　　　质 量 反 馈：010-62772015，zhiliang@tup.tsinghua.edu.cn
印 装 者：三河市天利华印刷装订有限公司
经　　销：全国新华书店
开　　本：185mm×260mm　　印　张：20　插　页：2　字　数：475 千字
版　　次：2012 年 4 月第 1 版　　2023 年 7 月第 4 版　　印　次：2023 年 7 月第 1 次印刷
定　　价：78.00 元

产品编号：101404-01

前　　言

一、学习课件制作的意义

多媒体课件集文本、声音、视频、动画于一体，在吸引学生注意力和创设教学情境方面，具有其他教学手段不可比拟的优势。设计、制作、使用多媒体课件是教师必备的一种信息技术应用能力。用于制作多媒体课件的软件有很多，其中 PowerPoint 是一款较为常用的课件制作软件，它易学易用，不仅能图文并茂、有声有色、生动活泼地把授课内容表达出来，而且能达到最佳的教学效果，因此得到了广泛应用。

二、本书修订

《PowerPoint 多媒体课件制作实例教程》出版后，得到了广大读者的肯定，已印制多次。我们又组织优秀教师对此书进行了第 4 次修订，本次修订主要做了以下几方面改进。

- 更新软件：将所涉及的软件更新到最新版本。
- 更换案例：更换了多数课件案例，使之更贴近教学实践。
- 梳理思路：在案例学习中添加了"分析园"，用来帮助读者梳理思路，使其了解每个案例要做什么、大概怎么做。
- 优化内容：补充了一些实用性、技巧性强的内容，使其更切合课件制作所需。
- 完善体系：进一步精心修改、完善内容，使内容的分布和知识点的详略科学、有度。

三、本书结构

本书是专门为一线教师、师范院校的学生和从事多媒体课件开发的人员编写的教材，为便于学习，设计了以下栏目。

- 分析园：展示案例的效果，分析、梳理该效果如何实现。
- 跟我学：按操作步骤详细介绍每个实例的制作过程，其中包括多个"阶段框"，将任务进一步细分成若干更小的任务，降低阅读难度。
- 创新园：用于对所学知识进行多层次的巩固和强化。
- 小结和习题：对全章内容进行归纳、总结，方便读者通过习题检测学习效果。

四、本书特色

本书突破了传统的写法，从课堂教学中的实例入手，介绍了使用 PowerPoint 软件制作多媒体课件的方法和技巧，同时讲解了选择题、填空题、判断题、连线题、填图题、绘图题等课件中常见练习题的制作方法。本书具有以下特色。

- 内容实用：本书中的所有实例均选自现行教材，涉及中小学主要学科，内容结构编排合理。
- 图文并茂：在介绍具体操作步骤的过程中，语言简洁，基本上每个步骤都配有对应的插图，利用图文结合的方式来讲解复杂的操作步骤。路径式图示引导，便于读者一边翻阅图书，一边上机操作。
- 提示技巧：本书对读者在学习过程中可能会遇到的问题以"小贴士"和"知识库"的形式进行了说明，以免读者在学习过程中走弯路。
- 便于上手：本书以实例为线索，利用实例将课件制作技术串联起来，书中的实例都非常典型、实用。

五、本书资源

本书配有多种数字化教学资源，不仅提供了书中实例制作所用的素材，还提供了实例的初始课件及制作完成的完整课件，教师将这些课件稍加修改就可以在实际教学中使用；或者以这些课件实例为模板，举一反三，便可制作出更多、更实用的课件。同时，考虑到许多师范院校会选择本书作为教材，资源中还提供了配套的教学课件和微课视频。

六、本书作者

参与本书编写修订的有省级教研人员、课件制作获奖教师，他们不仅长期从事计算机辅助教学方面的研究，而且都有较为丰富的计算机图书编写经验。

本书由方其桂担任主编、统稿，张青、唐小华担任副主编。张青、唐小华、周松松负责编写并完成了配套资源的制作。参与本书编写的还有陈晓虎、张晓丽、贾波、王军、宣国庆、武蓬蓬、应韬、刘锋、梁祥、周木祥、赵家春、赵青松、王丽娟、刘蓓、夏兰、殷小庆、张小龙、周本阔。

感谢实例课件的提供者：梁祥、刘锋、戴军、李国超、彭承志、黄亮、方明、冯士海、谢福霞、刘振伦、曹艳丽、江浩、张明荣、冯林、丁少国、王静。

虽然我们有着十多年撰写课件制作方面图书(已累计编写、出版三十多种)的经验，并尽力认真构思验证和反复审核修改，但书中难免有一些瑕疵。我们深知一本图书的好坏，需要广大读者去检验评说，在这里，我们衷心希望您对本书提出宝贵的意见和建议。如果您在学习、使用本书的过程中，对于同样实例的制作有更好的方法，或者对书中某些实例的制作方法的科学性和实用性存在质疑，敬请批评指正。

服务电子邮箱为 476371891@qq.com。

方其桂

2023 年 4 月

教学资源使用说明

感谢您选用《PowerPoint 多媒体课件制作实例教程》(第 4 版)(微课版)，为便于学习，本书配有以下教学资源。

1. 实例文件

实例文件包括所介绍的实例及相关素材，供读者在阅读时参考(扫描右侧二维码，即可获取)。教师将这些实例稍加修改即可直接应用于教学。在计算机中安装好本书介绍的相关软件后，双击配套资源中的实例文件，即可用相应软件将其打开。

实例文件

2. 教学课件

为便于教学，降低教师的备课难度，本书提供 PPT 教学课件(扫描右侧二维码，即可获取)。

教学课件

3. 微课视频

作者精心制作了与本书相配套的34 个(150分钟)多媒体微课视频，供读者自主学习，并可应用于课堂教学。

多媒体微课视频以二维码的形式呈现在书中，读者可通过移动终端扫码播放，实现随时随地无缝学习。

微课视频

4. 习题

本书每章后面都附有习题，供读者检验学习效果。

服务邮箱：476371891@qq.com。

目　　录

第 1 章　PowerPoint 课件制作基础………1

1.1　了解多媒体课件……………………2

　　1.1.1　多媒体课件基础知识…………2

　　1.1.2　多媒体课件制作流程…………7

　　1.1.3　多媒体课件制作原则………10

1.2　认识 PowerPoint 软件………… 13

　　1.2.1　PowerPoint 使用界面………13

　　1.2.2　PowerPoint 用户视图………15

1.3　PowerPoint 课件基本操作……… 17

　　1.3.1　创建课件……………………18

　　1.3.2　修改课件……………………19

　　1.3.3　放映课件……………………22

1.4　PowerPoint 幻灯片基本操作 … 27

　　1.4.1　添加和删除幻灯片…………27

　　1.4.2　复制和移动幻灯片…………29

1.5　小结和习题……………………… 32

　　1.5.1　本章小结……………………32

　　1.5.2　强化练习……………………33

第 2 章　添加课件常用素材………………35

2.1　添加文字与符号………………… 36

　　2.1.1　添加文字……………………36

　　2.1.2　添加拼音和音标……………47

　　2.1.3　添加特殊符号………………53

2.2　添加图像与图形………………… 58

　　2.2.1　添加图像……………………58

　　2.2.2　编辑图像……………………62

　　2.2.3　绘制图形……………………68

　　2.2.4　编辑图形……………………74

2.3　添加表格与图表………………… 80

　　2.3.1　添加表格……………………80

　　2.3.2　添加图表……………………86

　　2.3.3　添加知识结构图……………92

2.4　添加公式与化学反应式………… 102

　　2.4.1　输入公式……………………102

　　2.4.2　输入化学反应式……………106

2.5　小结和习题……………………… 112

　　2.5.1　本章小结……………………112

　　2.5.2　强化练习……………………113

第 3 章　添加课件多媒体素材 ………… 115

3.1　添加声音素材 ……………… 116

　3.1.1　添加声音 ……………… 116

　3.1.2　录制声音 ……………… 118

　3.1.3　编辑声音 ……………… 120

3.2　添加视频素材 ……………… 124

　3.2.1　插入视频 ……………… 125

　3.2.2　录制视频 ……………… 127

　3.2.3　编辑视频 ……………… 129

3.3　小结和习题 ………………… 134

　3.3.1　本章小结 ……………… 134

　3.3.2　强化练习 ……………… 134

第 4 章　美化多媒体课件 ……………135

4.1　设置字体和段落格式 ………… 136

　4.1.1　设置字体格式 ………… 136

　4.1.2　设置段落格式 ………… 140

4.2　设置背景和版式 ……………… 145

　4.2.1　设置背景 ……………… 145

　4.2.2　设置版式 ……………… 149

4.3　应用和调整主题 ……………… 153

　4.3.1　应用主题 ……………… 154

　4.3.2　调整主题 ……………… 156

4.4　使用母版和模板 ……………… 161

　4.4.1　使用母版 ……………… 161

　4.4.2　使用模板 ……………… 167

4.5　小结和习题 ………………… 171

　4.5.1　本章小结 ……………… 171

　4.5.2　强化练习 ……………… 172

第 5 章　设置课件动画效果 ……………175

5.1　设置片内动画 ……………… 176

　5.1.1　设置对象的进入效果 ……176

　5.1.2　设置对象的强调效果 ……180

　5.1.3　设置对象的退出效果 ……183

　5.1.4　设置路径动画 ………… 187

5.2　设置片间动画 ……………… 193

　5.2.1　设置幻灯片切换效果 ……193

　5.2.2　设置幻灯片换片方式 ……196

5.3　小结和习题 ………………… 200

　5.3.1　本章小结 ……………… 200

　5.3.2　强化练习 ……………… 200

第 6 章　制作课件的交互 ……………203

6.1　使用超链接交互 ……………… 204

　6.1.1　超链接到幻灯片 ……… 204

　6.1.2　超链接到文件或网页 ……207

　6.1.3　超链接到新建文档 …… 209

　6.1.4　超链接到电子邮件 …… 211

6.2　使用动作交互 ……………… 215

　6.2.1　使用动作对象交互 …… 215

　6.2.2　使用动作按钮交互 …… 218

6.3　使用触发器交互 ……………… 222

　6.3.1　使用文字触发交互 …… 222

　6.3.2　使用图片触发交互 …… 227

6.4　小结和习题 ………………… 232

　6.4.1　本章小结 ……………… 232

6.4.2　强化练习 ················ 232

第 7 章　制作课件的练习 ··············235

7.1　制作选择题和填空题 ·········· 236

7.1.1　制作选择题 ················ 236

7.1.2　制作填空题 ················ 240

7.2　制作判断题和连线题 ·········· 247

7.2.1　制作判断题 ················ 247

7.2.2　制作连线题 ················ 252

7.3　制作填图题和绘图题 ·········· 255

7.3.1　制作填图题 ················ 255

7.3.2　制作绘图题 ················ 258

7.4　制作填表题和随机题 ·········· 264

7.4.1　制作填表题 ················ 264

7.4.2　制作随机题 ················ 268

7.5　小结和习题 ················ 272

7.5.1　本章小结 ················ 272

7.5.2　强化练习 ················ 273

第 8 章　制作综合型课件 ··············277

8.1　设计课件结构 ················ 278

8.1.1　分析教学设计 ············278

8.1.2　撰写课件脚本 ············280

8.1.3　设计课件界面 ············282

8.2　搭建课件框架 ················ 285

8.2.1　制作课件母版 ············285

8.2.2　制作课件封面 ············288

8.2.3　制作课件导航菜单 ········290

8.3　添加课件内容 ················ 294

8.3.1　制作导入部分 ············294

8.3.2　制作讲解部分 ············296

8.3.3　制作巩固部分 ············299

8.4　设置发布课件 ················ 301

8.4.1　设置动画与切换效果 ········302

8.4.2　处理课件字体与图片 ········304

8.5　小结和习题 ················ 306

8.5.1　本章小结 ················306

8.5.2　强化练习 ················306

第 1 章

PowerPoint 课件制作基础

PowerPoint 适用于制作课堂上使用的演示型课件。这类课件随着教师的深入讲解，步步演示，通过幻灯片呈现各种文字、图片、图形、声音、动画和视频等媒体信息，图文并茂、有声有色、动静有致，能够较好地表达课堂内容，突出重点，突破难点，激发学生的学习兴趣，活跃课堂气氛，提高教学效率。

本章内容

- 了解多媒体课件
- 认识 PowerPoint 软件
- PowerPoint 课件基本操作
- PowerPoint 幻灯片基本操作

1.1　了解多媒体课件

　　计算机技术,特别是多媒体技术的迅速发展,为教师的专业发展提供了崭新的平台。将多媒体技术运用于课堂是教学方法和手段的变革,也是实现教育现代化的重要手段。作为一个新时代的学科教师和课件的设计者应了解一些课件的基础知识。

1.1.1　多媒体课件基础知识

　　课件是在一定学习理论的指导下,根据教学目标设计、反映某种教学策略和教学内容的计算机文档或可以运行的软件。从广义上讲,凡具备一定教学功能的教学软件都可称为课件。课件是一种课程软件,因此其中必须包括具体学科的教学内容。

1. 多媒体课件相关概念

　　多媒体课件是通过辅助教师的"教"和促进学生自主地"学",以突破课堂教学中的重点、难点,从而提高课堂教学质量与效率的多媒体教学软件。

　　1) 多媒体技术

　　多媒体技术是指利用计算机综合处理多种媒体信息,如文本、图形、图像、动画、声音和视频等,使多种媒体建立连接,集成为一个具有交互性系统的技术。多媒体技术的发展拓宽了计算机的应用领域,使计算机由办公室、实验室中的专用工具变成了信息社会的普通工具,被广泛应用于学校教育、商业广告、家庭生活与娱乐等领域。

　　2) 多媒体课件

　　多媒体课件是指以计算机为核心,交互地综合处理多种信息的一种教学软件。通过多媒体课件,可以将一些平时难以表达清楚的教学内容,如实验演示、情境创设、交互练习等,生动形象地展示给学生。学生通过视觉、听觉等多方面感受,可以更好地理解和掌握教学内容,增强学习兴趣,活跃课堂气氛,同时也拓宽了信息获取的渠道。因此,使用多媒体课件辅助教学,可让教师和学生教与学的途径变得多样化。

　　目前,在课堂上使用的辅助性教学软件大多属于多媒体课件。它是设计者利用多媒体技术和计算机辅助教育的思想,根据教师的要求,使用多媒体制作软件制作出来的,是反映教学思想、用于实现教学目标的教学应用软件,简称为课件。

2. 多媒体课件的作用

　　多媒体课件能够通过与学习者的交互,使学习者更直观、更轻松地获得知识和技能,达到教学目的。

　　1) 激发兴趣

　　利用多媒体课件的视、听效果,创设问题情境,可以激发学生的学习兴趣。例如,在传统的教学活动中,教师对教学内容的描述大多是通过粉笔和黑板进行的,是一种"单媒体"的活动。多媒体教学课件则可以通过形象生动的演示和动听悦耳的音响效果,给学生以新颖感、惊奇感,调动他们的视觉、听觉等多种感官,从而使其在教师设计的"激发疑问—创设问题情境—分析问题—解决问题"过程的各个环节中都能保持高度的兴趣，学习效果得到明显提高。

2) 提高时效

利用多媒体课件的演播功能，可以展示动态图形，揭示问题本质，提高课堂时效。动画演示是非常方便的，通过演示可以使抽象问题形象化、静态问题动态化，"数"由"形"来描述，"形"由"数"来表达，实现"数"和"形"的沟通。

3) 丰富内容

利用多媒体课件的文本功能，可以美化教学内容，完善教学方案，从而实现因材施教。多媒体计算机在处理文字信息方面与普通投影仪、实物投影仪相比，有其独特的功能。它能根据需要按不同的顺序展示文字信息，字体多样，色彩丰富。课堂上，根据实际需要，随时可调出信息，将其按不同顺序投影到大屏幕上，大大提高了教学的针对性，符合因材施教原则。

多媒体课件与传统教学的关系是一种有机整合的互补关系。现代信息技术带给教育的不仅是手段与方法的变革，更是包括教育观念、教育模式在内的一场历史性变革。因此，如果不能更新观念、改变模式，那么信息技术的运用不仅不会提高教育效益，还会导致教育资源的浪费。

3. 多媒体课件的种类

在制作课件之前，有必要了解一下多媒体课件的种类。按学科划分，可以分为语文、数学、外语等；按学段划分，可以分为幼儿园、小学、初中、高中、大学等；按制作工具划分，可以分为 PowerPoint、Flash、几何画板、仿真模拟实验室等；按课件开发与运行环境划分，可以分为单机版和网络版；按实现的功能划分，可以分为演示型、工具型、练习型、娱乐型、模拟型 5 种。

1) 演示型

在教学过程中使用比较多的是演示型课件，如图 1-1 所示。在多媒体教室或多媒体网络环境下，教师通过向全体学生播放多媒体教学软件，演示教学过程，创设教学情境或进行示范操作等，将抽象的教学内容用形象具体的形式表现出来。

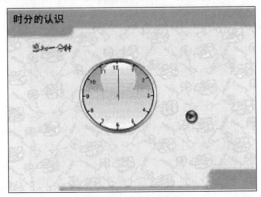

图 1-1　演示型课件

2) 工具型

工具型课件是主要用于满足教与学的功能性工具软件，如几何画板、概念图工具等认知、探究工具，往往不包含具体的教学内容，如图 1-2 所示。

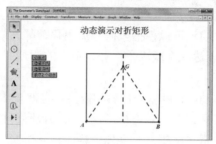

图 1-2　工具型课件

3) 练习型

练习型课件主要通过练习的形式来训练、强化学生某方面的知识或能力，如图 1-3 所示。这种模式的课件一般在多媒体网络教室的环境下使用，由学生自己进行操作答题，计算机会进行判断并给出题目答案。

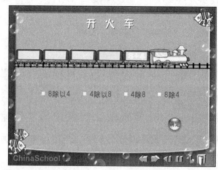

图 1-3　练习型课件

4) 娱乐型

娱乐型课件与一般的游戏软件大有不同，它主要基于学科的知识内容，寓教于乐，通过游戏形式，激发学生的学习兴趣，并帮助学生掌握学科知识，如图 1-4 所示。这种课件要求趣味性较强。

图 1-4　娱乐型课件

5) 模拟型

模拟型课件也称为仿真型课件，如图 1-5 所示。它通过计算机来模拟真实的自然现象或科学现象。该类课件主要提供学生与模型间某些参数的交互，从而模拟出事件的发展结果。

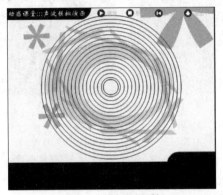

图 1-5　模拟型课件

4. 多媒体课件应用环境

如果一个好的课件没有一个良好的应用环境,那么课件的优势就不能很好地发挥出来。当前，学校中的多功能教室、交互式电子白板教室、多媒体网络教室、录播教室、互动课堂智慧教室等是多媒体课件运行的主要环境，其各具特点。

1) 多功能教室

当前，大多数学校都配备有多功能教室，如图 1-6 所示。多功能教室是演示型多媒体课件运行的最好环境。一般来说，多功能教室内都有投影仪、投影屏幕、实物视频展示台、多媒体计算机、音响、中央控制台等设备。

多功能教室的优点：不仅适合演示多媒体课件，而且能结合常规教学手段进行教学，对学生数量没有太大的限制，加之它还具有其他功能，因而目前在学校中被广泛应用。

图 1-6　多功能教室

2) 交互式电子白板教室

交互式电子白板教室(见图 1-7)是将电子白板连接到计算机，并利用投影仪将计算机上的内容投影到电子白板屏幕上，在专门的应用程序支持下，可以构造一个大屏幕、交互式的教学环境。

交互式电子白板教室的优点：教学过程中，可以通过特定的定位笔或手触控，代替鼠标在白板上进行操作，对电子白板课件内容进行编辑、注释、保存等。

图 1-7　交互式电子白板教室

3) 多媒体网络教室

多媒体网络教室(见图 1-8)可以配置若干台学生计算机、教师计算机、服务器、网络交换设备，也可以配置投影仪等设备。在多媒体网络教室内，通过电子教室的控制软件，可以使用一台教师机对学生机实现屏幕的锁定、教师屏幕信息的广播、远程控制、文件传输、电子举手、语音对话等丰富的交互式功能。

多媒体网络教室的优点：适合网络环境下各学科教学，能进行个别化学习，实现了多学科融合，设备利用率高，成本低。

图 1-8　多媒体网络教室

4) 录播教室

录播教室(见图 1-9)是在学校的教室安装摄像机，通过摄像机对教学过程进行多方位录制并将其保存到计算机硬盘中。学生或老师可以从不同的摄像机视角观看录像文件，也可以对网上的信息源进行整理上传，达到充分利用网络学习资源的目的。

图 1-9　录播教室

录播教室的优点：可以利用录播中控系统实现远程控制、全自动录播；可以利用图像定位功能智能拍摄教师的全景、近景、板书等；课件录制系统可自动生成带时间点的文件索引及缩略图，便于学生对知识点进行查找与定位；便于进行在线点播、课堂直播等。

5）互动课堂智慧教室

互动课堂智慧教室(见图 1-10)是一种新型的教育形式和现代化教学手段，是基于物联网技术集智慧教学、智慧管理于一体的新型现代化智慧教室系统，是推进未来教室建设的有效组成部分。

互动课堂智慧教室的优点：利用便携式终端电子书包，提供丰富的教育信息化功能，如数字化教育资源、学习过程记录等，使其真正成为学生学习和生活的信息助手。

图 1-10　互动课堂智慧教室

1.1.2　多媒体课件制作流程

"凡事预则立，不预则废。"在做任何事之前，都需要进行规划和设计，了解做这件事的整个流程。正如建楼房先要有设计图纸一样，制作多媒体课件也不例外。多媒体课件制作的一般流程如图 1-11 所示。

图 1-11　多媒体课件制作的一般流程

1. 需求分析

课件设计者首先要了解课件的使用对象和运行环境，然后确定课件的学科内容及所要达到的目的。总的来说，需求分析包括以下几方面。

1）明确教学目标

制作课件之前需要明确课件要达到的教学目标是什么、教学的重点和难点是什么、希望课件可以解决什么问题、达到何种要求，以及采用何种方式才能达到最优效果等。

2）确定教学模式

在制作课件前要对教学模式进行明确的界定，在不同的教学模式下，应采用不同的设计方案和表达方式。教学模式将对课件的整体风格和表现形式起到决定性作用。

3) 选择教学内容

教学内容是课件的主体，教师应根据教学需要来确定教学内容。不是所有的教学内容都适合使用多媒体课件来表现，要进行重点选择。

4) 分析使用对象

不同年龄阶段的学习者对课件的认知能力不同，设计者应有所区分。例如，对于低年级的学生，可以多使用动画效果和图片；对于高年级的学生，可以增加抽象思维方面的内容。

2. 教学设计

衡量一个课件的好坏，重点看它是否符合教学需求，其关键在于教学设计。教学设计是根据学科内容特点，对学生特征进行分析，以确定教学目标，并为达到该教学目标而制定教学策略的过程，如图 1-12 所示。

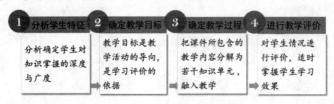

图 1-12　教学设计的过程

3. 教学评价

练习型多媒体课件对教学评价特别重要，教师可根据知识点和教学内容设计一定的练习题，对学生进行考核，从而掌握学生对知识理解的程度，同时也能起到强化学习效果与纠正错误的作用。表 1-1 是诊断评价的常见问答形式。

表 1-1　诊断评价的常见问答形式

组成部分	内容形式	作用
提问部分	提问部分必须意义完整，问题明确，能促进学习者思考，可以是判断题、选择题等	提问是否为学习者所理解，将直接影响回答的结果
应答部分	应答部分的设计应采用一题一答的形式，易于实现。在学习者应答问题时，应适当给予提示，让他们有较多的成功机会，对应答题结果的判断应与评分相结合	将学习者可能做出的反应情况全部罗列出来，根据这些可能性，计算机将给出不同的反馈
反馈部分	对于正确答案，给予鼓励性反馈；对于有缺点的、错误的答案，应给予指正，并根据不同的情况分别给出"指出错误""要求重答""给出答案""辅导提示"等不同形式的反馈	对于学习者的回答，应给予相应的反馈

4. 脚本设计

脚本设计是将要制作的课件的内容和步骤用文字表述出来，这是成功制作出实用、有创意的课件的关键。脚本就是课件的蓝图，设计脚本时，设计者需根据教材的重点难点、学生学习的实际情况写出详细步骤，特别要写明运用什么材料、材料出现的时间及方式。

设计者应严格按照脚本来完成整个课件的制作。脚本设计范例如表 1-2 所示。

表 1-2　脚本设计范例

学科	年级	执教者	教学课目		课件用途
数学	二年级	张立	时分的认识		赛课
课件 设计 结构 及实现 步骤	该课件共分为复习、新授、巩固练习三大部分 一、复习部分 1. 显示各种各样的钟表 2. 出现作息时间图(见课本)—— 要求依次出现 二、新授部分 1. 认识钟面：划分钟面，制作时针和分针的移动 2. 时分观念：听一分钟的音乐，出现一个进度条 3. 制作例 1：按照课本要求先出现图，再出现答案，最后将 4 个时刻的钟面放在一起进行对比 4. 制作例 2：先转动时针和分针，再出现答案 三、巩固练习部分 1. 制作练习 1：内容略，要求答案能够输入，并且能够做出判断 2. 制作练习 2：内容略，出现一张运动会日程安排表 3. 游戏：动物运动，比赛跑步，详细过程略		简 单 图 例	界面要求
修改 方案	● 课件结构需要重新安排，分 3 个大版块，进入后，再分子版块，各个版块之间能够 　　快速切换 ● 游戏的动画需要调整，最后要求能够拖放动物，并排出正确的名次			

5. 素材准备

　　脚本设计好后，确定了所需要的媒体，就要开始准备制作所需的图像、音频、画、视频等。例如，制作生物课件"花的构造"时，需要准备白菜花、桃花的图片，这些花的分解图；还有课后练习时用于让学生判断完全花、不完全花的图片；前翻页、翻页、返回等按钮。如图 1-13 所示，素材的准备可以从以下几方面着手。

图 1-13　素材准备

6. 制作作品

　　素材准备好后，就要按脚本来组织素材，制作动画，设置交互。制作出的作品，既要实用、符合脚本设计的要求, 又要易操作、交互性强。当然, 课件还应界面友好、美观, 给人以美的享受, 引起学生的注意, 激发学生的学习兴趣。

7. 调试完善

经过评价测试, 综合各方面的意见, 修正课件中的错误, 使之更完善。一个优秀的课件往往要经过多次评价测试来修改完善。调试课件的几种常见方法如图 1-14 所示。

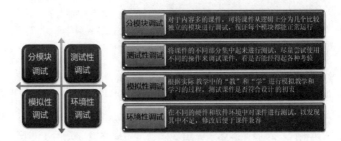

图 1-14　调试课件的常见方法

1.1.3　多媒体课件制作原则

在制作多媒体课件时, 应避免出现结构层次不清晰、元素与授课内容不匹配、课件整体效果缺乏统一的风格和审美等问题。多媒体课件的制作原则如图 1-15 所示。

图 1-15　多媒体课件的制作原则

1. 主题明确

制作的课件必须是能优化课堂教学结构、提高课堂教学效率的。一个课件要讲什么内容, 重点、难点是什么, 如何分解, 如何组织素材, 都应该围绕着某一主题展开。如图 1-16 所示, 课件围绕着"走一步, 再走一步"主题, 选择配图, 规划布局, 并通过"课前导读""字词学习""课文赏析""课文小结"四部分展开设计。

图 1-16　课件首页、目录效果图

2. 风格统一

一个好的课件，应该围绕主题，通过"母版"定义好课件的风格，使整个课件中每张幻灯片的风格都保持一致。如图 1-17 所示，教学应用的课件一般应趋于保守、简明的风格：尽量少的文字说明、动画及动画声音，尽量多的图文结合形式，母版尽量留白，少用复杂的背景图片等。

图 1-17　课件整体风格效果图

3. 布局合理

制作课件时要站在学生的角度考虑，使页面布局简单均衡、逻辑层次分明、主题明确、风格统一，减少不必要的、与主题无关的多媒体信息，避免分散学生的注意力。如图 1-18 所示，页面布局包括标题、问题、插图与交互框，整体布局风格统一、留白适当、有均衡感。

图 1-18　课件页面布局效果图

4. 文字规范

单个页面中的字数不宜过多，通常采用准确的文字、规范的字体和标准字号表现出不同的逻辑层次，如图 1-19 所示。一张幻灯片中一般不要超过 3 个层次，不同幻灯片中相同层次的文字要采用相同的颜色、字体和字号。教学课件中的文字要多使用楷体，不要随意使用字号和字体，应规范、统一。

图 1-19　课件文字效果图

5. 配色简洁

课件色彩忌讳"五颜六色"，过多的颜色会使页面显得杂乱，并会分散学生的注意力。整个课件，包括图表在内，颜色不应超过 4 种，单张幻灯片中的颜色不应超过 3 种，使用的颜色一定要协调，尽量保持同一色调。

6. 图表表达

图表是一种很好的将对象属性数据直观、形象地"可视化"的手段。如图 1-20 所示，左图为使用饼图分析人口数据的变化；右图为使用折线图展示作者不同时间段心理的变化过程。合理使用图表能充分发挥多媒体教学的长处，起到语言表达和文字描述所达不到的效果。

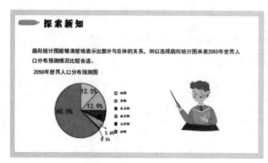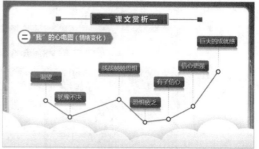

图 1-20　课件图表表达效果图

7. 适量交互

在课件中可以通过设置自定义动画、超链接实现交互。如图 1-21(左)所示，使用自定义动画设置课堂练习，不仅可以实时检测学生的学习效果，还可以增强课堂的互动效果。课件中的交互设计不宜过多，以免影响学生听讲，分散教师的精力。

8. 适度动画

课件中可以适当地通过动画动态演示事物演变过程，帮助学生直观地理解事物的变化规律和变化趋势。如图1-21(右)所示，将圆面积转为长方形面积的演示动画，能非常形象、生动地帮助学生突破学习的重点难点。课件中的动画要用得"恰到好处"，不要让动画破坏了课堂气氛，避免学生因动画过多而被吸引目光，减少对授课教师肢体语言的关注、理解。

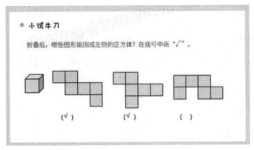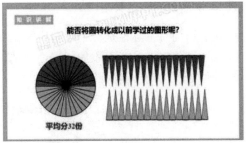

图 1-21　课件单页布局效果图

1.2　认识 PowerPoint 软件

为便于读者初步了解 PowerPoint，本节主要介绍 PowerPoint 2016 的使用界面和工作环境。

认识 PowerPoint 软件

1.2.1　PowerPoint 使用界面

单击 Windows 的"开始"按钮，选择"所有程序"→Microsoft Office→Microsoft Office PowerPoint 2016 命令，运行 PowerPoint 软件，其使用界面如图 1-22 所示。

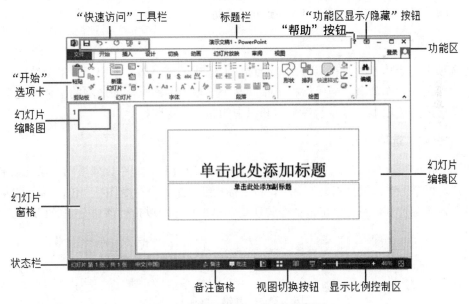

图 1-22　PowerPoint 2016 使用界面

1．标题栏

标题栏位于窗口的顶端。标题栏最左端显示当前程序图标，接着是"快速访问"工具栏，中间显示当前演示文稿的名称(演示文稿 1)和当前程序。

2. "快速访问"工具栏

"快速访问"工具栏是一个可自定义的工具栏，它包含一组快捷命令按钮。操作者可以向"快速访问"工具栏中添加代表命令的按钮，按图 1-23 所示操作可以将"快速访问"工具栏的位置移动到功能区的下方。

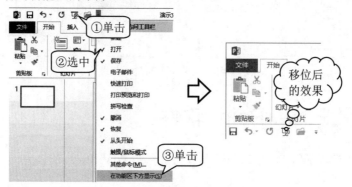

图 1-23　移位"快速访问"工具栏

3. 功能区

功能区位于标题栏的下方。功能区由主选项卡、"功能区显示/隐藏"按钮和"帮助"按钮组成。单击主选项卡中某个选项卡的名称，可以展开该选项卡中的组和组内命令；单击"功能区显示/隐藏"按钮 ，可以隐藏该选项卡中的组和组内命令；单击"帮助"按钮 ，可以打开系统帮助，查看 PowerPoint 帮助信息。

4. 主选项卡

主选项卡位于功能区的左端，由 9 个选项卡组成，每个选项卡中包含多个组，每个组中又包含相关的操作命令。当鼠标指针指向某个选项卡名称时，该选项的字体颜色会发生变化，单击展开选项卡，可显示各个组和组中的相关命令图标。

5. "开始"选项卡

启动 PowerPoint 软件后，系统默认显示"开始"选项卡，如图 1-24 所示。该选项卡由 6 个组组成，每个组中都包含相关的命令，将鼠标指针移至某个命令图标，该图标会呈现粉色高亮显示，稍等片刻，下方会出现命令说明提示框，单击可以执行该命令完成相应的操作。

图 1-24　"开始"选项卡

6. 幻灯片窗格

在"普通视图"中，幻灯片窗格位于功能区的下方、演示文稿窗口的左边，默认为打开状态，幻灯片在其中以缩略图的方式呈现。使用缩略图功能不仅可以方便地遍历演示文稿、随时观看设计更改的效果，还可以轻松地切换、重新排列、添加或删除幻灯片。

7. 幻灯片编辑区

幻灯片编辑区是演示文稿窗口中最大的工作区域，在幻灯片编辑区中可以编辑各种媒体信息，此区域的显示大小可以在显示比例控制区进行设置。

8. 备注窗格

备注窗格位于演示文稿窗口的下方，用于输入一些备注内容，此内容只供制作者参考，在放映幻灯片时不会被显示出来。

9. 状态栏

状态栏用于显示执行过程中选定的命令或操作信息。当选定某命令时，状态栏左边便会出现对该命令的简单描述。

10. 视图切换按钮

在"状态栏"的右边有 4 个视图切换按钮，如图 1-25 所示。单击这些按钮可以快速地切换视图方式和放映演示文稿。

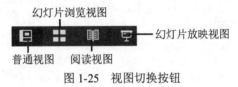

图 1-25　视图切换按钮

11. 显示比例控制区

"状态栏"的最右端是显示比例控制区，如图1-26 所示。单击"缩放级别"按钮，可打开"缩放比例"对话框；单击"适应窗口"按钮，可使幻灯片适应当前窗口大小。

图 1-26　显示比例控制区

1.2.2　PowerPoint 用户视图

一般来说，演示型课件是由多张幻灯片和多种媒体组成的。设计制作和管理幻灯片的方式不同，其工作界面也不同，每一种工作界面就是一种视图。在 PowerPoint 中可用于编辑、打印和放映演示文稿的视图有多种，单击"视图"选项卡中的视图切换按钮可以快速切换不同的视图。

PowerPoint 用户视图

1. 普通视图

普通视图如图 1-27 所示，制作课件的工作主要在该视图下进行。此视图可用于编辑和设计课件内容，具有编辑文稿大纲、幻灯片和备注页的功能，其有幻灯片选项卡、幻灯片窗格和备注窗格 3 个工作区域。

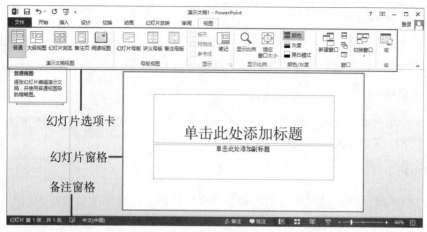

图 1-27 普通视图

2. 幻灯片浏览视图

在幻灯片浏览视图下可以查看缩略图形式的幻灯片，在创建或准备打印课件时，可以轻松地对课件幻灯片的顺序进行排列和组织，还可以添加节，并按不同的类别或节对幻灯片进行排序。图 1-28 为"压强"课件的幻灯片浏览视图。

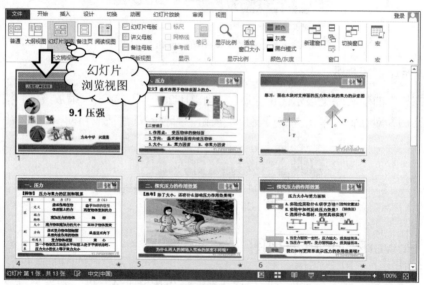

图 1-28 "压强"课件的幻灯片浏览视图

3. 大纲视图

大纲视图如图1-29 所示，在此视图下可以编辑和修改要应用于当前幻灯片的内容，可以将 Word 文档中的文字直接在幻灯片中进行复制、粘贴，从而提高幻灯片的编辑效率。

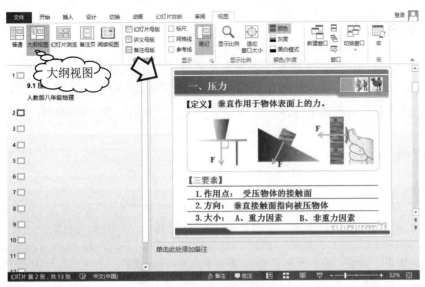

图 1-29　大纲视图

4. 阅读视图

阅读视图如图 1-30 所示，此视图主要用于阅读幻灯片中的内容，而不能编辑幻灯片中的内容。如果要更改课件内容，可单击状态栏右边的"菜单"按钮▤，选择其中的"结束放映"命令，或者直接单击"普通视图"按钮进行切换。

图 1-30　阅读视图

1.3　PowerPoint 课件基本操作

PowerPoint 提供了多种创建课件的方法，启动 PowerPoint 时，系统自动创建只有一张幻灯片的空白课件，用户可对课件进行保存、打开、编辑和播放等基本操作。

PowerPoint 课件基本操作

1.3.1　创建课件

在 PowerPoint 中，课件以演示文稿的方式呈现，它由多张幻灯片组成，每张幻灯片中可以包含文字、图片、音频、视频动画等素材，以及一些动画特效，还可以实现一定的交互功能。创建课件有两种常用方法，即新建空白课件、应用主题模板创建课件。

 跟我学

新建空白课件

通过"文件"选项卡中的"新建"命令，可以新建一个空白课件。

1. **启动软件**　按图 1-31 所示操作，启动 PowerPoint 软件。
2. **新建空白课件**　按图 1-32 所示操作，新建空白课件。

图 1-31　启动软件

图 1-32　新建空白课件

 图 1-32 中的第③步也可以用单击右窗格中的"创建"按钮替代。

3. **保存课件**　按图1-33所示操作，以"压强"为名，位置为"E:\课件"，保存课件。

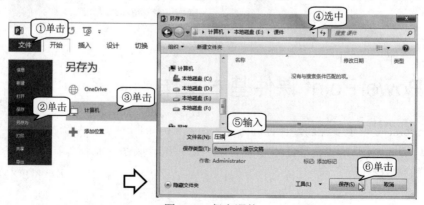

图 1-33　保存课件

第一次保存要输入课件名，制作过程中要及时保存，避免因意外断电或死机等造成数据丢失。

跟我学

应用主题模板创建课件

为提高课件制作效率、统一课件风格，可应用系统提供的主题模板创建课件。

1. **启动软件**　双击桌面上的 PowerPoint 软件图标，启动软件。

2. **创建课件**　按图 1-34 所示操作，应用系统提供的主题模板创建课件。

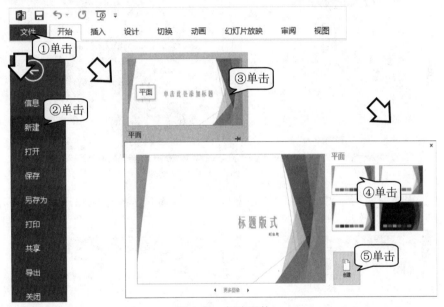

图 1-34　创建课件

这里第③步可以用单击右窗格中的"创建"按钮替代，也可以在不选择其他模板时"双击"直接进入。

3. **保存课件**　按 Ctrl+S 键，以"旋转"为名，位置为"E:\课件"，保存课件。

1.3.2　修改课件

在对同一章节的课件进行制作时，如果其页面布局、风格、排版大都类似，那么最便捷的制作方式就是在原有的课件上进行修改。

跟我学

| 另存为副本 |

先打开原有的课件，将课件另存为副本，不要在原始课件上直接修改。

1. **打开原始课件** 运行 PowerPoint 软件，打开课件"第 1 课 初识智能机器人.pptx"，原始课件封面如图 1-35 所示。

图 1-35 原始课件封面效果图

2. **创建副本** 选择"文件"→"另存为"命令，按图 1-36 所示操作，将课件另存为"第 2 课 认识机器人大脑.pptx"。

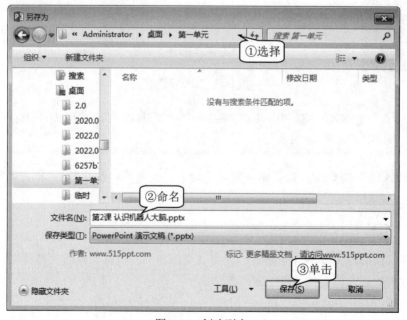

图 1-36 创建副本

课件副本的创建也可以通过在文件夹中直接复制文件后重命名来实现。

修改课件内容

直接在创建的副本上修改文字，重新替换图片，就可以快速地生成新的课件。

1. **修改课题文字**　选取、删除需要替换的文字，重新输入标题文字，如图 1-37 所示。

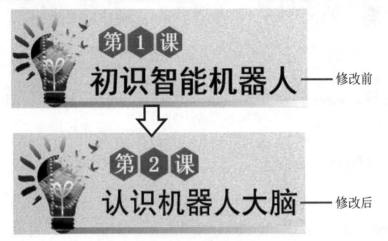

图 1-37　修改课题文字

2. **替换主题图片**　按图 1-38 所示操作，从素材文件夹中选择"机器人大脑.png"文件，替换课件主题图片。

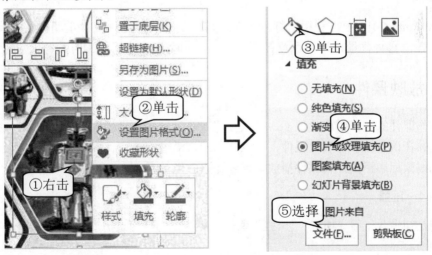

图 1-38　替换主题图片

3. **保存课件**　使用相同的方法，修改其他内容后，按 Ctrl+S 键，保存课件，修改后的课件封面如图 1-39 所示。

图 1-39　修改后的课件封面

 知识库

1. 模板

PowerPoint 中提供了各种模板，模板内含片头动画、封面、目录、过渡页、内页、封底、片尾动画等页面，使用模板不仅可以方便地处理图表、文字、图片等内容，还可以快速创建美观、清晰的课件。

2. 主题

PowerPoint 2016 中，利用幻灯片主题，可以快速美化幻灯片。主题提供了演示文稿的外观构建，它将背景设计、占位符版式、颜色和字形等应用于幻灯片。

1.3.3　放映课件

在制作课件的过程中放映课件，可以预览课件，寻找不足的地方，对课件做进一步修改和美化。在课堂教学时放映课件，可以使用幻灯笔进行涂写、标注、定位等操作，也可以通过无线鼠标远距离控制课件播放，增强课堂教学效果。

实例 1　压强

本例是初中八年级《物理》"压强"课件的第 3 张幻灯片，播放"压强"课件的效果如图 1-40 所示。

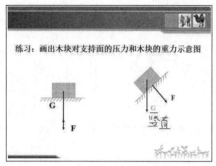

图 1-40　播放"压强"课件效果图

此实例主要介绍在课件放映过程中笔和无线鼠标的使用方法与技巧。首先是对笔的主要操作，如更改墨迹颜色、选择鼠标笔、自由涂写并清除墨迹；其次是使用翻页笔控制课件。

 跟我学

使用笔

在课件的放映过程中，通过对笔的操作可以实现讲演结合，主要操作有更改墨迹颜色、涂写和清除墨迹、定位幻灯片等。

1. **放映课件**　运行 PowerPoint 软件，单击"文件"菜单，按图 1-41 所示操作，打开课件"压强"，按 F5 键，放映课件。

图 1-41　放映课件

2. **更改墨迹颜色**　右击屏幕，按图 1-42 所示操作，设置墨迹颜色为红色。
3. **选择鼠标笔**　右击屏幕，按图 1-43 所示操作，完成选择鼠标笔的操作，鼠标指针变成红色圆点。

若要使鼠标指针恢复箭头形状，选择"箭头选项"→"可见"命令即可。

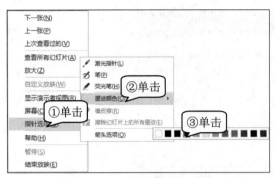

图 1-42　更改墨迹颜色

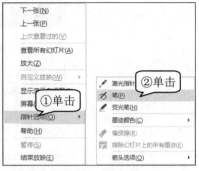

图 1-43　选择鼠标笔

4. 自由涂写　按住鼠标左键，在屏幕上书写文字或绘图，效果如图 1-44 所示。

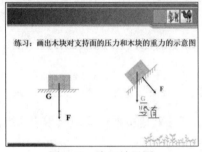

图 1-44　涂写效果图

5. 清除墨迹　按图 1-45 所示操作，使鼠标指针变成"橡皮擦"，然后将橡皮擦拖到要删除的墨迹上进行清除操作。

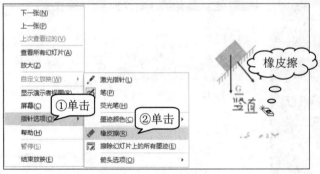

图 1-45　清除墨迹

 若要清除所有墨迹，可以在菜单中选择"擦除幻灯片上的所有墨迹"命令，或者按 E 键。

6. 关闭课件　按 Esc 键，结束放映，单击"关闭"按钮✖，关闭课件。

使用翻页笔

　　用于较远距离控制课件播放的工具有无线鼠标、PPT 翻页笔等，这些工具的使用方法类似，这里主要介绍翻页笔的使用。

1. **认识翻页笔**　PowerPoint 翻页笔又称为电子教鞭，一般有 3 个按钮，分别是"向上翻页""向下翻页"和激光灯"开关"，如图 1-46 所示。

　　　　　　　　　　　开关
　　　　　　　　　　　向上翻页
　　　　　　　　　　　向下翻页

图 1-46　翻页笔

2. **启用翻页笔**　将翻页笔配套的 USB 接头插入计算机的 USB 接口，然后打开翻页笔的电源开关即可使用。
3. **控制课件放映**　通过翻页笔的"向上翻页""向下翻页"两个按钮控制课件放映，真正实现"走到哪里，讲到哪里，讲到哪里，指到哪里"。

 ## 知识库

1. 保留、清除墨迹

在课件放映期间绘制"墨迹"后，退出课件放映时会弹出如图 1-47 所示的提示对话框。如果单击"放弃"按钮，则墨迹就会被清除；如果单击"保留"按钮，则墨迹在下次编辑课件时仍然存在。

图 1-47　"是否保留墨迹注释"提示对话框

2. 打开课件

在 PowerPoint 中，打开课件的方式有以下 3 种。
- 单击"快速访问"工具栏中的"打开"按钮。
- 选择"文件"选项卡中的"打开"命令。
- 按 Ctrl+O 键。

3. 关闭课件

在 PowerPoint 中，关闭课件的方式有以下 3 种。
- 单击"窗口控制按钮"中的"关闭"按钮。
- 选择"文件"选项卡中的"关闭"命令。
- 选择"文件"选项卡中的"退出"命令。

4. 生成课件文档

课件制作好后，可以生成课件文档便于熟悉授课内容。常见的生成课件文档的方式有两种：一种是生成 PDF 电子文档，便于在手机等移动设备上阅读；另一种是打印成纸质文档，便于批注与修改。

- 生成电子文档。打开课件，选择"文件"→"另存为"命令，选择相应的文件夹后，按图1-48 所示操作，可以生成 PDF 格式的电子文档。它能完整展现课件的页面布局、字体格式、色彩等要素，便于在手机等移动设备上阅读与分享。

图 1-48　生成电子文档

- 打印纸质文档。打开课件，选择"文件"→"打印"命令，按图 1-49 所示操作，选择打印机，设置打印版式、纸张类型等参数后，单击"打印"按钮，可以将课件打印成纸质稿。为了方便随时随地翻阅、熟悉课件内容，可以在一张纸上打印多张幻灯片。

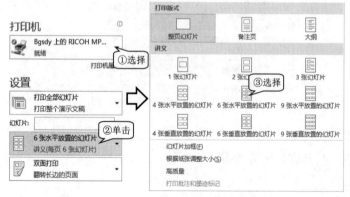

图 1-49　打印纸质文档

 创新园

1. 下载一个"联机模板和主题"，新建课件。提示：选择"主页"→"自然"→"家庭相册(绿色自然设计)模板"→"创建"命令，可自动下载到幻灯片的设计中。

2. 将素材文件夹中的本章课件用不同的放映方式进行播放。

1.4　PowerPoint 幻灯片基本操作

新建的课件只有一张幻灯片，根据需要可以添加幻灯片；当幻灯片中部分对象相同或对象的格式相同时，可以先复制幻灯片再修改使用；通过移动调整幻灯片的顺序，删除多余的幻灯片，可以提高课件的制作效率。

PowerPoint 幻灯片基本操作

1.4.1　添加和删除幻灯片

根据教学内容的需要，常常通过"新建幻灯片"命令添加幻灯片，通过"删除"命令删除多余或无用的幻灯片。

实例 2　谁能为我变速

本例是人教版九年级《化学》"谁能为我变速"课件，如图 1-50 所示。通过"添加幻灯片"命令增加一组化学反应现象，用于对比化学反应速率；通过"删除"命令删除多余的幻灯片，增强课件的应用效果。

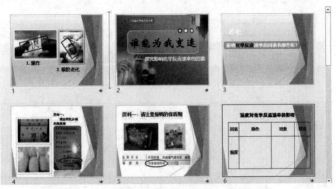

图 1-50　课件"谁能为我变速"浏览视图

在第 1 张和第 2 张幻灯片之间添加一张幻灯片，然后删除第 7 张幻灯片。该实例主要介绍在课件中添加和删除幻灯片的操作方法和技巧。

 跟我学

添加幻灯片

新建一张幻灯片，在确定创建位置后，可以在"开始"选项卡的"幻灯片"组中单击"新建幻灯片"按钮添加新幻灯片。

1. **打开课件**　运行 PowerPoint 软件，打开课件"谁能为我变速(初).pptx"。
2. **添加新幻灯片**　按图 1-51 所示操作，添加一张"标题和内容"版式的新幻灯片。

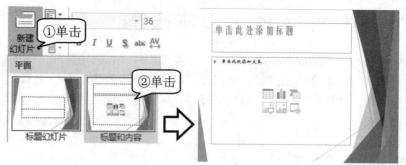

图 1-51　添加新幻灯片

　这里第①步也可以直接单击图标，添加版式为"标题和内容"的幻灯片。

3. 查看幻灯片　按图 1-52 所示操作，以"幻灯片浏览视图"查看幻灯片。

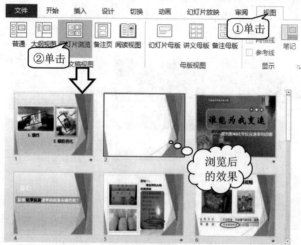

图 1-52　查看幻灯片

这里也可以单击状态栏右边的视图切换按钮。

4. 保存课件　单击"快速访问"工具栏中的"保存"按钮，保存课件。

 删除幻灯片

课件是由多张幻灯片组成的，选中课件中多余的幻灯片，可以通过"删除"命令进行删除。

1. 删除幻灯片　按图1-53 所示操作，删除课件中的第 7 张幻灯片。

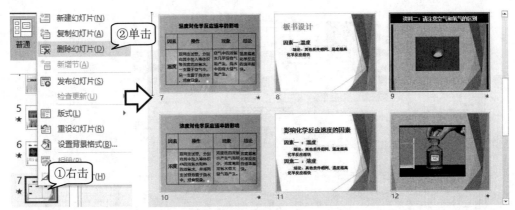

图 1-53　删除第 7 张幻灯片

删除选中的幻灯片后，原有位置显示竖线状的光标，其后面的幻灯片序号自动减 1，接续前面的序号。

2. 保存课件　按 Ctrl+S 键，保存课件。

 知识库

1. 添加幻灯片

在 PowerPoint 中添加幻灯片的方法有 4 种，除上述两种方法外，可按 Ctrl+M 键添加新幻灯片，也可通过复制幻灯片来添加新幻灯片。

2. 删除幻灯片

在 PowerPoint 中删除幻灯片的方法有两种，除上述方法外，还可选中要删除的幻灯片，按 Delete 键删除无用的幻灯片。在"普通视图"下的"幻灯片"选项卡中选中要删除的幻灯片，再运用以上两种方法删除幻灯片。

1.4.2　复制和移动幻灯片

在制作课件时，常遇到几张幻灯片中部分对象相同或对象的格式相同的情况，此时可以先复制幻灯片再修改使用。此外，还可以移动幻灯片，调整幻灯片之间的顺序。

实例 3　轴对称图形

本例是八年级《数学》中的"轴对称图形"课件，其浏览视图的部分效果图如图 1-54 所示。

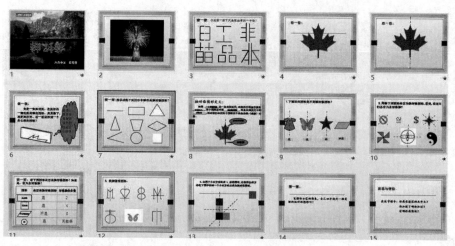

图 1-54　课件"轴对称图形"浏览视图的部分效果图

此实例主要介绍在课件中复制和移动幻灯片的操作方法和技巧。打开课件"轴对称图形(初).pptx",复制第 4 张幻灯片,粘贴成为第 5 张幻灯片并修改其中的相关内容;移动第 11 张幻灯片,使之成为第 7 张幻灯片。

 跟我学

复制幻灯片

选中要复制的幻灯片,执行复制操作并粘贴成为新的幻灯片,然后修改新幻灯片中的相关内容。

1. **打开课件**　运行 PowerPoint 软件,打开课件"轴对称图形(初).pptx",切换到幻灯片浏览视图。

2. **复制幻灯片**　按图 1-55 所示操作,复制第 4 张幻灯片,粘贴成为第 5 张幻灯片。

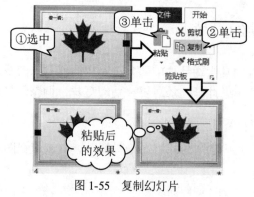

图 1-55　复制幻灯片

移动幻灯片

在课件制作中，根据教学内容的实际需要，时常通过移动幻灯片，调整课件中幻灯片的顺序。

1. **移动幻灯片**　按图 1-56 所示操作，将第 11 张幻灯片移至第 6 张幻灯片之后。

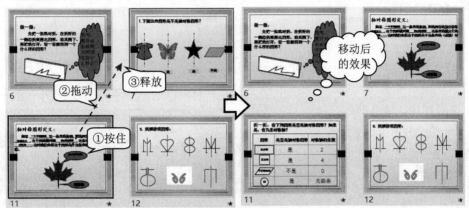

图 1-56　移动幻灯片

　或者可以右击要移动的幻灯片，选择"剪切"命令，将其粘贴到目标位置实现移动。

2. **保存课件**　按 Ctrl+S 键，保存课件。

 知识库

1. **复制幻灯片**

在 PowerPoint 中，复制幻灯片的方法有 4 种，即在"普通视图"或"幻灯片浏览视图"下，选中要复制的幻灯片，然后执行下列操作之一。

- 剪贴板按钮：在"开始"选项卡的"剪贴板"组中，单击"复制"按钮进行复制，单击"粘贴"按钮进行粘贴。
- 快捷菜单：右击要复制的幻灯片，在弹出的快捷菜单中选择"复制"命令，复制幻灯片；右击需要"粘贴"幻灯片处，在弹出的快捷菜单中选择"粘贴"命令，粘贴幻灯片。
- 快捷键：按 Ctrl+C 键复制，按 Ctrl+V 键粘贴。
- 鼠标拖动：按住 Ctrl 键，同时拖动要复制的幻灯片到指定位置。

2. **移动幻灯片**

在 PowerPoint 中，移动幻灯片的方法有 4 种，即在"普通视图"或"幻灯片浏览视图"下，选中要移动的幻灯片，然后执行下列操作之一。

- 在"开始"选项卡的"剪贴板"组中,单击"剪切"按钮并在目标位置"粘贴"。
- 右击要移动的幻灯片,在弹出的快捷菜单中选择"剪切"命令,在目标位置"粘贴"。
- 选择幻灯片,按 Ctrl+X 键,在目标位置按 Ctrl+V 键。
- 直接拖动要移动的幻灯片到目标位置。

 创新园

1. 打开素材文件夹中的"日历中的方程(初).pptx"课件,复制第 2 张幻灯片,粘贴成为第 3 张幻灯片,并按需要修改其中的相关内容。

2. 打开素材文件夹中的"日历中的方程(初).pptx"课件,移动第 4 张幻灯片,使之成为第 8 张幻灯片,最终的幻灯片浏览视图部分效果如图 1-57 所示。

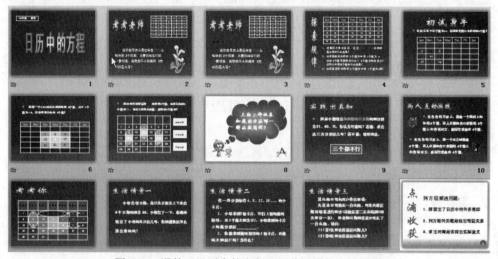

图 1-57 课件"日历中的方程"浏览视图部分效果图

1.5 小结和习题

1.5.1 本章小结

本章结合实例初识课件的制作工具,详细介绍了课件的创建与基本操作方法、幻灯片的基本操作方法和技巧,具体包括以下内容。

- **了解多媒体课件**:初步了解了多媒体课件的基础知识,介绍了多媒体课件的制作流程及原则。
- **认识 PowerPoint 软件**:介绍了 PowerPoint 软件的使用界面及常用视图方式的特点及功能。

- **PowerPoint 课件基本操作**：介绍了 PowerPoint 课件的创建、保存、打开、编辑、修改和放映等基本操作方法。
- **PowerPoint 幻灯片基本操作**：介绍了幻灯片的复制、剪切、移动和删除等基本操作方法和技巧。

1.5.2　强化练习

一、选择题

1. 在 PowerPoint 窗口中，显示功能区的按钮是(　　)。
   A. ?　　　　　　　　B. ⬆　　　　　　　　C. −　　　　　　　　D. ❐

2. 使幻灯片适应当前窗口大小的演示文稿视图是(　　)。
   A. 普通视图　　　　B. 幻灯片浏览视图　　C. 备注页视图　　　D. 阅读视图

3. 使幻灯片适应当前窗口大小的按钮是(　　)。
   A. ▣　　　　　　　　B. ▦　　　　　　　　C. 📖　　　　　　　　D. ⛶

4. PowerPoint 课件中的每一页称为(　　)。
   A. 母版　　　　　　B. 幻灯片　　　　　　C. 版式　　　　　　D. 模板

5. 在 PowerPoint 中，保存课件的方式有(　　)种。
   A. 3　　　　　　　　B. 4　　　　　　　　C. 5　　　　　　　　D. 6

6. 在 PowerPoint 中，打开已有课件的方式有(　　)种。
   A. 4　　　　　　　　B. 3　　　　　　　　C. 2　　　　　　　　D. 1

7. 在课件制作中，不能删除选中幻灯片的操作是(　　)。
   A. 按 Delete 键　　　　　　　　　　　B. 按 Backspace 键
   C. 按 Ctrl+S 键　　　　　　　　　　　D. 按 Ctrl+X 键

8. 不能编辑和修改幻灯片内容，但可以复制、移动和删除幻灯片的视图方式是(　　)。
   A. 普通视图　　　　　　　　　　　　　B. 备注页视图
   C. 幻灯片浏览视图　　　　　　　　　　D. 阅读视图

9. 检查课件中是否有早期版本的 PowerPoint 不支持的功能，该命令是(　　)。
   A. 检查文档　　　　　　　　　　　　　B. 检查辅助功能
   C. 检查兼容性　　　　　　　　　　　　D. 标记为最终状态

10. 在制作课件时，需要设置课件属性信息，该功能所属的选项卡是(　　)。
    A. "开始"　　　　　　　　　　　　　　B. "视图"
    C. "文件"　　　　　　　　　　　　　　D. "切换"

二、判断题

1. 运行 PowerPoint 软件后，按 F1 键不能获得帮助。　　　　　　　　　　(　　)
2. 在 PowerPoint 软件窗口中，按 Ctrl+F1 键可以显示/隐藏功能区。　　　(　　)
3. 在"普通视图"方式下的"幻灯片"选项卡中，也可以移动幻灯片。　　(　　)
4. PowerPoint 课件就是幻灯片。　　　　　　　　　　　　　　　　　　　(　　)

5. 应用模板新建课件，可以为幻灯片快速设置统一的背景和风格。 ( )
6. 应用模板建立的课件，其中的某张幻灯片不能单独改变。 ( )
7. 若要终止幻灯片的放映，可直接按 Esc 键。 ( )
8. 在课件标记为最终状态后，还可以接着用密码进行加密。 ( )
9. 课件设置密码后，其密码就无法取消了。 ( )
10. 标记为最终状态的课件不可以再进行编辑。 ( )

三、问答题

1. 俗话说"磨刀不误砍柴工"，在制作课件时需要考虑哪些因素？
2. 新建课件的方法有哪些？如何选择合适的方法新建课件？
3. 在 PowerPoint 中，课件制作好后，一般要通过哪些方面对课件进行管理？

第 2 章

添加课件常用素材

　　课件通过屏幕显示文字、图片和动画等多种媒体信息，向学生展示学习内容，与传统的在黑板上板书的方式相比更加直观、形象。在了解 PowerPoint 软件基本操作后，本章将介绍如何在课件中添加常用的课件素材，如文字、符号、图像、图形、表格、图表、代数式、公式等，并对其进行编辑和美化，体现课件的实用性和技巧性，突出课件辅助教学的作用。

本章内容

- 添加文字与符号
- 添加图像与图形
- 添加表格与图表
- 添加公式与化学反应式

2.1 添加文字与符号

课件展示要取得良好的教学效果，除了让文字、符号等内容详略得当，也要使排版赏心悦目。课件中的文字一般在占位符或文本框中输入，拼音和音标一般被添加在汉字、单词上，符号一般被添加在公式上。为增加课件的艺术效果，通常还会给课件添加数学序号、数学符号、希腊字母等。

2.1.1 添加文字

添加文字一般先插入"占位符"或"文本框"，然后设置文字的字号、字体、颜色，以及段落的间距、行距和对齐方式等，便于学习者阅读。

实例 1 七律·长征

本例是人教版五年级《语文》上册第八单元课件"七律·长征"中的第 2 张"走近作者"幻灯片，通过本实例主要介绍添加一般文字的方法。

 分析园

1. 认识幻灯片对象

观察如图2-1所示的幻灯片"走近作者"效果图，认识使用不同对象输入的"文本"，并在图中框线内填上文字使用的修饰效果。

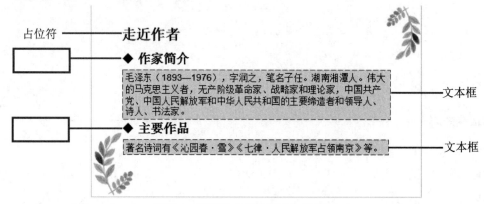

图 2-1 幻灯片"走近作者"效果图

2. 梳理添加文字的流程

添加文字的流程如图 2-2 所示，先输入文字，再对文字进行美化。请仔细思考，将图中的空白部分填写完整。

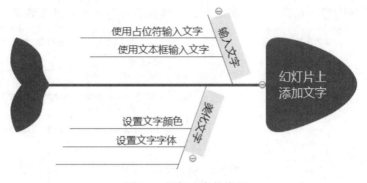

图 2-2　添加文字的流程

 跟我学

在占位符中输入文字

　　在 PowerPoint 中，占位符是边缘为虚线的框，把幻灯片划分成了不同区域，单击占位符，可在其中插入不同的内容。

1. **新建幻灯片**　运行 PowerPoint 软件，打开课件"七律·长征(初).pptx"，切换至第 2 张幻灯片，新建"标题和内容"版式幻灯片，如图 2-3 所示。

图 2-3　新建"标题和内容"版式幻灯片

2. **输入标题**　按 Ctrl+Shift 键，选择中文输入法，选择普通视图，按图 2-4 所示操作，在占位符中输入标题。

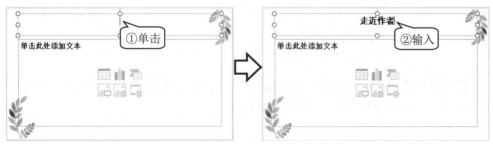

图 2-4　输入标题

3. **输入其他内容**　按图 2-5 所示操作，继续在占位符中输入其他内容。

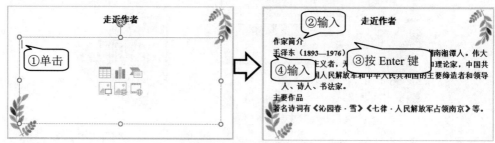

图 2-5　输入其他内容

　　在占位符中输入文字，当文字的高度超过占位符高度时，占位符左侧会出现 按钮，单击该按钮可以根据占位符自动调整文本。

4. **保存课件**　按 Ctrl+S 键，保存课件。

在文本框中输入文字

　　在 PowerPoint 中添加文字，通常是用文本框功能来实现的，使用文本框可将文本放置在幻灯片中的任意位置。

1. **输入标题文字**　打开"开始"选项卡，按图 2-6 所示操作，单击"横排文本框"按钮，将鼠标指针移至目标位置，按住左键拖动，绘制文本框，输入标题"走近作者"。

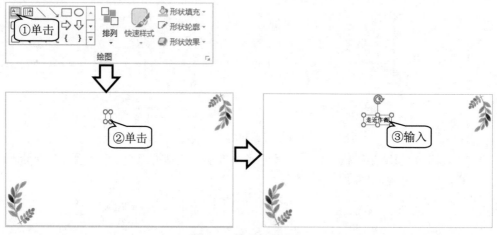

图 2-6　输入标题文字

2. **输入其他文字**　按照上述方法，绘制其他文本框。按图 2-7 所示操作，输入相关内容文字，并拖动控制点，调整文本框至合适大小。

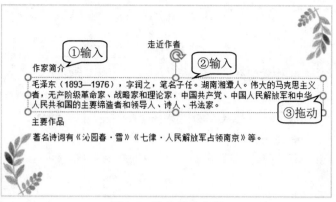

图 2-7　输入其他文字

在创建的文本框中输入文字，系统不会自动换行，但拖动控制点缩小文本框宽度时，文字会自动换行，若要另起一段需按 Enter 键。

3. **设置文本字号字形**　选中文本框后，打开"开始"选项卡，在"字体"组中将标题、子标题、子标题内容的字号、字形分别设置为"32号、加粗""28号、加粗""20号"。

4. **插入项目符号**　单击"作家简介"文本框中的文字，将鼠标指针移至文本框的边框线上，指针变成 ✛ 形状时，单击选中整个文本框。按图 2-8 所示操作，分别在"作家简介"与"主要作品"文本框中的文字前插入项目符号。

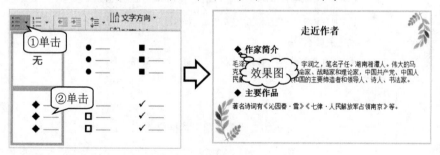

图 2-8　插入项目符号

调整和设置文本框

添加和设置课件内容后，根据幻灯片的布局，对文本框的大小和位置进行调整，以达到美化的效果。

1. **调整标题文本框大小**　选中标题文本框，将鼠标指针移至控制点上，按住鼠标左键，按图 2-9 所示操作，拖动至目标位置后释放，将文本框调整为合适的大小。

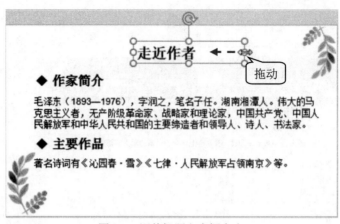

图 2-9　调整标题文本框大小

2. **调整其他文本框大小**　按照上述方法，调整其他文本框大小。

3. **调整标题文本框位置**　选中标题所在的文本框，将鼠标指针移至文本框的边线上，当指针变为╬形状时，按住鼠标左键，按图 2-10 所示操作，拖动文本框，移到合适位置后释放。

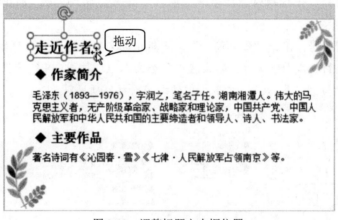

图 2-10　调整标题文本框位置

在制作幻灯片时，选中文本框，按住Ctrl 键，同时按↑、↓、←、→键，可微调文本框的位置。

4. **设置其他文本框位置**　按照上述方法，调整其他文本框位置。

5. **设置文本框边线**　选定子标题内容文本框，按图 2-11 所示操作，单击"绘图"组中的"形状轮廓"按钮，依次设置文本框边线为"蓝色"、粗细为"1.5 磅"、虚线为"长划线"。

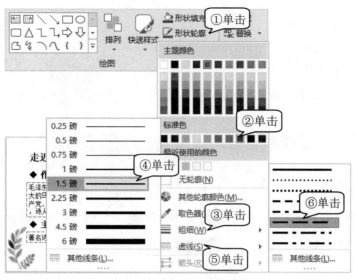

图 2-11　设置文本框边线

6. **设置文本框背景**　按住 Ctrl 键，同时选定子标题内容文本框，单击"绘图"组中的 ⌐ 按钮，按图 2-12 所示操作，设置文本框背景为"纯色填充"中的"蓝色，个性色 1，淡色 80%"。

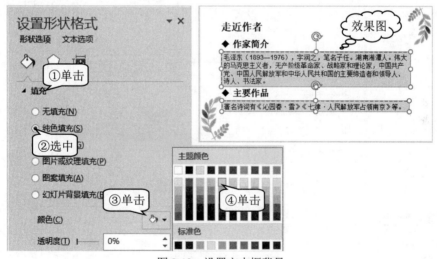

图 2-12　设置文本框背景

7. **保存课件**　单击"保存"按钮 🖫，保存课件。

实例 2　轴对称图形

本例是人教版二年级《数学》下册课件"轴对称图形"中的片头，通过本实例主要介绍艺术字的添加、编辑和美化。

分析园

1. 观察艺术字效果

幻灯片"轴对称图形"效果图如图 2-13 所示。仔细观察其中的"艺术字"与"文本"有什么不同之处。

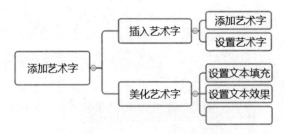

用文本框插入文字 —— 人教版 二年级《数学》下册 第3单元 图形的运动 (一)

轴对称图形 —— 艺术字

—— 翻转艺术字
—— 设置透明度

图 2-13 幻灯片"轴对称图形"效果图

2. 归纳艺术字制作技术

在幻灯片中添加艺术字，应先使用"插入艺术字"命令输入需要的文字，再对艺术字进行渐变填充、三维旋转等文字效果的设置，并翻转艺术字。请根据上面的分析，将图 2-14 中的空白处补充完整。

```
                    ┌─────────┐        ┌────────────┐
                    │ 插入艺术字 │────────│ 添加艺术字   │
                    │         │        ├────────────┤
  ┌─────────┐       │         │        │ 设置艺术字   │
  │ 添加艺术字 │──○──┤         │        └────────────┘
  └─────────┘       ├─────────┤        ┌────────────┐
                    │ 美化艺术字 │────────│ 设置文本填充 │
                    │         │        ├────────────┤
                    │         │        │ 设置文本效果 │
                    │         │        ├────────────┤
                    │         │        │            │
                    └─────────┘        └────────────┘
```

图 2-14 归纳艺术字制作技术

 跟我学

插入艺术字

在 PowerPoint 的当前配色方案中有 20 种艺术字样式，选择其中一种合适的样式。

1. **打开课件** 运行 PowerPoint 软件，打开课件"轴对称图形(初).pptx"。

2. **插入艺术字** 打开"插入"选项卡，单击"文本"组中"艺术字"按钮，按图 2-15 所示操作，插入艺术字"轴对称图形"。

3. **设置艺术字** 选中艺术字边框，打开"开始"选项卡，按图 2-16 所示操作，设置字体格式为"微软雅黑、60号、文字阴影、很松"。

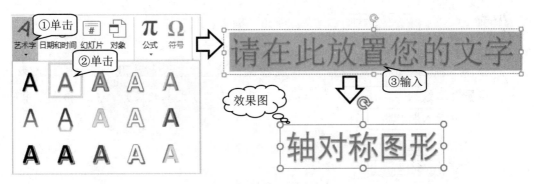

图 2-15　插入艺术字

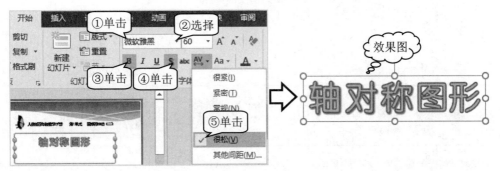

图 2-16　设置艺术字

美化艺术字

　　插入艺术字后，通过文本填充与轮廓、文字效果等设置，可进一步调整和美化艺术字，使其具有特殊的效果。

1. **设置文本填充**　选中艺术字边框，选择"绘图工具"下的"格式"选项，单击"艺术字样式"组的 ⌐ 按钮，按图 2-17 所示操作，设置文本填充色为"渐变填充"中的"顶部聚光灯-个性色 2"。

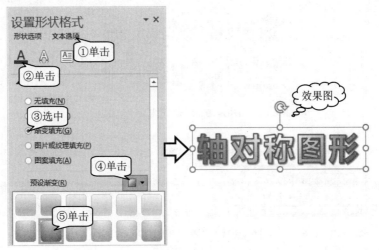

图 2-17　设置文本填充

设置艺术字"渐变填充"时，除了预设渐变提供的渐变类型外，还可以设置渐变填充的方向、角度、透明度、亮度等。

2. **设置文本效果**　按图 2-18 所示操作，设置艺术字文本效果为"三维格式"中的"松散嵌入"。

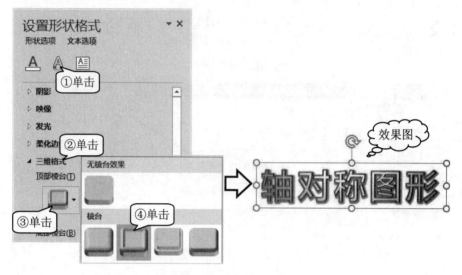

图 2-18　设置文本效果

该操作不仅可以设置文本的三维格式，还可以对文本的阴影、映像、发光、柔化边缘等进行设置。

3. **复制艺术字**　按住 Ctrl 键，同时拖动艺术字到适当位置后释放，复制出艺术字，再分别按↓、↑键调整两组艺术字的位置，效果如图 2-19 所示。

图 2-19　复制艺术字

选中艺术字后，也可以按Ctrl+C 键复制，按Ctrl+V 键粘贴，或者按Ctrl+D 键进行快速复制。

4. **对齐艺术字**　按住 Ctrl 键，同时选中两组艺术字，单击"绘图"组中的"排列"按钮，按图 2-20 所示操作，设置排列方式为"水平居中"。

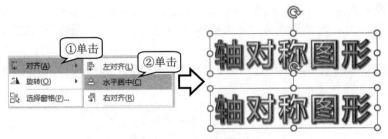

图 2-20　对齐艺术字

5. **翻转艺术字**　选中下面一组艺术字，单击"艺术字样式"组的▣按钮，按图 2-21 所示操作，设置效果为"三维旋转、Y 旋转 180°"。

图 2-21　翻转艺术字

6. **设置填充透明度**　按图 2-22 所示操作，设置右边第一个色标的透明度为 50%，按照同样的方法，将另外两个色标的透明度也设置为 50%。

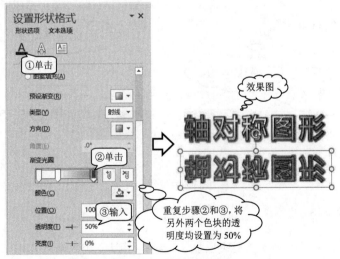

图 2-22　设置填充透明度

7. **添加课件信息** 创建文本框，输入"人教版 二年级《数学》下册 第 3 单元 图形的运动(一)"，设置格式为"华文楷体、28 号、深蓝色、居中"；设置文本框边线为"短划线、浅蓝、2.25 磅"。

8. **设置文本框背景** 在"绘图"组中，按图 2-23 所示操作，设置文本框填充为"蓝色，个性色 1，淡色 80%"。

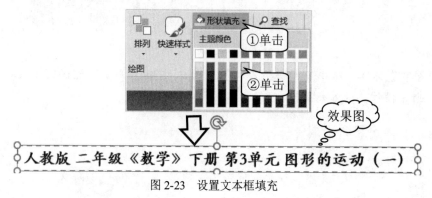

图 2-23 设置文本框填充

9. **保存课件** 按 Ctrl+S 键，保存课件。

 ### 知识库

1. 占位符

占位符是边缘为虚线的框，在框内可以插入标题、正文、表格、图表、图形、图片、影音和剪贴画等内容。占位符的种类如图 2-24 所示。

● 按文字的排列方式划分，可分为横排占位符和垂直占位符。在横排占位符中，输入的文字是横向排列的；在垂直占位符中，输入的文字是纵向排列的。

● 按文字的性质划分，可分为标题占位符和段落占位符。

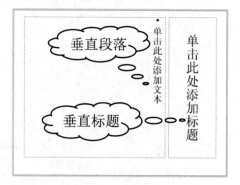

图 2-24 占位符的种类

2. 清除艺术字格式

在 PowerPoint 中，如果不需要突出显示文字，可以使用"清除艺术字"命令去除其字体格式。选择"绘图工具"下的"格式"选项，在"艺术字样式"组中，按图 2-25 所示操作，清除艺术字格式。

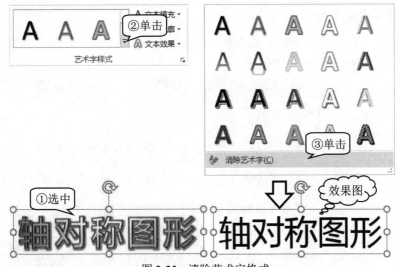

图 2-25　清除艺术字格式

3. 美化一般文字

一般文字通过设置和美化，也能具有"艺术字"的效果。例如，先对一般文字设置艺术字样式，然后在"艺术字样式"组中选择"文本效果"→"转换"→"倒三角"命令进行设置，即可得到如图 2-26 所示的效果。

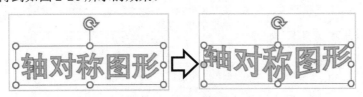

图 2-26　美化一般文字

2.1.2　添加拼音和音标

制作语文课件时，经常要给生字、词语添加拼音；制作英语课件时，经常需要添加国际音标。为课件添加拼音或国际音标，需先在文本框中输入拼音或国际音标，然后运用设置一般文字格式的方法设置拼音或国际音标的格式。

添加拼音和音标

实例 3　丁香结

本例是人教版六年级《语文》上册第一单元"丁香结"课件的"重点词语"幻灯片，通过本实例主要介绍添加拼音的方法和技巧。

分析园

1. 查看拼音设置效果

仔细观察如图 2-27 所示的幻灯片"重点词语"效果图,认识其中的"拼音"对象,并在图中框线内填上拼音使用的修饰效果。

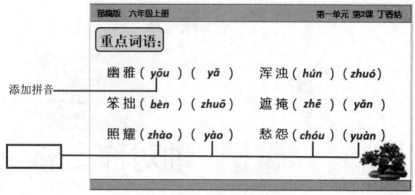

图 2-27　幻灯片"重点词语"效果图

2. 了解添加拼音的流程

在幻灯片中添加拼音,需要先添加一般文字,再添加拼音,并对拼音的格式进行设置。请仔细思考,将图 2-28 中的空白部分填写完整。

图 2-28　添加拼音的流程

 跟我学

添加生字拼音

在 PowerPoint 中,可以利用输入法状态栏上"软键盘"中的"拼音字母"来输入拼音。

1. **打开课件**　运行 PowerPoint 软件,打开课件"丁香结(初).pptx",切换至第 5 张幻灯片。

2. **添加生字"幽"的拼音**　创建文本框,切换成英文输入法,输入"yu",将光标置于"y"与"u"之间,打开搜狗拼音输入法,按图 2-29 所示操作,输入带声调的拼音。

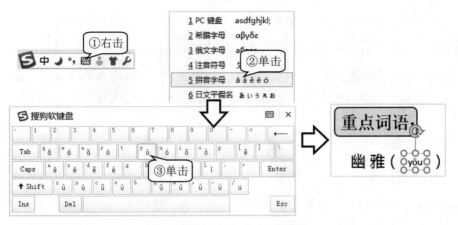

图 2-29　添加生字"幽"的拼音

3. **添加其他生字的拼音**　按照上述方法，添加其他生字的拼音，添加后效果如图 2-30 所示。

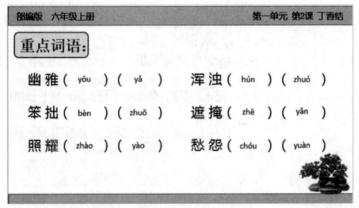

图 2-30　添加其他生字的拼音

4. **设置拼音格式**　按住 Ctrl 或 Shift 键，依次单击每个拼音文本框，设置格式为"32 号、加粗、倾斜、红色"，并调整各个文本框至合适的位置，效果如图 2-31 所示。

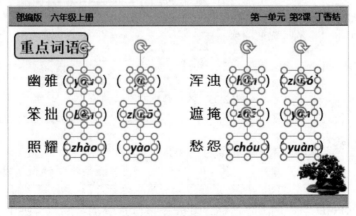

图 2-31　设置拼音格式

5. 保存课件　按 Ctrl+S 键，保存课件。

实例 4　Unit 1 Part A Let's learn & Do a survey and report

本例是人教版六年级《英语》下册课件"Unit 1 Part A Let's learn & Do a survey and report"中的"New Words"幻灯片，通过本实例主要介绍添加英语国际音标的方法和技巧。

 分析园

1. 认识音标对象

观察如图 2-32 所示的幻灯片"New Words"效果图，比较"音标"对象与"拼音"对象，看一看它们有什么相似之处。

图 2-32　幻灯片"New Words"效果图

2. 探究添加音标的流程

在幻灯片中为单词添加音标，首先需要安装国际音标字库，其次添加国际音标，最后设置音标格式。请仔细思考，将图 2-33 中的空白部分填写完整。

图 2-33　添加音标的流程

 跟我学

安装字库

在 PowerPoint 中添加国际音标，要先在操作系统的字库文件夹中安装国际音标字库。

1. **打开字库安装文件**　下载国际音标字库文件"GWIPA.ttf",双击打开字库安装文件。

2. **安装音标字库**　按图 2-34 所示操作,安装字库。

图 2-34　安装音标字库

　当含有国际音标而未嵌入字体的 PowerPoint 课件在其他计算机上播放时,该计算机也需要安装国际音标字库。

添加国际音标

安装好字库后,打开课件,根据需要添加国际音标,并分别设置音标的字体、字号和颜色。

1. **打开课件**　运行 PowerPoint 软件,打开"Unit 1 Part A Let's learn & Do a survey and report(初).pptx"课件,选中第 4 张幻灯片。

2. **添加国际音标**　打开"插入"选项卡,单击"符号"组中的Ω按钮,按图 2-35 所示操作,给单词"taller"添加国际音标,设置格式为"32 号、红色"。

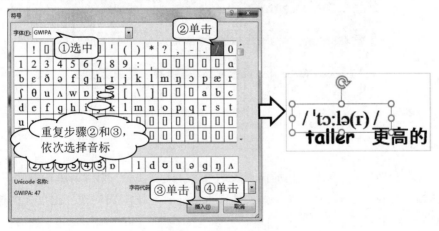

图 2-35　添加国际音标

每单击一个音标，必须接着单击一次"插入"按钮进行插入，单词音标插入完成后，单击"取消"按钮结束。

3. 添加其他音标　按照上述方法，分别给单词"shorter""younger""older""longer"添加国际音标，设置格式为"32 号、红色"，效果如图 2-36 所示。

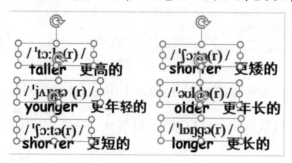

图 2-36　添加其他音标

4. 保存课件　按 Ctrl+S 键，保存课件。

 知识库

1. 用键盘输入音标

在 PowerPoint 中创建文本框后，在"字体"栏中选择"GWIPA"，在大写状态下即可输入国际音标，国际音标字符对照表如图 2-37 所示。

A	B	C	D	E	F	G	H	I	J	K	L	M
ɑ	b	ɛ	ð	ə	f	ɡ	h	ɪ	j	k	l	m
N	O	P	Q	R	S	T	U	V	W	X	Y	Z
ŋ	o	p	æ	ɹ	ʃ	θ	u	ʌ	w	ɒ	y	ʒ
a	b	c	d	e	f	g	h	i	j	k	l	m
a	b	ɔ	d	e	f	ɡ	h	i	j	k	l	m
n	o	p	q	r	s	t	u	v	w	x	y	z
n	o	p	q	r	ɾ	t	u	v	w	x	y	z

图 2-37　国际音标字符对照表

2. 输入简谱符号

在制作音乐课件时，若要使用简谱来表达内容，则需要先安装"彩虹简谱字库"(包括 Jianpu 2.6.ttf 与 Jianpu Bold.ttf 两个字体文件，可从网上下载)，再对照"键盘键位与简谱符号对应表"输入简谱符号。

2.1.3　添加特殊符号

制作课件时，经常需要添加数学符号、单位符号、物理符号、标点符号等。可先在文本框中输入特殊符号，然后运用设置一般文字格式的方法设置特殊符号的格式。

添加特殊符号

实例 5　圆的面积

本例是人教版六年级《数学》上册课件"圆的面积"中的"公式推导"幻灯片，通过本实例主要介绍添加数字序号、数学符号、希腊字母符号的方法和技巧。

 分析园

1. 认识特殊符号对象

仔细观察如图2-38所示的幻灯片"公式推导"效果图，认识不同的特殊符号对象，并在图中框线内填上添加的特殊符号名称。

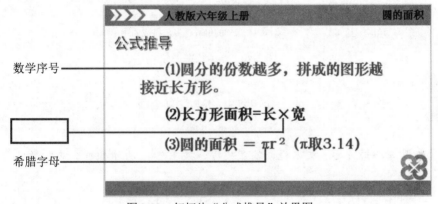

图 2-38　幻灯片"公式推导"效果图

2. 梳理添加特殊符号的流程

制作此幻灯片分为两个步骤：第一步，添加一般文字和特殊符号；第二步，对添加的内容和特殊符号进行格式设置。请根据梳理的思路，将图 2-39 中的空白部分补充完整。

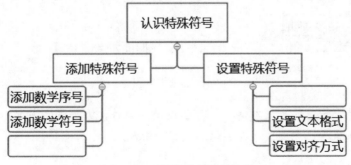

图 2-39　添加特殊符号的流程

跟我学

添加特殊符号

通过右击输入法状态栏上的"软键盘"按钮,选择快捷菜单中的相应选项,打开"软键盘",输入特殊符号。

1. **打开课件** 运行 PowerPoint 打开课件 "圆的面积(初).pptx",选中第 16 张幻灯片。

2. **添加数字序号** 插入文本框,按图 2-40 所示操作,添加序号,然后输入文字。

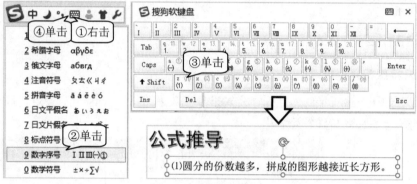

图 2-40 添加数字序号

按 Ctrl+空格键,可以来回切换中文输入法和英文输入法状态。

3. **添加数学符号** 插入文本框,输入文字,按图 2-41 所示操作,添加数学符号。

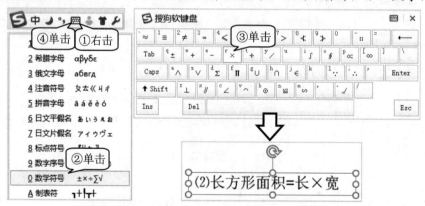

图 2-41 添加数学符号

4. **添加希腊字母** 插入文本框,按图 2-42 所示操作,添加希腊字母,再按步骤 3 的方法添加乘号,完成文字、字母和数字的输入。

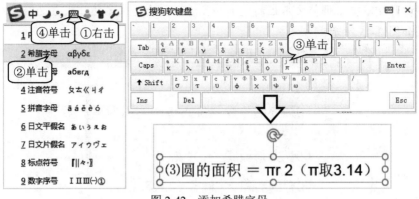

图 2-42　添加希腊字母

设置特殊符号

　　添加特殊符号后，还要进行格式设置，使其更加美观。一般将希腊字母的字体设置为 Times New Roman，其他符号随一般文字进行设置。

1. **设置上标**　选中"πr2"中的"2"，单击"字体"组的⌐按钮，打开"字体"对话框，按图 2-43 所示操作，设置上标。

图 2-43　设置上标

2. **设置格式**　选中要设置的文本框、公式或文字，按图 2-44 所示要求，设置格式。

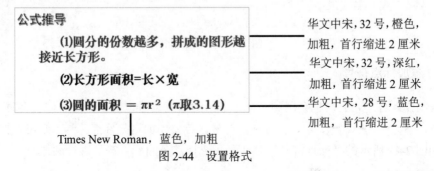

图 2-44　设置格式

3. **左对齐文本框** 调整文本框的大小和位置，需全选文本框，设置为"左对齐"，效果如图 2-45 所示。

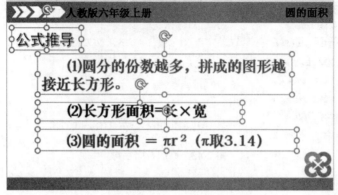

图 2-45 左对齐文本框

4. **保存课件** 以"圆的面积(终).pptx"为名，保存课件。

 知识库

1. 添加单位符号

在数学、物理、化学课件中，如果需要添加一些单位符号，则可启动搜狗拼音输入法，右击状态栏，选择"表情&符号"→"符号大全"命令，打开"符号大全"对话框，按图 2-46 所示操作，输入符号℃。

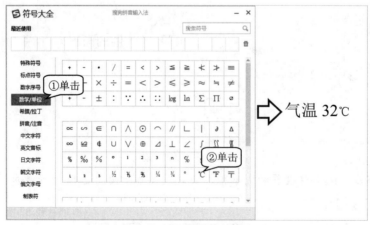

图 2-46 添加单位符号

2. 添加标点符号

在制作课件中，有时也会用到一些不常用的标点符号，例如，在竖排文字时可能会用到《、》、「、」、『、』、、等标点符号。若要添加这些标点符号，则可以按上述操作，打开如图 2-47 所示的"标点符号"对话框，选择需要的标点符号进行添加。

图 2-47　添加标点符号

 创新园

1. 参照图 2-48 所示的效果，创建和美化文本框，插入和美化艺术字，制作人教版七年级《语文》下册课件"爱莲说"中的第 2 张幻灯片。

图 2-48　幻灯片"爱莲说"效果图

2. 从网上下载"彩虹简谱字体库"，分别右击下载的 Jianpu 2.6.ttf 和 Jianpu Bold.ttf 字体文件，选择"安装"命令。安装好字体库后，输入如图 2-49 所示的校歌简谱。

图 2-49　校歌简谱效果图

2.2 添加图像与图形

图像与图形在课件中有着举足轻重的作用。图像直观、形象的特性是文字无法替代的，它不仅能展示教学内容，还能起到美化课件的作用。图形也在数学、物理等学科的课件中起着非常重要的作用，通过它可以直观、形象地表示数学中的几何图形、函数图形。课件中的图像有两个添加渠道：一是插入本机图片；二是插入联机图片。

2.2.1 添加图像

添加图像

在制作课件时，为取得更好的表达效果，需要围绕课件内容添加图像，添加的图像不仅要能表达主题，还要能美化版面。

实例6　Unit 4 Part A Let's learn

本例是人教版三年级《英语》上册课件"Unit 4 Part A Let's learn"中的"Talk about your favourite animal 1"幻灯片，通过本实例主要介绍添加图像的方法。

分析园

1. 观察图片类型

仔细观察如图2-50所示的幻灯片"Talk about your favourite animal 1"效果图，认识图片、剪贴画、联机图片3种不同的图片对象，并对比其不同的添加方法，在图中框线内填上添加的图像类型。

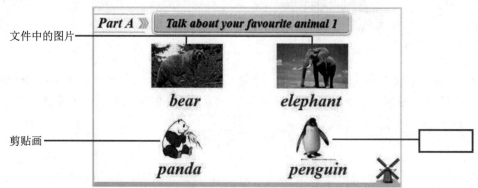

图2-50　幻灯片"Talk about your favourite animal 1"效果图

2. 归纳图像添加流程

制作此幻灯片时，要先查找图片，再插入图片，并设置图片效果。请根据分析思路，将图2-51中的空白部分补充完整。

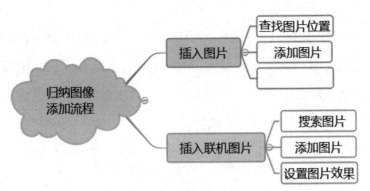

图 2-51　归纳图像添加流程

 跟我学

插入图片

　　插入的图片大多是通过数码相机拍摄、扫描仪扫描、网上下载和屏幕截图等方式获得的保存在计算机中的图像文件。

1. **打开课件**　运行 PowerPoint 软件，打开课件 "Unit 4 Part A Let's learn(初).pptx"，选中第 5 张幻灯片 "Talk about your favourite animal 1"。

2. **插入图片**　打开 "插入" 选项卡，按图 2-52 所示操作，在幻灯片中插入外部图片 "熊.jpg"。

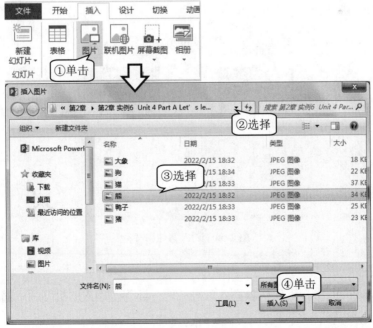

图 2-52　插入图片

在制作幻灯片之前，为方便使用外部图片，通常会把需要用到的图片素材保存在某一个文件夹中。

3. **调整图片大小和位置** 按图 2-53 所示操作，设置图片高度为"3.5 厘米"、宽度为"5.92 厘米"，并调整图片至合适位置。

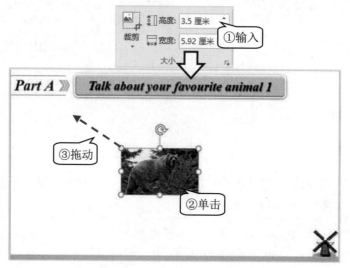

图 2-53 调整图片大小和位置

4. **插入其他图片** 插入图片"大象.jpg""熊猫.jpg"，并调整图片的大小和位置，效果如图 2-54 所示。

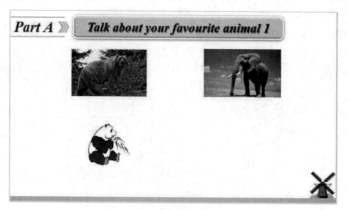

图 2-54 插入其他图片

插入联机图片

在 PowerPoint 中，不仅可以插入本机图片，还可以插入联机图片，通过"必应"搜索引擎可以搜索联机图片。

1. **插入联机图片** 打开"插入"选项卡，按图 2-55 所示操作，插入联机图片"企鹅"，并调整其大小和位置。

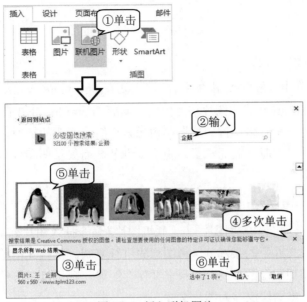

图 2-55　插入联机图片

 当在Office软件中插入图片时,如果计算机联网,则不需要在网上搜索图片,通过联机图片就可以实现。Word、PowerPoint、Excel 中都可以插入联机图片。

2. 添加图像名称　创建文本框,给每个图像添加一个英文名称,效果如图 2-56 所示。

图 2-56　添加图像名称

3. 设置名称格式　全选名称文本框,设置格式为"Times New Roman、40 号、加粗、倾斜、红色",效果如图 2-57 所示。

图 2-57　设置名称格式

4. 保存课件　以"Unit 4 Part A Let's learn(终).pptx"为名,保存课件。

知识库

1. 常用图片格式

在PowerPoint软件中，经常使用的图片格式主要有jpg、bmp、wmf、emf、png、gif等，其中jpg、bmp、png、gif格式的图片均为位图，wmf与emf格式的图片为矢量图。

位图和矢量图的显示效果不同。位图是由像素点组合而成的图像，与分辨率有着直接的联系，当位图放大过度时，就无法显示更多的细节。而矢量图和分辨率无关，它可以任意地放大且清晰度不变。

2. 通过粘贴添加图像

除通过"插入"选项卡中的"图片"与"联机图片"命令插入图片外，还可以在 Windows 中对某个图片文件或文件中的某部分区域图像先进行复制，再将其粘贴到幻灯片中，同样可实现在幻灯片中添加图像的目的。如果需要保存图像，则可以右击幻灯片中的图像，选择"另存为"命令，将图像保存为图片文件。

2.2.2 编辑图像

在课件中添加完图像后，还要对亮度、对比度、大小、位置及无效部分等做进一步调整和设置，统一图像样式，才能使其在幻灯片中更加合适、美观。

实例 7 爱莲说

本例是人教版七年级《语文》下册课件"爱莲说"中的第 3 张幻灯片，通过本实例主要介绍编辑图像的方法。

 分析园

1. 对比图片编辑效果

仔细观察如图2-58所示的幻灯片"莲花"效果图，将编辑后的图片与编辑前的图片进行对比，看一看不同的地方有哪些，并在图中框线内填上合适的操作步骤。

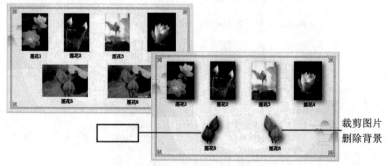

图 2-58 幻灯片"莲花"效果图

2. 归纳编辑图片的流程

编辑图片的流程如图 2-59 所示，需要先裁剪图片中的无效部分、去除图像的背景，再调整图像的大小和位置、调整亮度和对比度，旋转图片，统一图片样式，让幻灯片版面布局更合理。请仔细思考，将自己的发现填写在图中的空白处。

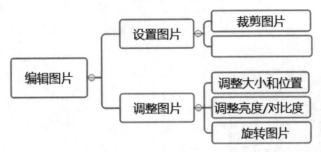

图 2-59　编辑图片的流程

 跟我学

裁剪图片并删除背景

PowerPoint 软件有强大的图像处理功能，通过"裁剪"命令可以去除图像的无效部分，此外通过"删除背景"命令也可去除图像背景。

1. **打开课件**　运行 PowerPoint 软件，打开课件"爱莲说(初).pptx"，选中第 3 张幻灯片。
2. **裁剪图片**　选中"莲花 6"图片，选择"图片工具"下的"格式"选项，按住 Ctrl 键并滑动鼠标滚轮，将页面放大。按图 2-60 所示操作，裁剪图片下方的文字部分，裁剪完后将页面缩放至合适大小。

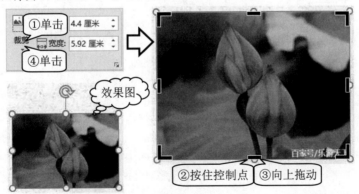

图 2-60　裁剪"莲花 6"图片

 在 PowerPoint 中，还可以右击图片，单击 按钮对图片进行裁剪。

3. **删除图片背景** 选中"莲花 6"图片,按图 2-61 所示操作,删除背景。按照同样的方法,删除"莲花 5"图片的背景。

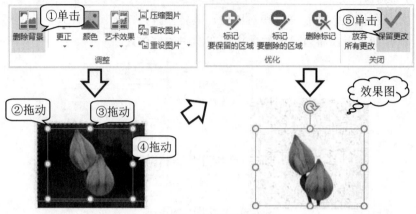

图 2-61 删除图片背景

 删除对象背景时,使用 ⊕ 按钮可以标记要保留的区域,使用 ⊖ 按钮可以删除要删除的区域。

调整图像

裁剪图片并删除背景后,为了使幻灯片版面布局更合理、美观,还需要进一步调整大小、位置、颜色、亮度和对比度等。

1. **调整大小和位置** 适当调整每张图片的大小。选中"莲花 5""莲花 6"图片,按图 2-62 所示操作,将所选图片设置为"底端对齐"。按照同样的方法,将"莲花 1""莲花 2""莲花 3""莲花 4"图片也设置为"底端对齐"。

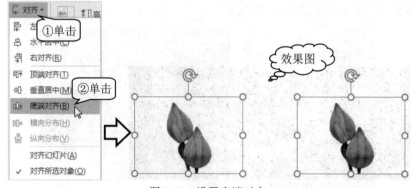

图 2-62 设置底端对齐

2. **调整名称位置** 选中相应的图片名称,将其移至适当位置后,使"莲花 1""莲花 2""莲花 3""莲花 4"图片上下居中对齐,使"莲花 5""莲花 6"图片上下居中对齐,效果如图 2-63 所示。

图 2-63　调整图片名称位置

3. 调整亮度和对比度　按图 2-64 所示操作，调整"莲花 5"图片的亮度和对比度分别为"-20%"和"+40%"。

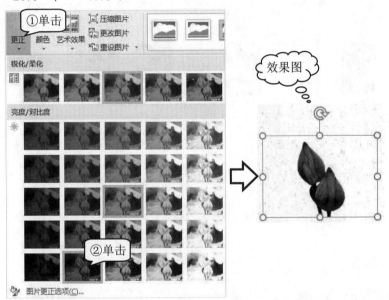

图 2-64　调整亮度和对比度

旋转图片并统一样式

　　在 PowerPoint 中，为了增强图片的艺术效果，使幻灯片更加美观，有时需要旋转图片并统一图片的样式。

1. 翻转图片　选中"莲花 5"图片，选择"图片工具"下的"格式"选项，按图 2-65 所示操作，进行"水平翻转"。

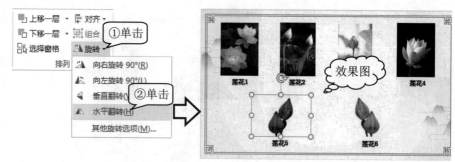

图 2-65　翻转图片

2. **统一图片样式**　选中"莲花 1"图片，按住 ctrl 键，依次单击选中图片，按图 2-66
所示操作，将图片样式统一调整为"矩形投影"。

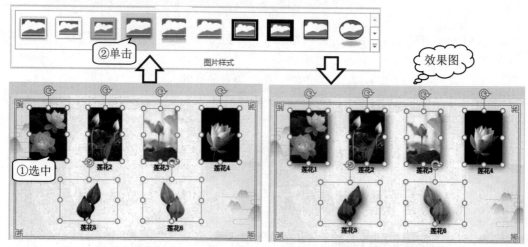

图 2-66　统一图片样式

3. **保存课件**　按 Ctrl+S 键，保存课件。

 知识库

1. 为图片添加艺术效果

在 PowerPoint 软件中，选择"图片工具"下的"格式"选项，通过"艺术效果"命令
可以将艺术效果应用于图片，使其看起来更像素描、绘图或油画等。PowerPoint 软件共提
供了 22 种艺术效果，不过一次只能将一种艺术效果应用于图片，应用新的艺术效果会删除
以前应用的艺术效果。

2. 压缩图片

将分辨率高的图片插入幻灯片会使课件文件显著变大，另外，对插入的图片添加"艺
术效果"也会使图片文件变大。为了使课件文件运行得更快捷，应当根据自己的需要，用
压缩图片的方法，去除多余的图片区域、减少图片细节。如果要对课件中的某张图片进行

压缩，应首先选中课件中的某张图片，再选择"图片工具"下的"格式"选项，按图 2-67
所示操作。

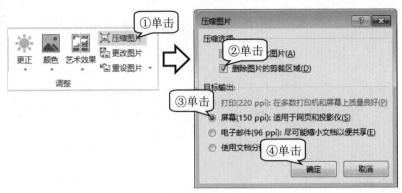

图 2-67　压缩图片

 创新园

1. 参照图 2-68 所示的效果，在"Unit 4 Part A Let's learn"课件的"Talk about your favourite
animal 2"幻灯片中插入图片，添加图片名称并设置图片效果为"Times New Roman、40 号、
加粗、倾斜、红色"。

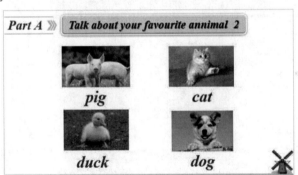

图 2-68　插入图片并设置图片效果

2. 参照图 2-69 所示的效果，利用"删除背景"命令，去除图片的背景，并设置图片样
式为"矩形投影"。

图 2-69　去除图片背景并设置图片样式

2.2.3 绘制图形

PowerPoint软件的"绘图"组中提供了多种图形绘制工具，利用图形绘制工具可以绘制线条、基本形状、箭头、流程图和标注等各种课件图形。

绘制图形

实例8 温度

本例是人教版八年级《物理》上册第三章第1节课件"温度"中的第10张幻灯片"温度计的使用"，本实例使用基本形状绘制了烧杯、水等实验道具，并以此介绍了绘制图形的方法。

 分析园

1. 认识图形形状

观察如图2-70所示的幻灯片"温度计的使用"效果图，认识绘图工具中的基本形状和公式形状，并仔细观察形状设置后的修饰效果。

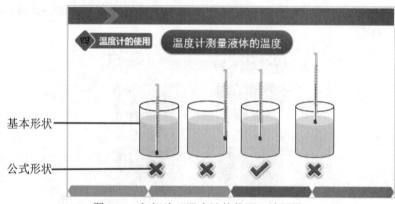
图 2-70 幻灯片"温度计的使用"效果图

2. 了解图形形状的绘制流程

在制作此幻灯片时，需要先制作标题，再绘制烧杯、错号与对号图形，并将烧杯与水组合后进行复制，最后插入温度计图片。了解图形形状的绘制流程，将图 2-71 中的空白部分填写完整。

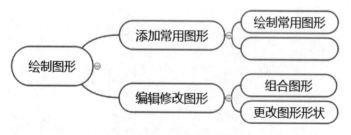
图 2-71 图形形状的绘制流程

跟我学

常用形状绘图

利用"绘图"组中常用的基本形状，可以进行简单几何图形、函数图形、物理图形和化学图形的绘制。

1. **切换幻灯片**　运行 PowerPoint 软件，打开课件"温度(初).pptx"，切换到第 10 张幻灯片。

2. **绘制标题图形**　打开"插入"选项卡，按图 2-72 所示操作，绘制圆角矩形，并调整其大小、位置和圆角程度。

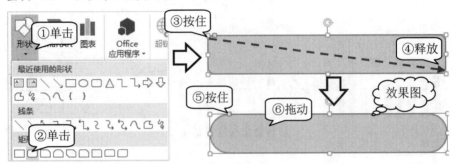

图 2-72　绘制标题图形

3. **设置标题图形样式**　打开"格式"选项卡，按图 2-73 所示操作，设置标题图形样式。

图 2-73　设置标题图形样式

4. **添加标题文字**　按图 2-74 所示操作，添加标题文字"温度计测量液体的温度"，并将文字格式设置为"黑体、32 号、白色"。

5. **绘制圆柱体**　打开"插入"选项卡，按图 2-75 所示操作，绘制圆柱体，将其作为烧杯。

6. **设置圆柱体颜色与大小**　双击圆柱体，按图 2-76 所示操作，设置圆柱体形状填充为"无填充颜色"、形状轮廓为"黑色"、高度为"5.6 厘米"、宽度为"4 厘米"。

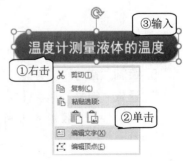

图 2-74　添加标题文字

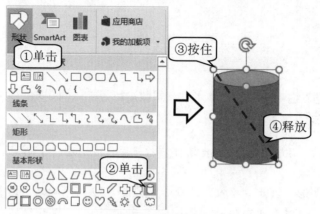

图 2-75　绘制圆柱体

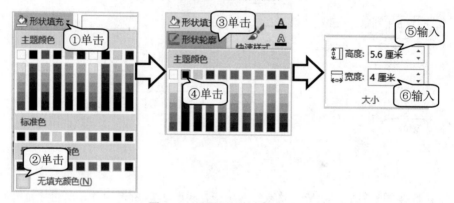

图 2-76　设置圆柱体颜色与大小

7. **绘制"液体"**　按照上述方法，绘制圆柱体形状的液体，设置格式：填充为"绿色，个性色 6，淡色 60%"；轮廓色为"无填充颜色"；高度为"4.2 厘米"；宽度为"3.9 厘米"。将"液体"精确移到适合的位置，效果如图 2-77 所示。

图 2-77　绘制"液体"

8. **绘制"错号"**　打开"插入"选项卡，按图 2-78 所示操作，绘制出"错号"形状。

9. **设置"错号"形状样式**　在"格式"选项卡中，单击"形状样式"组中的"形状效果"按钮，按图 2-79 所示操作，设置"错号"形状样式为"预设 1"。

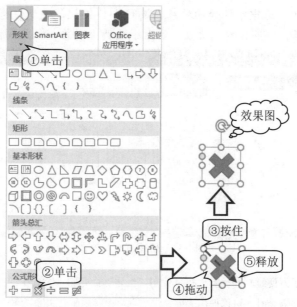

图 2-78　绘制"错号"

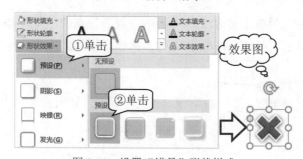

图 2-79　设置"错号"形状样式

编辑修改图形

　　利用"组合"命令可以将多个图形组合在一起,通过"更改形状"命令可将已经插入的图形改变为其他形状。

1. **组合图形**　按图 2-80 所示操作,将"杯子"与"液体"组合在一起。

图 2-80　组合图形

2. 快速复制对象   选中已组合的对象，按 Ctrl+D 键快速复制，将复制出的对象移动至合适位置后，按照同样的方法，再复制出两个对象，效果如图 2-81 所示。

图 2-81   快速复制对象

 为了方便绘制和编辑，可以使用"组合"命令将多个选中的图形组合在一起；当不需要组合时，可以使用"取消组合"命令解除组合关系。

3. 更改图形形状   按照上述方法，按 Ctrl+D 键再复制出 3 个"错号"形状，单击需要更改的"错号"形状，按图 2-82 所示操作，将其更改为"对号"形状。

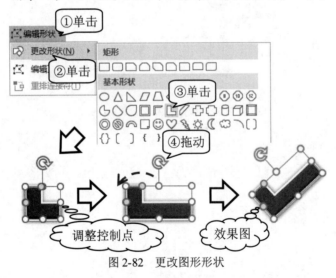

图 2-82   更改图形形状

4. 插入"温度计"   将图片"温度计.png"插入幻灯片，按 Ctrl+C 键复制该图片，再按 3 次 Ctrl+V 键，粘贴出 3 个相同的温度计，分别放到幻灯片需要的位置，效果如图 2-83 所示。

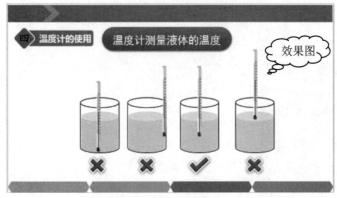

图 2-83　插入"温度计"

5. 保存课件　以"温度(终).pptx"为名，保存课件。

 知识库

1. 图层

图层就像透明胶片，透过没有图像的部分可以看到下层的内容，把多个图层叠加起来，可以组成一幅复杂图像。幻灯片的各个对象位于不同的层，可以对不同图层上的对象进行独立的编辑操作，而不影响其他图层中的对象。通过"排列"组中的"上移一层""置于顶层""下移一层""置于底层"命令，可以改变对象的图层位置，如图 2-84 所示。

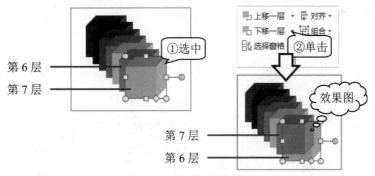

图 2-84　改变图层位置

2. 合并形状绘图

在 PowerPoint 软件中，通过"格式"选项卡"合并形状"选项中的"联合""组合""拆分""相交""剪除"命令，可以对两个或两个以上的图形进行合并，以便于创造出更多不同的形状。在合并形状的过程中，PowerPoint 软件以第一个选择的形状作为基础，在形状上增加或减去部分范围得到新的形状。对于最后合并得到的形状，其填充颜色、边框、效果都以第一个选择的形状为准。如图 2-85 所示，通过"合并形状"选项中的"联合"命令可以轻松绘制运动场的轮廓线。

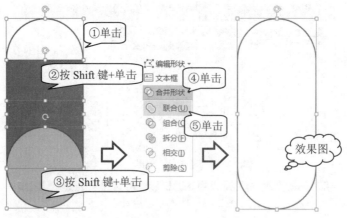

图 2-85　绘制运动场的轮廓线

2.2.4　编辑图形

制作数学课件时，常运用描图法绘制函数图像。描图法是在坐标系中标出函数图像的特征点，用曲线描出图像的一种方法。

实例 9　二次函数的图像与性质

本例是人教版九年级《数学》上册第二十二章课件"二次函数的图像与性质"中的第 7 张幻灯片，通过本实例主要介绍描图法的使用方法和技巧。

 分析园

1. 编辑绘制函数图像

观察如图2-86所示的幻灯片效果图，认识使用描图法绘制的"二次函数"图像，并对比图像修饰后的效果，在图中框线内填上相应的文字。

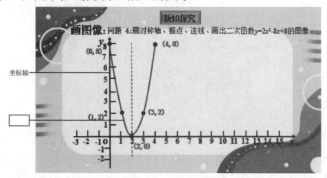

图 2-86　幻灯片效果图

2. 梳理绘制函数图像的流程

制作绘制函数图像幻灯片的流程为：先在幻灯片中建立平面直角坐标系，标出函数

($y=2x^2-8x+8$)图像的特征点，再利用曲线工具描绘出函数图像。梳理绘制函数图像的流程，将思考结果填写在图 2-87 所示的空白处。

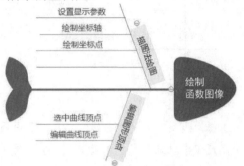

图 2-87　绘制函数图像的流程

 跟我学

描图法绘图

　　选择"绘图"组"线条"中的"曲线"工具，运用描图法绘制函数图像，为了绘制得更精确，建议显示"标尺""网格线"和"参考线"。

1. **设置显示参数**　运行 PowerPoint 软件，打开课件"二次函数的图像与性质(初).pptx"，选中第 7 张幻灯片，打开"视图"选项卡，按图 2-88 所示操作，显示"标尺""网格线"和"参考线"，设置网格间距为"0.5 厘米"。

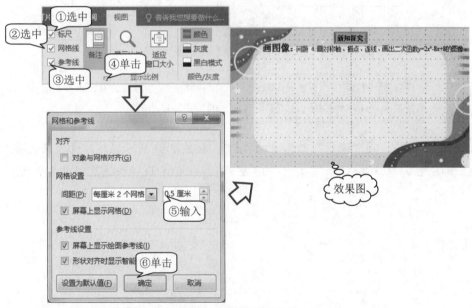

图 2-88　设置显示参数

2. **画坐标轴**　用"绘图"组中的"箭头"工具，在网格中拖曳出 x 轴和 y 轴，调整位置；设置 x 轴与 y 轴的箭头格式为"黑色、2.25 磅"；再分别插入文本框，输入字符，标出原点、x 轴和 y 轴，效果如图 2-89 所示。

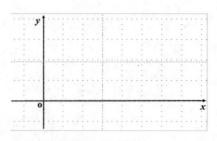

图 2-89　画坐标轴

3. **标出坐标轴刻度**　选择"线条"中的"直线"工具，画出线段，设置线段格式为"黑色、粗细 2.25 磅、高度 0.5 厘米、宽度 0 厘米"；再按图 2-90 所示操作，复制线段，并使用文本框在两轴上标出刻度值。

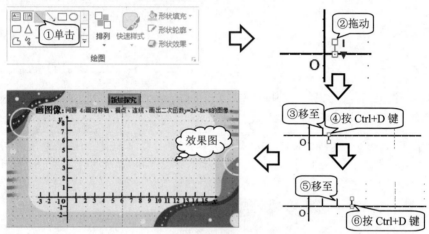

图 2-90　标出坐标轴刻度

　按 Ctrl+D 键快速复制一个线段，并将其调整至 2 厘米的位置，再按 Ctrl+D 键，系统便会自动将复制的线段调整至 3 厘米的位置，以此类推。

4. **绘制坐标点**　用"椭圆"工具绘制"点"，按图 2-91 所示操作，设置点的格式，其中高度为"0.3 厘米"、宽度为"0.3 厘米"，按 Ctrl+D 键快速复制出 4 个点。

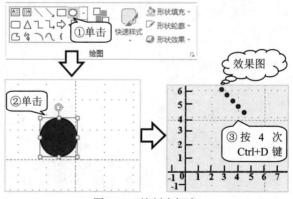

图 2-91　绘制坐标点

5. **标出坐标点**　用文本框制作 5 个点的坐标：(2,0)、(1,2)、(3,2)、(0,8)、(4,8)。将坐标点移至相应位置，并画出对称轴，效果如图 2-92 所示。

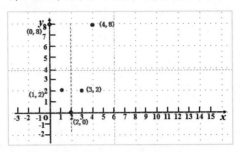

图 2-92　标出坐标点

6. **描绘函数图像**　用"线条"中的"曲线"工具描绘函数图像，按图 2-93 所示操作，设置图像格式为"2.25 磅"。

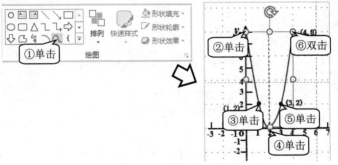

图 2-93　描绘函数图像

编辑图形顶点

通过"编辑顶点"命令调整图形，可以获得平滑、准确、美观的图形。

1. **编辑曲线顶点**　选中函数图像的曲线，选择"绘图工具"下的"格式"选项，按图 2-94 所示操作，编辑曲线顶点。

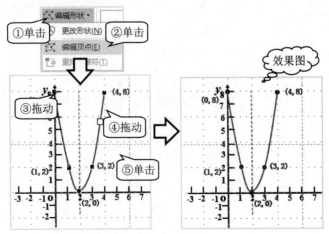

图 2-94　编辑曲线顶点

2. 保存课件　以"二次函数的图像与性质(终).pptx"为名，保存课件。

 知识库

1. 组合对象和取消组合

组合的对象可以是文本框、艺术字、外部图片、剪贴画和各种形状等，将多个对象组合在一起后，就能将其作为一个对象进行移动、翻转、旋转、调整大小或缩放等操作。通常利用组合对象的方法构造复杂图形。按图 2-95 所示操作，将已组合的复杂方块图形取消组合，使其还原未组合前的状态。

组合对象和取消组合

图 2-95　取消图形组合

2. 编辑顶点

在编辑顶点时不仅可以添加、删除顶点，还可以改变顶点的位置与类型。在编辑顶点时，右击某一顶点即可打开"编辑顶点"快捷菜单，详细操作步骤如下。

- 插入形状：在幻灯片中插入一个矩形形状，并设置矩形的轮廓为"无轮廓"。
- 选择编辑顶点：按图 2-96 所示操作，进入编辑顶点状态。

图 2-96　"编辑顶点"快捷菜单

- 添加编辑顶点：按图 2-97 所示操作，在矩形四条边的中点位置单击添加 4 个顶点。

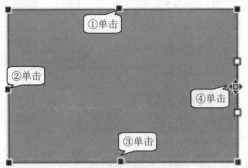

图 2-97　添加编辑顶点

- 调整顶点位置：拖动调整顶点位置，效果如图 2-98 所示。

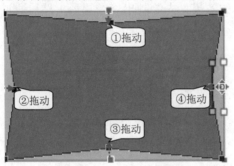

图 2-98　调整顶点位置

- 调整矩形形状：按图 2-99 所示操作，拖动调整顶点的控制柄，改变矩形的形状。

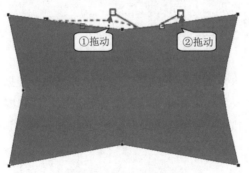

图 2-99　调整矩形形状

- 调整其他顶点：按上述方法，调整其他 3 个新增的顶点。

 创新园

1. 参照图 2-100 所示的效果，添加图形并编辑，制作九年级《数学》下册课件"三视图"中的"主视图"幻灯片。

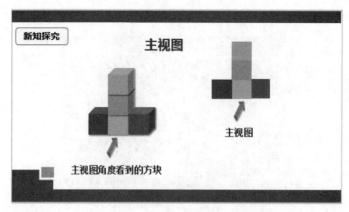

图 2-100　幻灯片"主视图"效果图

2. 参照图 2-101 所示的效果，先绘制出一个矩形，然后通过"编辑顶点"的方法，绘制出烧杯的形状。

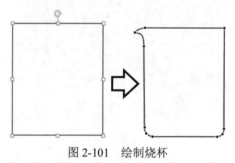

图 2-101　绘制烧杯

2.3　添加表格与图表

当需要在课件中展示大量数据或表达复杂的逻辑关系时，根据表达内容的不同，可以使用表格或图表组织数据，或者使用知识结构图对知识进行梳理和展示。表格或图表可以直观地呈现数据关系及其变化规律，知识结构图有助于学生加强对知识间内在联系的理解。

2.3.1　添加表格

制作课件时，一般用表格来组织和规划数据。表格可以直观地呈现数据信息，既便于比较和分析数据，又便于发现数据特征，找到变化规律，从而解决问题。

添加表格

实例 10　食物中的营养物质

本例是人教版七年级《生物》下册课件"食物中的营养物质"中的第 7 张幻灯片，通过本实例主要介绍表格的插入、编辑和美化等内容。

分析园

1. 查看幻灯片表格

幻灯片"食物营养成分"效果图如图 2-102 所示。观察插入表格及修饰表格的效果，感受用表格呈现数据的便捷性。

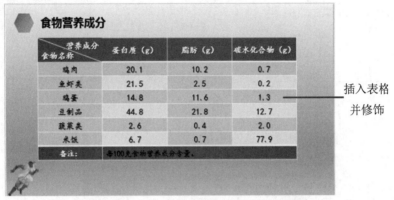

图 2-102　幻灯片"食物营养成分"效果图

2. 了解表格制作流程

制作表格前应先规划表格的行数和列数，然后插入表格，设置表格的属性，再编辑美化表格，完成制作。了解表格制作流程，将图 2-103 中的空白部分填写完整。

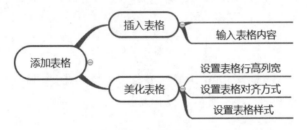

图 2-103　表格制作流程

跟我学

添加表格

　　在课件中添加表格有多种方法，可以通过"插入对象"命令插入已有的 Word 表格或 Excel 表格，也可以打开"插入"选项卡，直接创建或插入新的 Excel 表格。

1. **插入表格**　打开课件"食物中的营养物质(初).pptx"，切换至第 7 张幻灯片，打开"插入"选项卡，按图 2-104 所示操作，插入一个 7 行 4 列的表格。

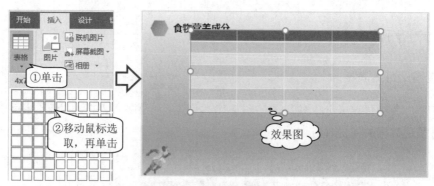

图 2-104　插入表格

2. **输入表格内容**　拖动表格边框，向下移动表格至适当位置，单击第一个单元格，按图 2-105 所示操作，输入表格内容。

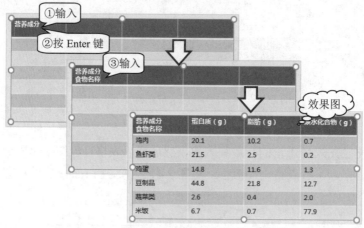

图 2-105　输入表格内容

3. **添加"备注"行**　选择"表格工具"下的"布局"选项，将光标定位在表格最后一行，按图 2-106 所示操作，先在下方插入一行，再合并单元格，输入备注内容为"每100 克食物营养成分含量"。

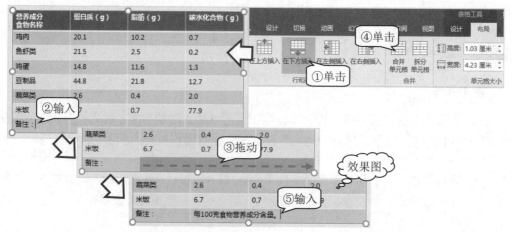

图 2-106　添加"备注"行

当光标定位在表格的最后一个单元格时，按 Tab 键可以在当前行的下方增加一行。

4. **设置表格大小**　单击表格边框，在"表格尺寸"组中设置表格高度为"9 厘米"、宽度为"20 厘米"，效果如图 2-107 所示。

营养成分 食物名称	蛋白质（g）	脂肪（g）	碳水化合物（g）
鸡肉	20.1	10.2	0.7
鱼虾类	21.5	2.5	0.2
鸡蛋	14.8	11.6	1.3
豆制品	44.8	21.8	12.7
蔬菜类	2.6	0.4	2.0
米饭	6.7	0.7	77.9
备注：	每100克食物营养成分含量。		

图 2-107　设置表格大小

5. **添加斜下框线**　按图 2-108 所示操作，在表头添加白色斜下框线。

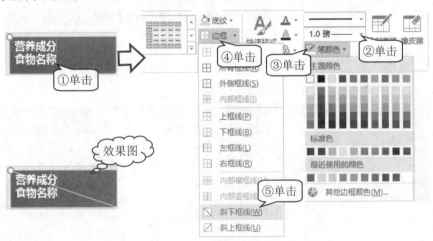

图 2-108　添加斜下框线

编辑和美化表格

　　在课件中添加表格后，还需要进一步对数据内容和表格边框进行编辑和美化，从而强调内容，增强表现力。

1. **设置文字格式**　打开"开始"选项卡，选中文字，按图 2-109 所示要求，设置文字格式。

图 2-109　设置文字格式

2. **设置对齐方式**　单击表格，选择"表格工具"下的"布局"选项，按图 2-110 所示操作，设置单元格对齐方式。

图 2-110　设置对齐方式

3. **设置表格样式**　选择"表格工具"下的"设计"选项，按图 2-111 所示操作，勾选"汇总行""镶边列"复选框，设置表格样式。

图 2-111　设置表格样式

4. **保存课件**　按 Ctrl+S 键，保存课件。

 知识库

1. 编辑粘贴的表格

从 Word 中复制和粘贴的表格、从 Excel 中复制和粘贴的一组单元格，在 PowerPoint 软件

中的编辑方法与创建表格的编辑方法相同。但插入的Excel表格，其编辑和美化要在打开的
Excel 软件界面中进行。

2. 插入(删除)行、列

在制作表格时，有时需要插入(删除)行、列。右击目标行或列，在弹出的快捷菜单中
选择"插入"("删除")命令，根据需要，选择相应的选项(见图 2-112)即可。

图 2-112　快捷菜单中的插入(删除)命令

3. 插入文件中的表格

表格的应用可以使数据呈现更加清晰。在课件中可以直接插入已有的Word表格或 Excel
表格，两类表格的插入操作类似，下面以插入 Excel 表格为例。

- 插入 Excel 表格：打开"插入"选项卡，按图 2-113 所示操作，插入 Excel 表格。

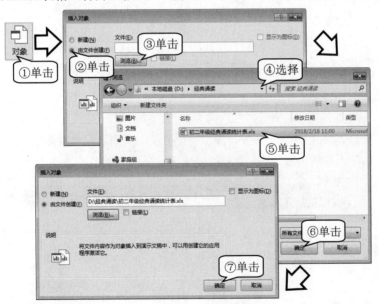

图 2-113　插入 Excel 表格

- 调整表格大小和位置：拖动控制点，调整表格大小；拖动表格，调整表格位置。
  效果如图 2-114 所示。

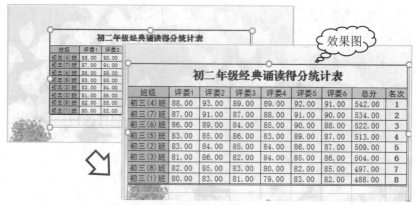

图 2-114　调整表格大小和位置

2.3.2　添加图表

图表具有形象、直观的特点。在课件中，利用图表呈现数据的优势很明显，将数据图表化，可以使数据呈现形式更生动，也更容易理解。

添加图表

实例 11　气温的变化与分布

本例是人教版七年级《地理》课件"气温的变化与分布"中的第 7 张幻灯片"气温年变化图"，通过本实例主要介绍图表的添加、编辑等内容。

 分析园

1. 分析图表组成元素

幻灯片"气温年变化图"效果图如图 2-115 所示。观察幻灯片中图表的组成元素及修饰后的效果，并在图中框线内填上合适的元素名称。

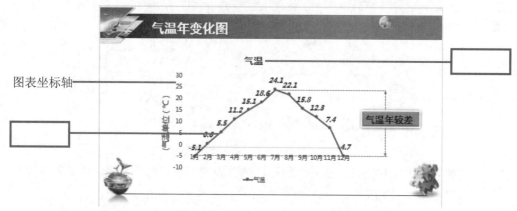

图 2-115　幻灯片"气温年变化图"效果图

2. 梳理添加图表的流程

制作此幻灯片时，需要先插入图表、编辑数据，再编辑图表、调整图表的大小和位置、设置图表内各元素的文字格式、填充颜色，完成制作。梳理添加图表的流程，将图 2-116 中的空白部分填写完整。

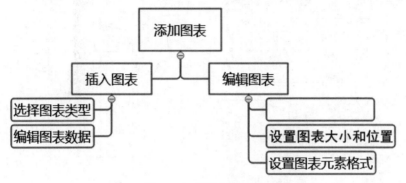

图 2-116 添加图表的流程

 跟我学

> 插入图表

在课件中插入图表，会保存图表的源数据，并且编辑时会调用 Excel 软件进行相关操作。

1. **打开课件** 运行PowerPoint软件，打开课件"气温的变化与分布(初).pptx"，切换至第 7 张幻灯片。

2. **插入图表** 打开"插入"选项卡，选择"图表"工具，按图 2-117 所示操作，插入"折线图"图表。

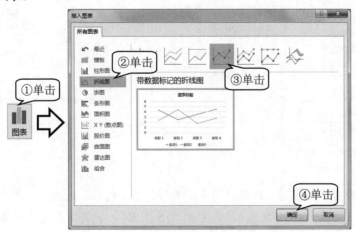

图 2-117 插入图表

3. **编辑数据** 在打开的 Excel 软件窗口中，按图 2-118 所示操作，修改并输入气温的年变化数据。

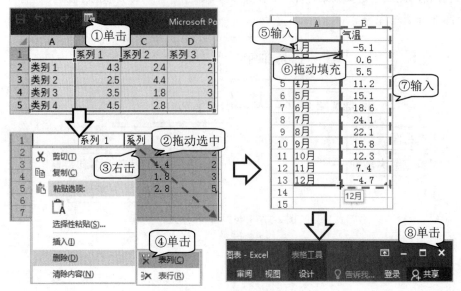

图 2-118 编辑数据

编辑和美化图表

添加图表后，为增强其在课件中的表现力，还需要进一步设置和美化。

1. **设置图表样式** 选择"图表样式"组，单击"样式 9"。

2. **增减图表元素** 按图 2-119 所示操作，增加纵坐标轴标题、数据标签，去除网格线。

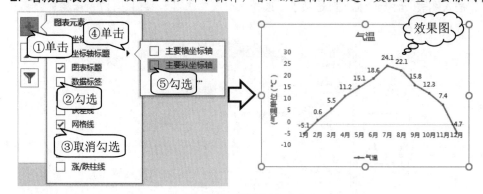

图 2-119 增减图表元素

3. **设置图表大小和位置** 选择"图表工具"下的"格式"选项，按图 2-120 所示操作，设置图表高度为"10 厘米"、宽度为"15 厘米"，并将图表整体调整至合适位置。

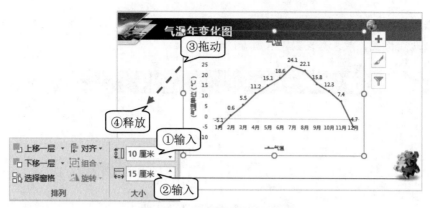

图 2-120　设置图表大小和位置

4. **设置横坐标轴交叉值**　在"当前所选内容"组中，按图 2-121 所示操作，设置横坐标轴交叉值为"-10"。

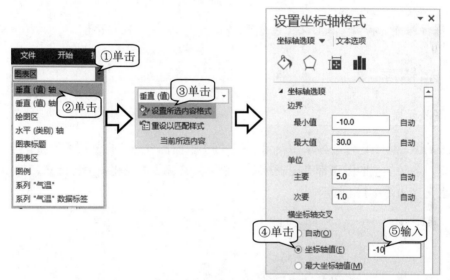

图 2-121　设置横坐标轴交叉值

5. **设置图表元素格式**　分别选中各个图表元素，设置格式，效果如图 2-122 所示。

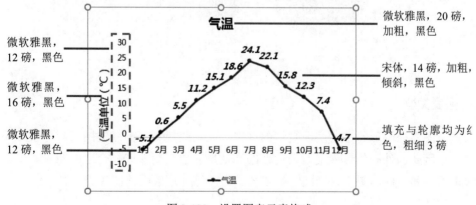

图 2-122　设置图表元素格式

6. 添加其他内容 使用绘制图形的方法,分别绘制其他内容,添加相应的形状和文字, 并设置格式,效果如图 2-123 所示。

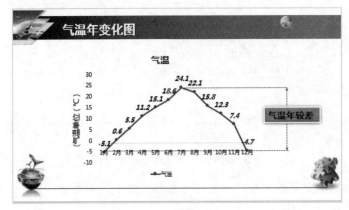

图 2-123 添加其他内容

7. 保存课件 以"气温的变化与分布(终).pptx"为名,保存课件。

知识库

1. 图表元素

图表的图表区中包含了各项图表元素,不同类型的图表所包含的图表元素也略有区别。 一般来说,各种类型的图表都有图表标题、数据标签、数据表和图例等元素,例如,某饼 图的图表元素如图 2-124 所示。

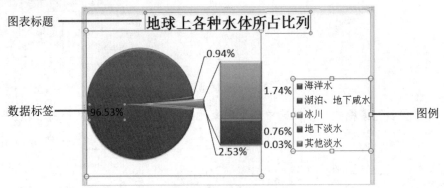

图 2-124 某饼图的图表元素

2. 图表类型

数据型图表以图形的方式呈现数据的规律、关系或趋势。不同的图表类型表达不同的 数据含义,因此课件制作者应根据表达目的和数据的内在规律选择合适的图表类型。图表 类型很丰富,其中柱形图、条形图、折线图、饼图等都是常用的图表类型。

- 柱形图：柱形图侧重于展示数据的大小，根据横坐标轴的不同，一类与时间序列相关，用于展示某个项目在不同时间的数量或趋势；一类以项目、类别作为横坐标，重点展示不同项目、类别之间的差别，如图 2-125 所示。

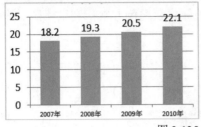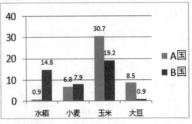

图 2-125　柱形图

- 条形图：将柱形图旋转 90°就变成了条形图，它更侧重于展示类别之间的数量对比情况，与柱形图不同，条形图一般不表示数据随时间的变化情况，如图 2-126 所示。

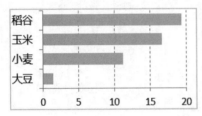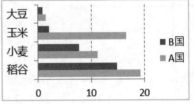

图 2-126　条形图

- 折线图：折线图主要用于展示数据随时间的变化情况，折线图从时间上看是连续的，时间属性非常明显，如图 2-127 所示。

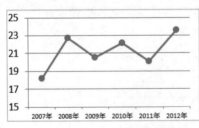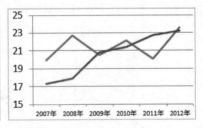

图 2-127　折线图

- 饼图：饼图适用于展示数据系列之间的差异性、反映总体构成情况，通常不使用图例，而是直接在扇区上标记系列名称，如图 2-128 所示。

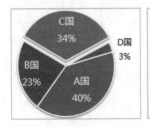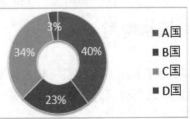

图 2-128　饼图

3. 编辑图表

PowerPoint 软件中的图表不仅可以生动、形象、直观地呈现数据，还可以利用图表选项对数据进行编辑，如图 2-129 所示。利用"图表元素"选项可以添加、删除或更改图表元素；利用"图表样式"选项可以设置图表的样式和配色方案；利用"图表筛选器"选项可以编辑图表中要显示的数据点和名称。

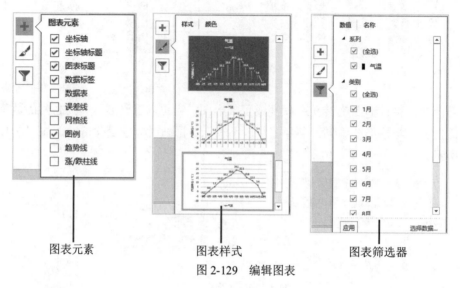

图表元素　　　　　图表样式　　　　　图表筛选器

图 2-129　编辑图表

4. 复制图表

在 PowerPoint 软件中，如果想达到在 Excel 中更改数据，PowerPoint 中的图表也会随之发生变化的效果，那么在 Excel 中复制图表后，按图 2-130 所示操作，利用"使用目标主题和嵌入工作簿"的粘贴选项进行粘贴即可。

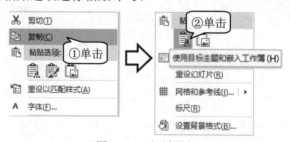

图 2-130　复制图表

2.3.3　添加知识结构图

在制作复习课的课件时，经常需要将知识以知识结构图的形式呈现，利用 SmartArt 图形就可以很容易地制作知识结构图，且能够快速、轻松地呈现知识结构和关系。

添加知识结构图

实例 12　水的三态变化

本例是人教版六年级《科学》上册课件"水的三态变化"中的第 5 张幻灯片，通过本实例主要介绍知识结构图的插入、编辑和美化等内容。

 分析园

1. 认识知识结构图

幻灯片"水的三态变化"效果图如图 2-131 所示。认识图中的知识结构图样式和文本，观察修饰后的效果，感受使用知识结构图有效呈现知识的便捷性。

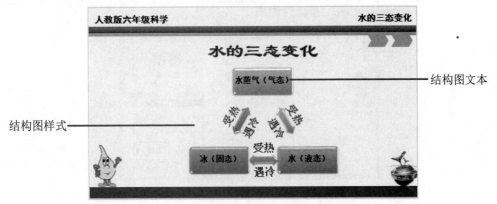

图 2-131　幻灯片"水的三态变化"效果图

2. 探究添加知识结构图的流程

制作此幻灯片时，需要先单击 SmartArt 按钮插入知识结构图、编辑文字信息，然后对结构图的图框大小和位置进行调整、设置结构图样式、添加标注、设置文字格式等。探究添加知识结构图的流程，将图 2-132 中的空白部分补充完整。

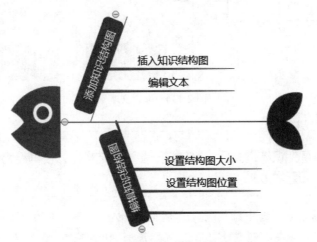

图 2-132　添加知识结构图的流程

跟我学

添加知识结构图

在课件中添加 SmartArt 图形，构建知识结构图，可以将知识之间的关系以图形化的形式呈现，帮助学生梳理学习思路。

1. **打开课件** 运行 PowerPoint 软件，打开课件"水的三态变化(初).pptx"，切换至第 5 张幻灯片。

2. **插入知识结构图** 打开"插入"选项卡，在"插图"组中单击 SmartArt 按钮，按图 2-133 所示操作，插入知识结构图。

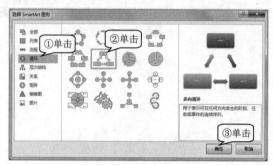

图 2-133　插入知识结构图

3. **编辑文本** 按图 2-134 所示操作，在结构图中输入文字内容"水蒸气(气态)""水(液态)""冰(固态)"。

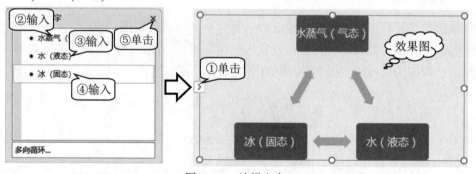

图 2-134　编辑文本

编辑和美化知识结构图

在课件中构建知识结构图后，需要进一步调整结构图，使其符合知识结构和关系，以增强其表现力和艺术效果。

1. **设置结构图大小** 选中结构图，选择"SmartArt 工具"下的"格式"选项，单击"大小"组中的▣图标，设置大小。设置高度为"8 厘米"、宽度为"14 厘米"，效果如图 2-135 所示。

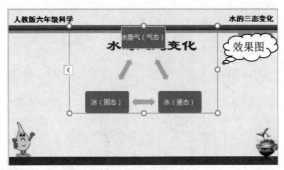

图 2-135　设置结构图大小

2. **设置结构图位置**　按图 2-136 所示操作，设置结构图的位置。设置水平位置为 "6.5 厘米"、垂直位置为 "4.5 厘米"。

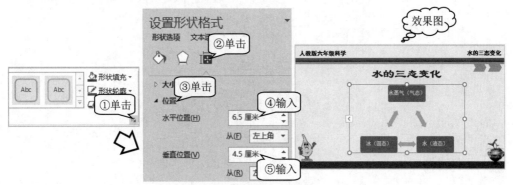

图 2-136　设置结构图的位置

3. **设置文本框大小**　按住 Shift 键并单击 3 个文本框，在 "大小" 组中设置高度为 "2 厘米"、宽度为 "4.6 厘米"。按照同样的方法，设置 "箭头" 形状的高度为 "0.8 厘米"、宽度为 "2.2 厘米"，效果如图 2-137 所示。

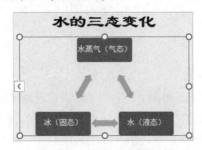

图 2-137　设置文本框大小

4. **更改样式与颜色**　选中结构图，选择 "SmartArt 工具" 下的 "设计" 选项，在 "SmartArt 样式" 组中，按图 2-138 所示操作，更改样式为 "优雅"，颜色为 "彩色范围-个性色 5 至 6"，并将字体设置为 "黑色、加粗"。

5. **添加文本框**　选择 "插入" 选项卡，利用 "文本" 组插入文本框，输入文字。按照同样的方法，添加其他文本框，并旋转文本框、设置格式、调整位置，使其效果如图 2-139 所示。

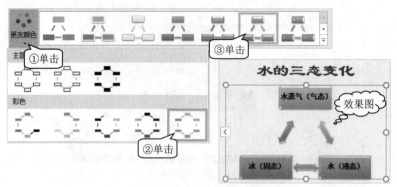

图 2-138　更改样式与颜色

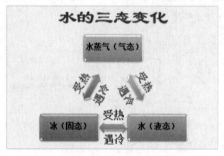

图 2-139　添加其他文本框

6. 保存课件　以"水的三态变化(终).pptx"为名，保存课件。

实例 13　北京的春节

本例是人教版六年级《语文》上册课件"北京的春节"中的第 3 张幻灯片，通过本实例主要介绍 SmartArt 图形的插入、编辑和美化等内容。

 分析园

1. 观察 SmartArt 图形效果

幻灯片"北京的春节"效果图如图 2-140 所示。认识使用 SmartArt 图形制作的课件目录，观察修饰后的 SmartArt 图形效果，在图中框线内填上使用的修饰效果。

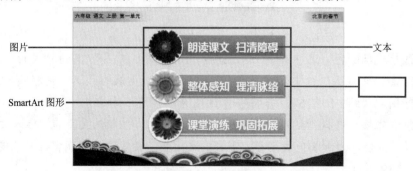

图 2-140　幻灯片"北京的春节"效果图

2. 梳理添加 SmartArt 图形的流程

制作此幻灯片时，需要先选择知识结构图、插入图片、编辑文本，然后调整结构图大小和位置、设置结构图样式，完成制作。梳理添加 SmartArt 图形的流程，将图 2-141 中的空白部分补充完整。

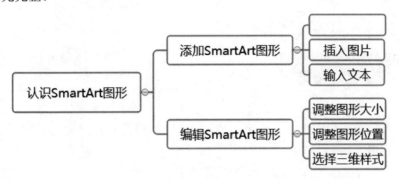

图 2-141　添加 SmartArt 图形的流程

 跟我学

添加 SmartArt 图形

利用 SmartArt 图形将图片和文字有机结合起来，可以使教学思路更加清晰、教学目标更加明确。

1. **打开课件**　运行 PowerPoint 软件，打开课件"北京的春节(初).pptx"，切换至第 3 张幻灯片。

2. **选择 SmartArt 图形**　打开"插入"选项卡，在"插图"组中单击 SmartArt 按钮，按图 2-142 所示操作，插入 SmartArt 图形。

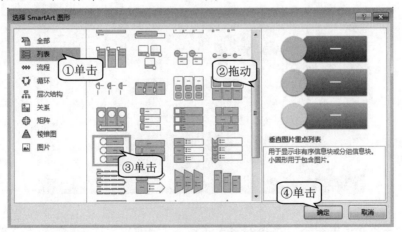

图 2-142　选择 SmartArt 图形

3. **插入图片**　单击 SmartArt 图形，按图 2-143 所示操作，插入图片"红色太阳花.png"。

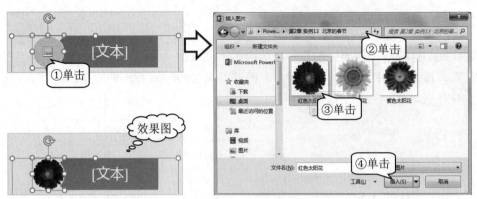

图 2-143　插入图片

4. **插入其他图片**　按照上述方法，插入"黄色太阳花.png""紫色太阳花.png"图片，效果如图 2-144 所示。

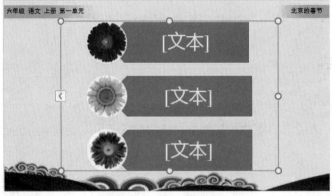

图 2-144　插入其他图片

5. **输入文本**　单击 SmartArt 图形，在文本框中输入文字"朗读课文 扫清障碍"。按照同样的方法，分别在其他文本框中输入文字，效果如图 2-145 所示。

图 2-145　输入文本

6. **调整大小和位置**　按住 Shift 键并单击 3 个文本框，在"大小"组中设置高度为"2 厘米"、宽度为"11 厘米"，并将其调整至合适位置，效果如图 2-146 所示。

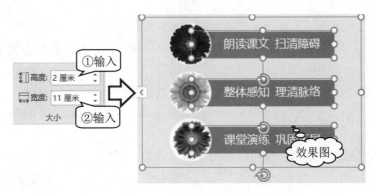

图 2-146　调整大小和位置

7. **选择三维样式**　选中 SmartArt 图形，选择"SmartArt 工具"下的"设计"选项，按图 2-147 所示操作，在"SmartArt 样式"组中，设置颜色为"彩色范围-个性色 5 至 6"，设置三维样式为"优雅"，设置字体为"微软雅黑、28 磅、加粗"。

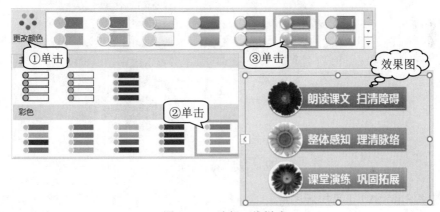

图 2-147　选择三维样式

8. **保存课件**　以"北京的春节(终).pptx"为名，保存课件。

 知识库

1. SmartArt 图形的类型

利用 SmartArt 图形，可以创建各种图形、图表。在 PowerPoint 中，SmartArt 图形包括以下 8 种类型。

- 列表型：用于显示非有序信息或分组信息，主要强调信息的重要性。
- 流程型：用于表示任务流程的顺序或步骤。
- 循环型：用于表示阶段、任务或事件的连续序列，主要强调重复过程。
- 层次结构型：用于显示组织中的分层信息或上下级关系，被广泛地应用于组织结构图。
- 关系型：用于表示两个或多个项目之间的关系，或者多个信息集合之间的关系。

- 矩阵型：用于以象限的方式显示部分与整体的关系。
- 棱锥型：用于显示比例关系、互联关系或层次关系，最大的部分置于底部，向上渐窄。
- 图片型：主要应用于包含图片的信息列表。

2. SmartArt 图形增减形状

SmartArt 中的形状数量不仅可以根据文本、内容而变化，还可以人为对其进行修改。选中 SmartArt 图形，在"SmartArt 工具"的"设计"选项中单击最左边的"添加形状"按钮，即可增加形状数量；若要删除某个形状，则选中形状后按 Delete 键或 Backspace 键即可，效果如图 2-148 所示。

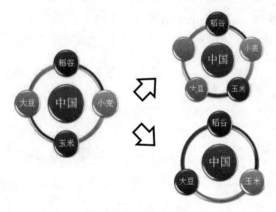

图 2-148　增减形状

3. 借助 SmartArt 工具排版图片

图片排版和图文排版一直让很多人苦恼，借助 SmartArt 工具中提供的"图片"类型，可以轻松实现多张图片的排版。

- 选择 SmartArt 螺旋图：打开"插入"选项卡，在"插图"组中单击 SmartArt 按钮，按图 2-149 所示操作，插入"图片"类别中的"螺旋图"。

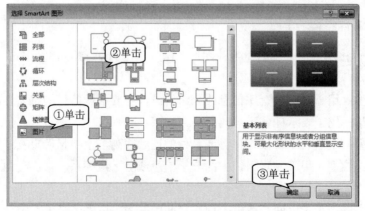

图 2-149　选择 SmartArt 螺旋图

- 调整螺旋图大小：根据需要，拖动尺寸控制点，调整螺旋图大小。
- 插入图片：按图 2-150 所示操作，插入图片进行排版。

图 2-150　插入图片

- 插入其他图片：按照上述方法，插入其他图片，效果如图 2-151 所示。

图 2-151　插入其他图片

创新园

1. 制作幻灯片"世界能源消费结构"，图表背景是"画布"，布局 1，样式 12，使其最终效果如图 2-152 所示。

2. 添加知识结构图"计算机系统组成"，更改颜色为"彩色范围-强调文字 3 至 4"，SmartArt 样式为"三维-卡通"，使其效果如图 2-153 所示。

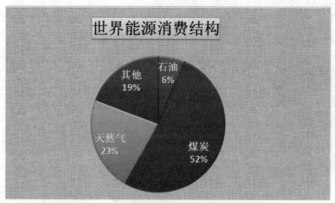

图 2-152　"世界能源消费结构"效果图

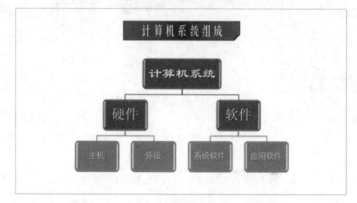

图 2-153　"计算机系统组成"效果图

2.4　添加公式与化学反应式

在制作理科课件时，经常需要输入公式或化学反应式。在 PowerPoint 软件中，可以轻松地实现公式或化学反应式的添加和编辑。

添加公式与化学反应式

2.4.1　输入公式

输入公式是制作理科课件时常用的操作。输入公式的方法较多，使用"公式"命令，可以快速、有效地输入公式。

实例 14　自由落体运动

本例是人教版高中《物理》必修第二章"自由落体运动"课件中的第 20 张幻灯片"自由落体运动的规律"，通过本实例主要介绍常用公式的输入和编辑等内容。

分析园

1. 查看常用公式应用效果

观察如图 2-154 所示的幻灯片"自由落体运动的规律"效果图，认识使用数学符号、分式、根号等组成的常用公式，并对比公式修饰前后的效果，在图中框线内填上合适的内容。

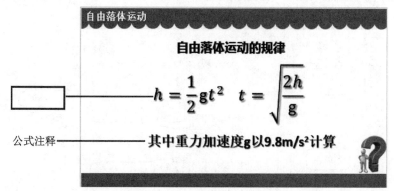

图 2-154　幻灯片"自由落体运动的规律"效果图

2. 梳理添加常用公式的流程

在制作此幻灯片时，需要先创建公式编辑框，在编辑框中分别插入字母、分式和上下标，再设置公式格式、调整公式位置，美化公式。梳理添加常用公式的流程，将图 2-155 中的空白部分补充完整。

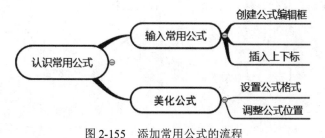

图 2-155　添加常用公式的流程

 跟我学

输入公式

通过单击"插入"选项卡"符号"组中的"公式"按钮π来创建公式，在公式编辑框中输入公式内容。

1. **创建公式编辑框**　运行 PowerPoint 软件，打开课件"自由落体运动(初).pptx"，切换至第 20 张幻灯片，打开"插入"选项卡，在"符号"组中单击按钮π，创建公式编辑框。

2. **插入字母**　单击公式编辑框，按图 2-156 所示操作，输入"*h=*"。

图 2-156　插入字母

3. **插入分式**　单击"结构"组中的"分数"按钮，按图 2-157 所示操作，插入分式，输入分子"1"，按方向键"↓"，输入分母"2"。

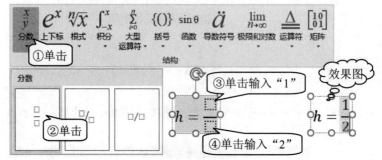

图 2-157　插入分式

 在公式编辑框中，可以按方向键"←、→、↓、↑"移动光标，在相应的编辑框中输入字符或插入符号。

4. **插入上下标**　按方向键"→"两次移动光标，输入字母"g"；按图 2-158 所示操作，单击"上下标"按钮，输入字母"t"，输入上标"2"。

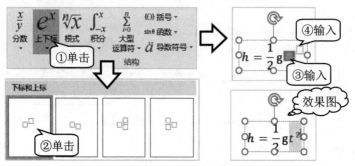

图 2-158　插入上下标

5. **完成根式输入**　按照上述方法，输入其他公式，单击"结构"组中的"根式"按钮，输入根式，再单击"分数"按钮，输入根式中的分数，效果如图 2-159 所示。

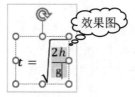

图 2-159　完成根式输入

使用方向键可以改变光标的位置。观察公式中深灰色与浅灰色的部分，在光标位置即将输入的符号既从属于浅灰色部分，又与深灰色部分重合。

6. **插入公式注释**　打开"插入"选项卡，单击"文本"组中的"文本框"按钮，插入"横排文本框"，输入文字"其中重力加速度 g 以 9.8m/s^2 计算"，效果如图 2-160 所示。

图 2-160　插入公式注释

美化公式

输入公式后，还需要设置公式格式，包括字体、字号、颜色和字符间距等，从而进一步美化公式。

1. **设置公式格式**　单击公式边框选中公式，打开"开始"选项卡，按图 2-161 所示操作，设置字体格式为"40 号、阴影"，设置字符间距为"加宽、1.5 磅"。

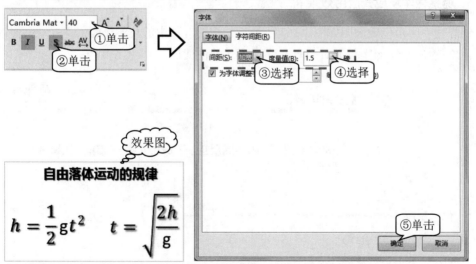

图 2-161　设置公式格式

2. **设置注释格式**　选中注释内容，设置字体格式为"32 号、加粗、阴影"，效果如图 2-162 所示。

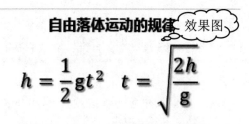

$$h = \frac{1}{2}gt^2 \quad t = \sqrt{\frac{2h}{g}}$$

其中重力加速度g以9.8m/s²计算

图 2-162　设置注释格式

3. **调整位置**　选中公式和注释，调整其至适当的位置。

4. **保存课件**　以"自由落体运动(终).pptx"为名，保存课件。

2.4.2　输入化学反应式

尽管利用插入字符和图形的方式也能输入化学反应式，但效率太低。制作课件时，使用 KingDraw 等软件，可以快速地输入化学反应式、制作实验图。

实例 15　煤的干馏与苯

本例是鲁科版高中《化学》必修二课件"煤的干馏与苯"中的第 22 张幻灯片"甲苯"，通过本实例主要介绍化学反应式的插入和编辑等内容。

 分析园

1. 观察化学反应式应用效果

幻灯片"甲苯"效果图如图 2-163 所示。认识幻灯片中的化学反应式，并观察修饰后的效果，感受使用 KingDraw 软件输入化学反应式的便捷性。

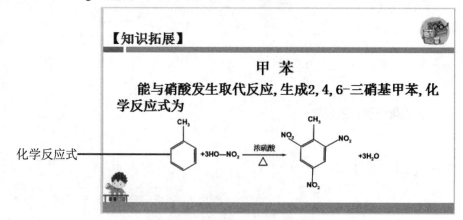

图 2-163　幻灯片"甲苯"效果图

2. 分析添加化学反应式的流程

在制作此幻灯片时，需要先利用 KingDraw 软件设计反应式，再设置其格式、调整公式位置，然后将其粘贴到"甲苯"幻灯片中，完成幻灯片的制作。分析添加化学反应式的流程，将图 2-164 中的空白部分填写完整。

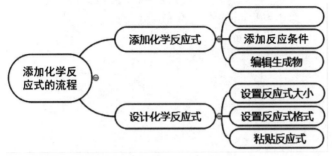

图 2-164　添加化学反应式的流程

 跟我学

> 添加化学反应式
>
> 　　安装 KingDraw 软件，设计"甲苯"反应式，复制反应式，在幻灯片中粘贴反应式。

1. **安装 KingDraw 软件**　在网上下载并运行"KingDraw.exe"，根据提示安装软件，具体参考安装说明。

2. **运行 KingDraw 软件**　双击桌面上的 图标，运行 KingDraw 软件，单击"新建画板"按钮，进入其工作界面，如图 2-165 所示。

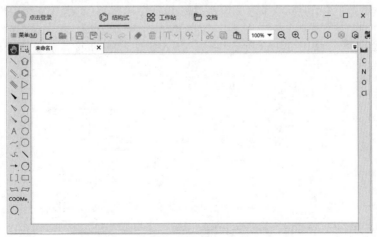

图 2-165　KingDraw 工作界面

3. **编辑"苯环"**　按图 2-166 所示操作，编辑"苯环"。

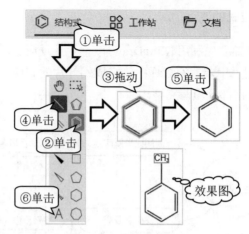

图 2-166　编辑"苯环"

4. 编辑"硝酸"　按图 2-167 所示操作,编辑"硝酸"。

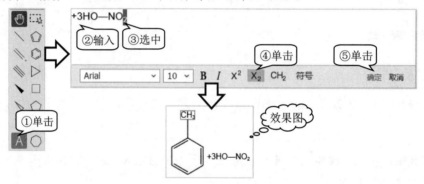

图 2-167　编辑"硝酸"

　在 KingDraw 软件的输入栏中输入分子式,设置分子式中上标、下标的格式后,即可将设置好的分子式插入相应位置。

5. 插入箭头线　按图 2-168 所示操作,插入箭头线,并将其调整至合适位置。

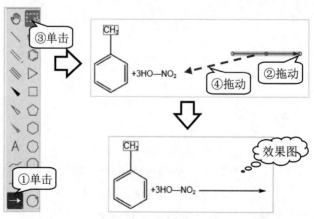

图 2-168　插入箭头线

6. 添加反应条件　按第 4 步的方法，输入反应条件，选中反应条件文本框，并将其微调至合适的位置，效果如图 2-169 所示。

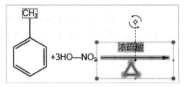

图 2-169　添加反应条件

7. 编辑生成物　按照上述方法，输入反应式右边的内容，效果如图 2-170 所示。

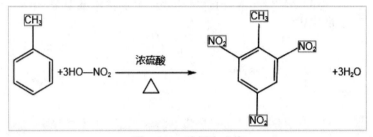

图 2-170　编辑生成物

8. 设置反应式大小　单击"矩形选择"按钮，按图 2-171 所示操作，设置反应式大小。

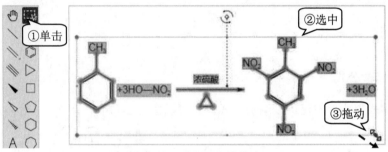

图 2-171　设置反应式大小

9. 设置反应物　按图 2-172 所示操作，分别选中"CH_3""$+3HO—NO_2$""NO_2""$+3H_2O$"，设置字体格式为"Times New Roman、15 号、加粗"。

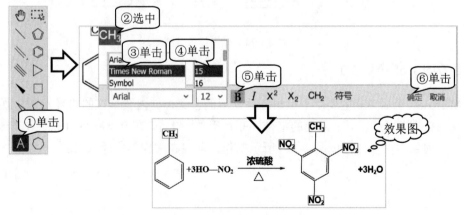

图 2-172　设置反应物

10. **设置反应条件**　按照上述方法,选中文字"浓硫酸",设置字体格式为"15 号、加粗",并调整位置。

11. **粘贴反应式**　打开课件"煤的干馏与苯(初).pptx",切换至第 22 张幻灯片,粘贴"甲苯"反应式,并将其调整至合适位置,效果如图 2-173 所示。

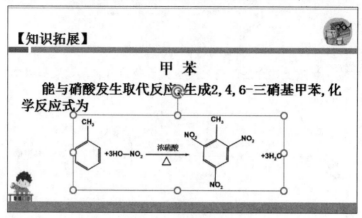

图 2-173　粘贴反应式

12. **保存课件**　以"煤的干馏与苯(终).pptx"为名,保存课件。

 ## 知识库

1. 编辑修改公式

在公式编辑器中,不仅可以编辑公式,还可以按图 2-174 所示操作,对公式进行修改。

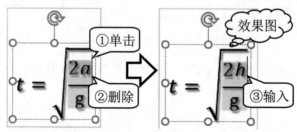

图 2-174　编辑修改公式

2. Microsoft 公式 3.0

Microsoft 公式 3.0 主要用于编辑各种常用的公式,其内置丰富的符号元素,既可以创建和修改公式,也可以对公式中的字号、间距等进行设置。在 PowerPoint 软件中,选择"插入"→"对象"命令,再按图 2-175 所示操作,即可在编辑器中输入公式。

图 2-175　使用"Microsoft 公式 3.0"输入公式

3. 数学公式编辑器 MathType

MathType 是一款功能强大的数学公式编辑器，常与文字处理软件和演示程序配合使用。使用该编辑器能够在各种文档中加入复杂的数学公式和符号，经常用于编辑数学试卷、书籍、报刊、论文、幻灯片等。MathType 编辑器界面如图 2-176 所示。

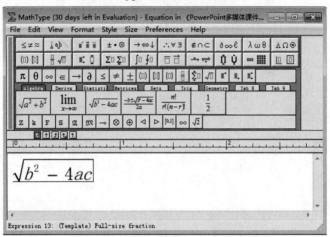

图 2-176　MathType 编辑器界面

4. 化学绘图软件 ChemDraw

ChemDraw 是目前国内外较为流行的化学绘图软件，使用 ChemDraw 可以建立和编辑与化学有关的图形。例如，建立和编辑各类化学式、方程式、结构式、立体图形、对称图形、轨道等，并能对图形进行翻转、旋转、缩放、存储、复制、粘贴等多种操作，ChemDraw 软件界面如图 2-177 所示。

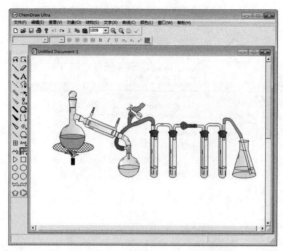

图 2-177　ChemDraw 软件界面

5. 化学方程式编辑器 Chemistry

Chemistry 是一款专门输入化学方程式的软件，它通过较为固定的输入方式，可提高使用者输入化学方程式的效率，Chemistry 软件界面如图 2-178 所示。

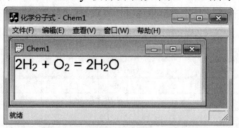

图 2-178　Chemistry 软件界面

2.5　小结和习题

2.5.1　本章小结

本章通过多个具体实例，详细介绍了在 PowerPoint 软件中添加课件素材的过程、方法和技巧，具体包括以下内容。

- **添加文字与符号**：介绍了在幻灯片中添加一般文字、艺术字、拼音、国际音标、特殊符号等多媒体素材的操作方法，以及编辑过程和美化技巧等。此外，还介绍了无法输入的"汉字"处理方法和技巧、国际音标字库的安装方法。
- **添加图像与图形**：介绍了添加图像的途径和方法，重点介绍了图像编辑、处理和美化的方法、过程和技巧；在幻灯片中绘制、编辑和美化图形的操作方法和技巧；

添加图形文字的方法、编辑图形文字的方法和技巧，以及图层的概念、作用和应用技巧。

- **添加表格与图表**：介绍了在幻灯片中添加表格、图表和SmartArt图形的方法和技巧，以及设置表格、图表等样式的方法。
- **添加公式与化学反应式**：介绍了输入代数式、物理公式、化学反应式的方法，以及对其进行编辑和美化的策略与技巧。

2.5.2　强化练习

一、选择题

1. 在 PowerPoint 软件中制作课件时，下列不可行的添加文字的方法是(　　)。

　　A. 在占位符中添加文字　　　　　　　B. 在文本框中添加文字

　　C. 添加艺术字　　　　　　　　　　　D. 在图片中添加文字

2. 在同一张幻灯片中复制图形，最快捷的操作方法是(　　)。

　　A. 在"剪贴"组中单击"复制"按钮　　B. 按 Ctrl+D 键

　　C. 在快捷菜单中选择"复制"命令　　　D. 按 Ctrl+C 键

3. 在 PowerPoint 课件中，下列不能用来做幻灯片背景的是(　　)。

　　A. 图片　　　　　　B. 图案　　　　　　C. 过渡色　　　　　　D. 动画

4. 如右图所示，拖动五角星图形上的控制点可以(　　)。

　　A. 旋转图形　　　　　　　　　　　　B. 调整图形形状

　　C. 调整图形的大小　　　　　　　　　D. 调整颜色

5. 如右图所示，按住 ◔ 拖动可以(　　)。

　　A. 调整图形大小　　　　　　　　　　B. 调整图形位置

　　C. 调整图形形状　　　　　　　　　　D. 旋转图形

6. 下列文字中不能使用艺术字样式的是(　　)。

　　A. 文本框中的文字　　　　　　　　　B. 占位符中的文字

　　C. 图形中的文字　　　　　　　　　　D. 图片中的文字

7. 下列符号中能用键盘直接输入的是(　　)。

　　A. +　　　　　　　　B. ×　　　　　　　　C. ÷　　　　　　　　D. ①

8. 下列图片格式中放大后依然清晰不变的是(　　)。

　　A. jpg　　　　　　　B. bmp　　　　　　　C. wmf　　　　　　　D. png

9. 使用键盘微调图形位置的方法是(　　)。

　　A. Ctrl+A　　　　　B. Ctrl+方向键　　　　C. Shift+方向键　　　D. Alt+方向键

10. 如下图所示，把图形①变为图形②，最快捷的操作是(　　)。

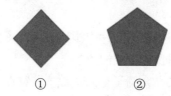

①　　　　　　　②

A. 删除后重新绘制　　　　　　　　B. 编辑顶点

C. 更改形状　　　　　　　　　　　D. 旋转

11. 适合表示对比几个数据在其总和中所占百分比的图表类型是(　　)。

A. 饼图　　　　　　B. 柱形图　　　　　　C. 折线图　　　　　　D. 条形图

12. 将多个对象一起选中需要用到的键是(　　)。

A. Tab　　　　　　B. Alt　　　　　　　C. Shift　　　　　　D. Esc

13. 下列图表元素中，不是每种类型的图表都有的是(　　)。

A. 图表标题　　　　　B. 坐标轴　　　　　C. 图例　　　　　　D. 趋势线

二、判断题

1. 幻灯片中的占位符和文本框是完全一样的。　　　　　　　　　　(　　)

2. 可以将文本框当作图形进行形状填充、轮廓和样式设置。　　　　(　　)

3. 图片、文本框、艺术字、图形等可以任意角度旋转。　　　　　　(　　)

4. 在幻灯片中，按方向键可以微调选中的对象。　　　　　　　　　(　　)

5. 插入到幻灯片中的剪贴画都可以删除背景。　　　　　　　　　　(　　)

6. 艺术字设置样式之后将无法变回一般文字。　　　　　　　　　　(　　)

7. 在绘制椭圆时，按住 Shift 键将绘制出正圆。　　　　　　　　　(　　)

8. 能插入幻灯片中的图片必须是位图。　　　　　　　　　　　　　(　　)

9. 只有图形与图形才能组合在一起。　　　　　　　　　　　　　　(　　)

10. 一张幻灯片中，每个对象都各占一个图层。　　　　　　　　　(　　)

11. 插入图表后，在 Excel 中编辑数据不需要保存 Excel 文件。　　(　　)

12. 可以使用插入对象的方法，插入已有的 Excel 表格或 Word 表格。(　　)

13. 插入 Excel 表格，其编辑和美化要在打开的 Excel 软件界面中进行。(　　)

三、问答题

1. 文本框的特点是什么？与占位符有何区别？

2. 在课件制作中，文本框的作用有哪些？

3. wmf 格式的图像与 jpg 格式的图像有什么区别？

4. 除了绘制函数图像，描图法还可以帮助我们制作什么课件内容？

5. 在文本框中添加文字与在矩形中添加文字，其效果上有什么区别？

6. 比较不同素材类型在信息表达上的特点，可以从它们应用的场合、对制作者的要求、教学效果等方面进行分析。

第 3 章

添加课件多媒体素材

通过对第 2 章的学习，读者已经掌握了在课件中添加与编辑文字、符号、图像、图形、表格和图表的方法。数字化的素材类型很丰富，不同类型的素材，其表达特点有所不同。因此，本章将介绍如何在课件中添加其他类型的课件素材，如声音素材、视频素材等，从而使读者更为全面地掌握添加课件素材的方法。

本章内容
- 添加声音素材
- 添加视频素材

3.1　添加声音素材

在课件中添加声音，可以丰富教学内容的呈现形式。对声音进行添加和编辑处理，可使课件变得生动，从而有利于学生大脑保持兴奋状态，提高注意力，增强学习兴趣，并且可以调节课堂的学习气氛。

3.1.1　添加声音

制作课件时，不仅可以添加静态的文字、艺术字、图形和图像等素材，还可以添加声音，让课件有声有色，给学生带来听觉享受，进一步提升课件的表现力。

添加声音

实例 1　古诗词三首

本例是人教版五年级《语文》上册课件"古诗词三首"中的第 4 张幻灯片"课文朗读"，通过本实例主要介绍插入声音的方法。

 分析园

1. 查看添加的声音

在幻灯片中合理使用声音，可以让课件更活跃、更富有感染力。幻灯片"课文朗读"效果图如图 3-1 所示。幻灯片中使用文本呈现了古诗内容，插入声音文件实现了对古诗的朗读，插入声音后，幻灯片中会出现声音图标 ◀) 。

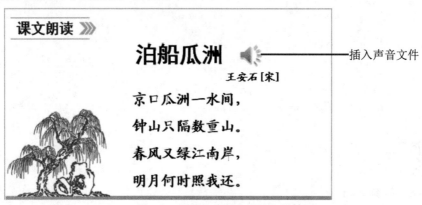

图 3-1　幻灯片"课文朗读"效果图

2. 探究添加声音的流程

若要在此幻灯片中插入声音，则需要先找到声音文件的存储文件，将声音文件插入幻灯片，然后调整声音图标至合适位置并保存课件。探究添加声音的流程，将图 3-2 中的空白部分填写完整。

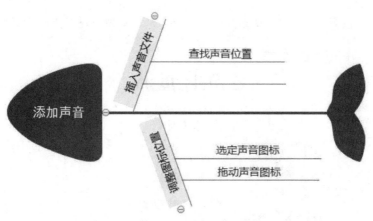

图 3-2　添加声音的流程

 跟我学

插入声音

　　课件中插入的声音可以用于呈现教学内容，也可以用来营造氛围，其主要来源是现有的音频文件。

1. **插入声音文件**　运行 PowerPoint 软件，打开课件"古诗词三首(初).pptx"，切换至第 4 张幻灯片，打开"插入"选项卡，按图3-3所示操作，插入声音文件"《泊船瓜洲》课文朗读.mp3"。

图 3-3　插入声音文件

　　制作课件时，可以先将所需音频、视频和动画文件保存到课件所在的文件夹，然后再将其插入幻灯片，避免演示课件时，由于找不到素材路径而不能播放的问题。

2. **调整图标位置**　按图 3-4 所示操作，将插入的声音图标拖动至标题的右侧。

图 3-4　调整图标位置

3. **保存课件**　以"古诗词三首(终).pptx"为名，保存课件。

3.1.2　录制声音

在制作课件时，若需要添加一些现场录音文件，则可以通过 PowerPoint 软件的录音工具进行声音录制，让课件更加完美。

实例 2　匆匆

本例是人教版六年级《语文》下册课件"匆匆"中的第 4 张幻灯片"朗读生字　扫清障碍"，通过本实例主要介绍录制声音的方法。

 分析园

1. **观察录制后的声音**

在课堂教学中，播放为生字添加的语音可以让课件变得更有吸引力。观察如图 3-5 所示的幻灯片"朗读生字　扫清障碍"效果图，想一想，播放声音时各个媒体控件的作用，并在图中框线内填上合适的内容。

图 3-5　幻灯片"朗读生字　扫清障碍"效果图

2. 了解录制声音的流程

制作此幻灯片时，需要根据实际情况先调整好麦克风音量，然后录制声音，再对声音的音频选项进行设置。了解录制声音的流程，将图 3-6 中的空白处填写完整。

图 3-6　录制声音的流程

 跟我学

> 录制声音文件
>
> 在制作课件时，如果没有已经准备好的声音素材，则可以使用"录制音频"命令录制声音。录制时，为提高录音质量，应事先调整好麦克风的音量。

1. **打开课件**　运行 PowerPoint 软件，打开课件"匆匆(初).pptx"，切换至第 4 张幻灯片。

2. **设置麦克风音量**　右击任务栏"通知区"的 🔊 图标，按图 3-7 所示操作，将麦克风音量调至合适大小。

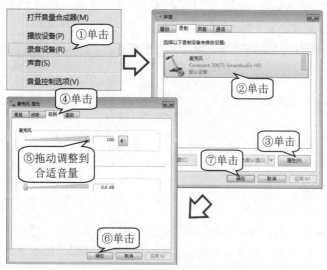

图 3-7　设置麦克风音量

3. **录制音频**　打开"插入"选项卡，按图3-8所示操作，对着麦克风朗读生字"藏""挪""徘""徊""蒸"，录制音频。

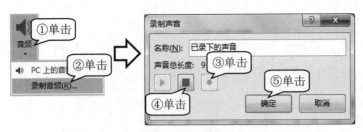

图 3-8　录制音频

4. 调整图标位置　将插入的声音图标拖至幻灯片的左下方，效果如图 3-9 所示。

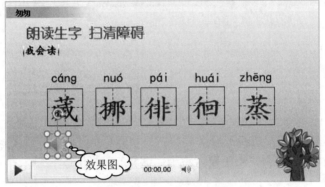

图 3-9　调整图标位置

在幻灯片中插入声音后，会出现声音图标，如果不希望此图标在幻灯片放映时出现，则可以将其拖至幻灯片外或勾选"放映时隐藏"复选框将其隐藏。

5. 设置循环播放　选择"音频工具"下的"播放"选项，按图 3-10 所示操作，设置音频属性为"循环播放，直到停止"。

图 3-10　设置循环播放

6. 保存课件　以"匆匆(终).pptx"为名，保存课件。

3.1.3　编辑声音

制作者可以根据需要对课件中插入的声音进行编辑，如设置声音播放方式、播放时长、裁剪音频长度、调整音量高低、设置淡入淡出时间点等，以达到最好的表达效果。

实例 3　Unit 1 PB Let's learn & Look, ask and answer

本例是人教版四年级《英语》下册课件"Unit 1 PB Let's learn & Look, ask and answer"中的幻灯片首页，通过本实例主要介绍编辑声音的方法。

分析园

1. 试听编辑后的声音

本例中的幻灯片首页效果图如图 3-11 所示。刚开始放映幻灯片时，音乐渐强，当播放到第 3 张幻灯片时，音乐减弱直至结束，整个过程中音乐与课件相融合，平滑过渡，达到了理想的播放效果。

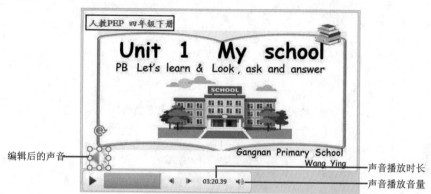

图 3-11　幻灯片首页效果图

2. 梳理编辑声音的流程

当对此课件中的声音进行编辑时，需要先将声音文件插入幻灯片，再对声音文件的播放时长、音量、音频选项等进行设置，最后试听编辑后的声音效果，完成制作。梳理编辑声音的流程，将图 3-12 中的空白部分填写完整。

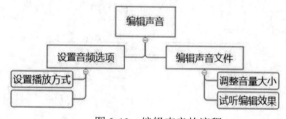

图 3-12　编辑声音的流程

跟我学

设置音频选项

为幻灯片中插入的音频设置播放方式和播放时长，即控制放映时音频的呈现方式和结束时间。

1. **打开课件** 运行PowerPoint软件，打开课件 "Unit 1PB Let's learn & Look, ask and answer(初).pptx"。

2. **设置声音播放方式** 打开 "插入" 选项卡，单击 "媒体" 组中的 "音频" 按钮，插入音频文件 "背景音乐.mp3"，并将按钮拖动至幻灯片的左下角。选择 "音频工具" 下的 "播放" 选项，按图 3-13 所示操作，设置幻灯片中背景音乐的开始选项为 "自动"。

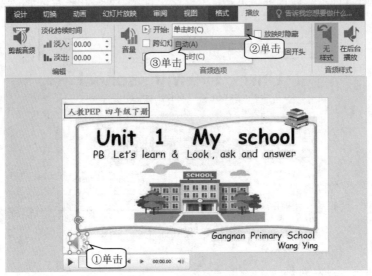

图 3-13　设置声音播放方式

3. **设置声音播放时长** 打开 "动画" 选项卡，按图 3-14 所示操作，设置第 1 张幻灯片中的背景音乐在第 3 张幻灯片后停止播放。

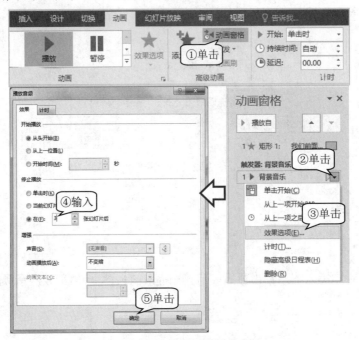

图 3-14　设置声音播放时长

编辑声音文件

> 可以根据需要对课件中插入的声音进行编辑，如裁剪声音长度、调整音量高低、设置淡入淡出时间点等，以达到最好的表达效果。

1. **调整音量**　选择"音频工具"下的"播放"选项，按图 3-15 所示操作，设置声音的音量为"中"。

图 3-15　调整音量

2. **设置声音选项**　按图 3-16 所示操作，设置声音选项为"淡入：03.00""淡出：05.00""循环播放，直到停止"。

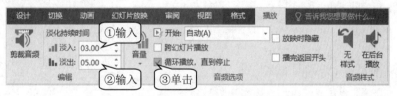

图 3-16　设置声音选项

3. **试听编辑效果**　放映当前幻灯片，试听编辑后的声音效果。

4. **保存课件**　以"Unit 1PB Let's learn & Look, ask and answer(终).pptx"为名，保存课件。

　知识库

1. 音频播放选项

"音频选项"可以控制音频的播放，如图 3-17 所示，其中部分选项介绍如下。

● 开始：若选择"自动"选项，则放映幻灯片时，音频同时自动播放；若选择"单击时"选项，则单击时，音频才能播放。

● 跨幻灯片播放：音频可以在幻灯片放映时持续播放，直至音频结束，不受所在幻灯片的限制。

● 循环播放，直到停止：若音频短于演示文稿放映的时长，则音频会自动循环播放，直至放映完毕。此功能在现场演示中很重要，可以保证音乐贯穿始终。

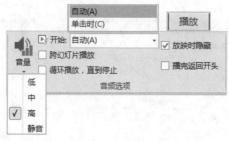

图 3-17　音频选项

2. 裁剪声音

选择"音频工具"下的"播放"选项，按图 3-18 所示操作，在 55 秒处剪裁声音，去除 55 秒以后的部分。

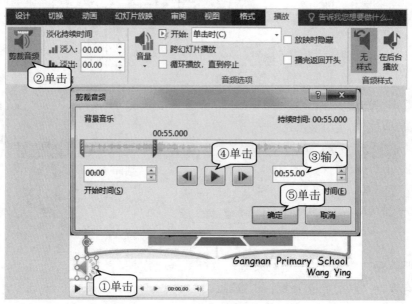

图 3-18　剪裁声音

3.2　添加视频素材

在课件中添加视频，可以更直接、更生动、更形象地展示课件内容。合理使用视频，可以增强课件的感染力。

3.2.1　插入视频

在课件中添加视频素材，可以再现情境，帮助学生多维度地理解知识。添加视频后，课件会增色很多，其观赏性也会大大提高。

插入视频

实例 4　短歌行

本例是部编版高中《语文》必修上册课件"短歌行"中的第 21 张幻灯片"聆听古韵　再味诗情"，通过本实例主要介绍添加视频的方法。

 分析园

1. 观察视频插入效果

幻灯片"聆听古韵　再味诗情"效果图如图3-19所示。播放幻灯片时，"名家诵读"视频将在画轴中呈现，对比插入图片和视频后的不同效果，在图中标出插入的是图片还是视频。

图 3-19　幻灯片"聆听古韵 再味诗情"效果图

2. 分析添加视频的流程

在此幻灯片中添加视频分为两步：先查找视频的存储位置、插入视频文件，然后对视频窗口大小、位置、样式等进行设置。分析添加视频的流程，将图 3-20 中的空白部分填写完整。

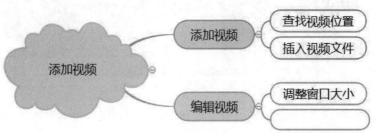

图 3-20　添加视频的流程

跟我学

插入视频

　　在课件中可以插入的视频来源有两类：联机视频和 PC 上的视频。下面以插入 PC 上的视频为例。

1. **打开课件**　运行 PowerPoint 软件，打开课件"短歌行(初).pptx"，切换至第 21 张幻灯片。

2. **插入视频文件**　打开"插入"选项卡，按图 3-21 所示操作，插入视频文件"《短歌行》名家诵读.avi"。

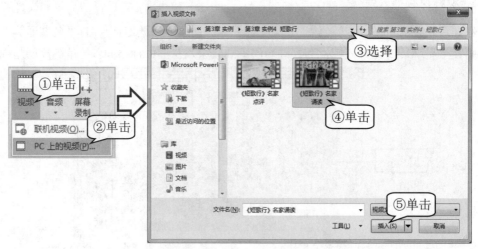

图 3-21　插入视频文件

3. **调整窗口大小和位置**　按图 3-22 所示操作，拖动视频边框控制点，调整视频窗口大小，并拖动至合适位置。

图 3-22　调整窗口大小和位置

4. **设置视频样式**　选择"视频工具"下的"格式"选项，按图 3-23 所示操作，设置视频样式为"居中矩形阴影"。

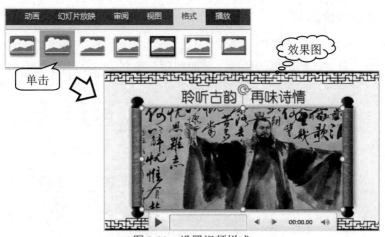

图 3-23　设置视频样式

5. **保存课件**　以"短歌行(终).pptx"为名，保存课件。

3.2.2　录制视频

在制作课件时，若需要根据实际情况录制一些视频文件，则可以通过 PowerPoint 软件的屏幕录制工具进行视频录制。

实例 5　短歌行

本例是部编版高中《语文》必修上册课件"短歌行"中的第 25 张幻灯片"名家点评"，通过本实例主要介绍录制视频的方法。

 分析园

1. 播放录制的视频

幻灯片"名家点评"效果图如图 3-24 所示。在幻灯片中根据录制需求选择录制区域录制视频，让课件在播放时呈现既能"看见"又能"听见"的效果。观察在幻灯片中录制的视频，看一看它有什么特殊之处。

图 3-24　幻灯片"名家点评"效果图

2. 探究录制视频的流程

制作此幻灯片时，需要先设置麦克风音量，然后录制视频，视频录制完成后，调整其窗口大小和位置，设置视频的媒体控件，完成制作。探究录制视频的流程，将图 3-25 中的空白部分填写完整。

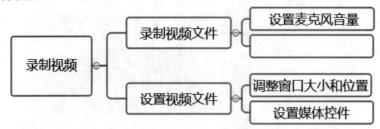

图 3-25　录制视频的流程

 跟我学

录制视频文件

在制作课件时，如果需要录制视频素材，则可以使用"屏幕录制"命令进行录制。录制时，为提高视频质量，应事先调整好麦克风的音量，设置录制方式。

1. **打开课件**　运行 PowerPoint 软件，打开课件"短歌行(初).pptx"，切换至第 25 张幻灯片。

2. **设置麦克风音量**　右击任务栏"通知区"的 🔊 图标，将麦克风音量调至合适大小。

3. **录制视频**　打开"插入"选项卡，单击"媒体"组中的"屏幕录制"按钮，按图 3-26 所示操作，选择录制区域，录制视频。

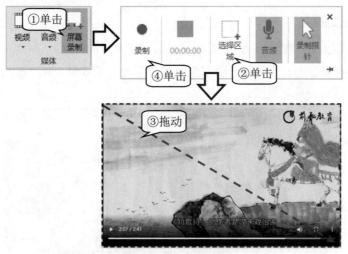

图 3-26　录制视频

4. **调整窗口大小和位置** 单击"暂停"按钮，按 Windows+Shift+Q 键，退出录制窗口，按图 3-27 所示操作，拖动视频边框控制点，调整视频窗口大小，并将其拖动至合适位置。

图 3-27 调整窗口大小和位置

5. **设置媒体控件** 打开"幻灯片放映"选项卡，按图 3-28 所示操作，设置视频属性。

图 3-28 设置媒体控件

在幻灯片放映时，视频下方出现进度条，如果不希望进度条在幻灯片放映时出现，可以选择 □ 显示媒体控件 。

6. **保存课件** 以"短歌行(终).pptx"为名，保存课件。

3.2.3 编辑视频

将录制的视频导入 PowerPoint 软件后，可以对视频做进一步的编辑处理，使课件更加美观。

实例 6 五步拳

本例是人教版小学《体育与健康》武术教学课件"五步拳"中的第 7 张幻灯片"提膝定腿"，通过本实例主要介绍编辑视频的方法。

 分析园

1. 查看编辑后的视频

幻灯片"提膝定腿"效果图如图 3-29 所示。在幻灯片中插入视频后，需要将视频中开头和末尾不需要的部分剪辑掉，并全屏播放，对比视频编辑前后的效果，在图中框线内填上合适的文字。

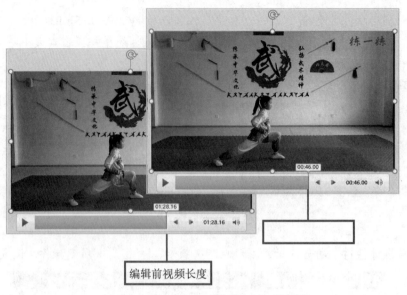

图 3-29　幻灯片"提膝定腿"效果图

2. 了解编辑视频的流程

制作此幻灯片时，需要先对视频的长度进行裁剪，再对视频文件播放音量、视频选项等进行设置。了解编辑视频的流程，将图 3-30 中的空白部分填写完整。

图 3-30　编辑视频的流程

跟我学

| 编辑视频文件 |

编辑视频文件的操作与编辑声音文件的操作类似。放映时，为了方便操作课件中的视频，可以设置视频播放控制按钮。

1. **打开课件**　运行 PowerPoint 软件，打开课件"五步拳(初).pptx"，切换至第 7 张幻灯片。

2. **剪裁视频**　选中视频，选择"视频工具"下的"播放"选项，单击"编辑"组中的"裁剪视频"按钮，按图 3-31 所示操作，设置开始时间为"00:10"，结束时间为"00:56.000"，将视频裁剪为"46 秒"。

3. **设置视频选项**　按图 3-32 所示操作，在"视频选项"组中设置音量为"中""全屏播放""播完返回开头"。

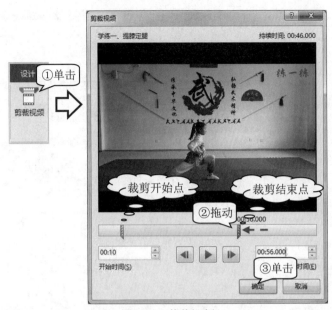

图 3-31　剪裁视频

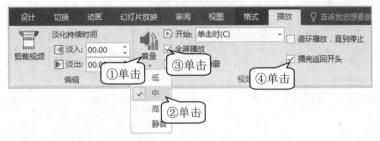

图 3-32　设置视频选项

4. **播放视频**　在视频播放过程中，单击视频窗口，视频将会暂停播放，如果想继续播放，再次单击即可。

5. **保存课件**　以"五步拳(终).pptx"为名，保存课件。

知识库

1. 设置视频的静态画面

幻灯片中插入的视频，如果其显示的静态画面不尽如人意，则可以进行更换。首先播放视频寻找自己想要的画面，然后选择"视频工具"下的"格式"选项，按图 3-33 所示操作，即可让视频的静态画面设置为自己选中的画面。

2. 为视频添加封面

幻灯片中插入的视频，如果没有视频封面，或者想重新增加封面，则可以单击选中视频播放窗口，然后选择"视频工具"下的"格式"选项，按图 3-34 所示操作，选择图片添加为视频封面。

图 3-33　设置视频的静态画面

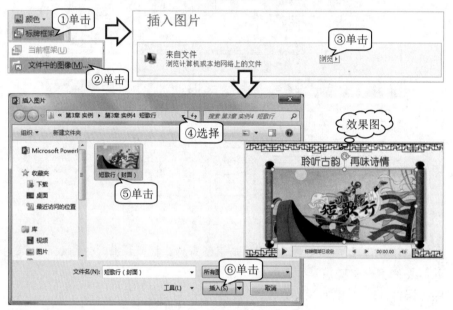

图 3-34　为视频添加封面

3. 用 Windows Media Player 播放视频

插入 Windows Media Player 控件播放视频，就是将视频文件作为控件插入到幻灯片中，然后通过修改控件属性，达到播放视频的目的。使用这种方法，有多种可供选择的操作按钮，播放进程可以完全自己控制，操作起来更加方便、灵活。

- 显示"开发工具"选项卡：右击"开始"选项卡，按图 3-35 所示操作，显示"开发工具"选项卡。
- 指定控件显示区域：打开"开发工具"选项卡，按图 3-36 所示操作，绘制控件播放区域。
- 指定视频播放路径：右击视频播放窗口，选择"属性表"命令，打开"属性"窗口，按图 3-37 所示操作，指定待播放的视频文件路径。

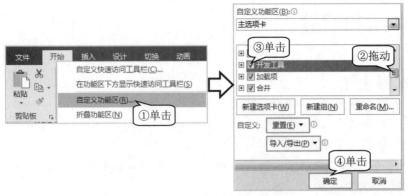

图 3-35　显示"开发工具"选项卡

图 3-36　指定控件显示区域

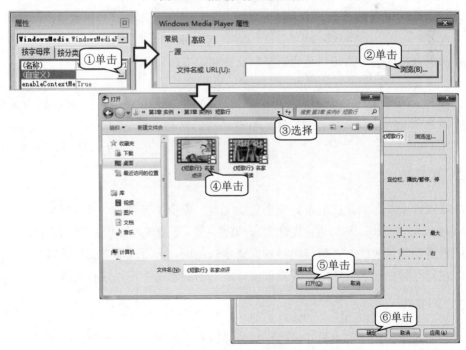

图 3-37　指定视频播放路径

3.3　小结和习题

3.3.1　本章小结

本章通过多个具体实例，详细介绍了在 PowerPoint 软件中添加课件内容的过程、方法和技巧，具体包括以下内容。

- **添加声音素材**：介绍了在幻灯片中添加、录制声音的过程，以及对声音进行编辑、美化的方法和技巧。
- **添加视频素材**：介绍了在幻灯片中添加、录制和编辑视频的方法和技巧，并详细分析了设置视频的静态画面、为视频添加封面和用 Windows Media Player 播放视频的方法。

3.3.2　强化练习

一、选择题

1. 在 PowerPoint 课件中，不能插入和播放的声音文件格式是(　　)。
   A. mp3　　　　　　　B. wav　　　　　　　C. mid　　　　　　　D. ape

2. 某教师要复制课件参加教学比赛，除复制课件外，他还应该同时复制课件中用到的一些素材文件，但其中不包括(　　)。
   A. 图片　　　　　　　B. 动画　　　　　　　C. 视频　　　　　　　D. 音频

3. 在 PowerPoint 课件中，能够插入并可以直接播放的媒体文件格式是(　　)。
   A. dat　　　　　　　B. rm　　　　　　　C. mkv　　　　　　　D. mpg

4. 添加课件内容时，可以使用的素材文件类型有(　　)。
   ①文字　　②图片　　③声音　　④动画　　⑤视频
   A. ①②③④　　　　　B. ①②③⑤　　　　　C. ①②④⑤　　　　　D. ①②③④⑤

5. 在 PowerPoint 课件中，可以跨幻灯片播放的素材类型是(　　)。
   A. Flash 动画　　　　B. 声音　　　　　　　C. 视频　　　　　　　D. 几何画板图形

二、判断题

1. 在课件中，可以添加的素材类型包括文本、图像、音频、动画和视频。　　　(　　)
2. 对于插入的音频，可以进行裁剪长度、调整音量、设置淡入淡出时间点等操作。　(　　)
3. 设置幻灯片放映时音频持续播放直至音乐结束，可不受所在幻灯片限制。　　(　　)
4. 在幻灯片中插入视频后，其播放窗口显示的静态画面可以进行更改。　　　　(　　)

三、问答题

1. 若要对添加到课件中的音频进行裁剪并调整音量大小，该如何操作？
2. 对于课件中插入的视频，能否修改其静态显示画面？如何修改？

第4章

美化多媒体课件

好的课件应该兼备内容美与形式美，以帮助教师更好地传达教学内容，帮助学生更准确地理解学习目标。要提升课件的表达效果，需要对课件进行美化设计。本章从4个层面介绍了美化课件的方法和技巧，案例的选择从单张幻灯片字体和段落的设置开始，到背景的添加、主题的应用，再到母版和模板的使用结束，从小到大、从细节到全局，旨在使课件布局合理、美观，从而提升课件的表达效果。

本章内容

- 设置字体和段落格式
- 设置背景和版式
- 应用和调整主题
- 使用母版和模板

4.1 设置字体和段落格式

设置字体和段落格式，是美化幻灯片的常用手法。对于字体和段落格式的设置，既要做到美观舒适，又要符合课件的主题。

设置字体和段落格式

4.1.1 设置字体格式

设置字体格式对美化幻灯片有着十分重要的作用。设置字体格式一般先下载字体，然后设置文字的字体、字号、颜色等，让文本的显示效果更加醒目。

实例 1 海的女儿

本例是人教版四年级《语文》下册课件"海的女儿"中的第 9 张幻灯片"课文讲解"，通过本实例主要介绍添加和设置字体的方法。

 分析园

1. 赏析幻灯片字体

在对幻灯片中的文本进行设置时，应使文本字号随标题级别逐级降低，使同级文本格式保持一致，并合理搭配颜色。请观察如图 4-1 所示的幻灯片"课文讲解"效果图，在图中框线内填上文本使用的修饰效果。

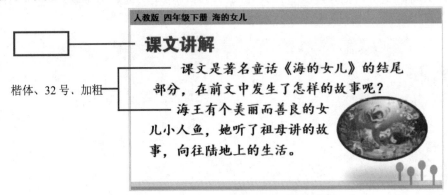

图 4-1　幻灯片"课文讲解"效果图

2. 归纳设置字体格式的流程

制作此幻灯片时，应先在浏览器中查找需要的字体，下载完成后安装字体，然后在幻灯片中对文字的字体、字号、颜色等进行设置，并调整文字位置，完成制作。归纳设置字体格式的流程，将图 4-2 中的空白部分填写完整。

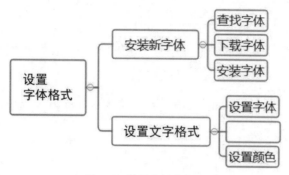

图 4-2　设置字体格式的流程

 跟我学

安装新字体

　　系统默认安装的字体是有限的，要使字体更加丰富，可以根据需求下载并安装新的字体。

1. **查找字体**　在浏览器中搜索"方正字库"进入"方正字库"官网，按图 4-3 所示操作，在方正字库首页中的"搜索"文本框中输入要下载的字体"方正大黑简体"，并单击"搜索"按钮进行搜索。

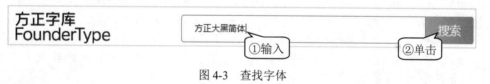

图 4-3　查找字体

　　方正字库是中文字库产品供应商之一，注册登录后，方正字库中有很多中文字体供我们下载使用。

2. **下载字体**　在弹出的搜索结果界面中单击"获得字体"按钮，选择下载地址，下载字体。

3. **安装字体**　右击字体文件，按图 4-4 所示操作，选择"安装"选项，完成字体安装。

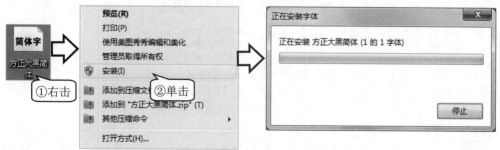

图 4-4　安装字体

┌─────────────────────────────────────┐
│ 设置文字格式 │
└─────────────────────────────────────┘

　　　设置字体的方法有两种：使用下拉列表设置字体和使用对话框设置字体。

1. **打开课件**　运行 PowerPoint 软件，打开课件"海的女儿(初).pptx"，切换至第 9 张幻灯片。

2. **设置字体**　打开"开始"选项卡，选中"课文讲解"文本，按图 4-5 所示操作，将字体设置为"方正大黑简体"。

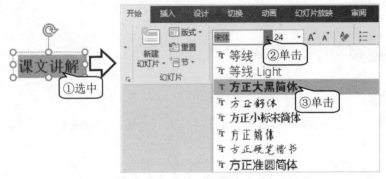

图 4-5　设置字体

　标题文字不宜过多，字体的设置要符合课件主题，字号的设置不能太大，也不宜过小，设置文字颜色时，要与底色有一定的反差，保持清晰、美观。

3. **设置字号和颜色**　按图 4-6 所示操作，将字号设置为"40 号"，颜色设置为"橙色，个性色 6，深色 50%"。

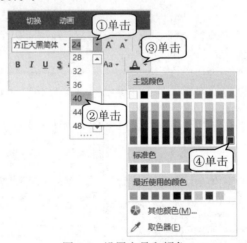

图 4-6　设置字号和颜色

　在幻灯片中设置字体颜色时，如果没有合适的颜色，则可以单击"颜色"右侧的按钮，在下拉列表中选择"其他颜色"选项，打开"颜色"对话框，设置字体颜色。

4. 调整文字位置　选中标题文字，按图 4-7 所示操作，将文字拖动至合适位置。

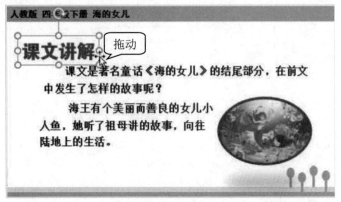

图 4-7　调整文字位置

5. 设置其他文字格式　按照上述方法，设置其他文字的格式为"楷体、32"，并将其调整至合适位置，效果如图 4-8 所示。

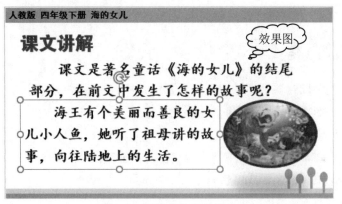

图 4-8　设置其他文字格式

　　在幻灯片中使用文字表达内容时，要充分考虑屏幕的容量，合理地取舍，以最少的文字表达尽可能多的信息，并根据幻灯片布局和设计，将文字调整至合适位置。

6. 保存课件　以"海的女儿(终).pptx"为名，保存课件。

嵌入字体

　　如果幻灯片中使用了系统自带字体以外的特殊字体,则可以使用嵌入字体的方式保存课件,以确保幻灯片在其他计算机中能正常显示原有样式。

1. 另存课件　选择"文件"→"另存为"命令。

2. 选择保存位置　双击"这台电脑"选项，在弹出的"另存为"对话框中选择合适的保存位置。

3. 嵌入字体　按图 4-9 所示操作，将字体嵌入课件中。

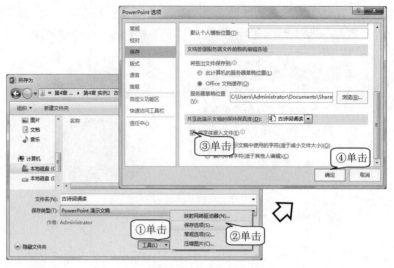

图 4-9　嵌入字体

4. 保存课件　单击"保存"按钮,保存课件。

4.1.2　设置段落格式

设置段落格式可以让课件更加美观。设置段落格式一般先设置对齐方式,然后修改段落间距,调整段落缩进,让段落之间更加清晰。

实例 2　古诗词诵读

本例是人教版六年级《语文》下册课件"古诗词诵读"中的第 8 张幻灯片"春夜喜雨",通过本实例主要介绍设置文字段落格式的方法。

分析园

1. 认识幻灯片段落格式

观察如图 4-10 所示的幻灯片"春夜喜雨"效果图,课件制作者对古诗文本设置了不同的对齐方式、段落缩进和间距,请根据图文的合理布局和排版需求,在图中框线内填上合适的内容。

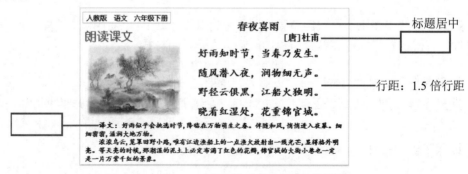

图 4-10　幻灯片"春夜喜雨"效果图

2. 分析设置段落格式的流程

制作此幻灯片时，要先设置文字的对齐方式，然后调整段落之间的间距和缩进。分析设置段落格式的流程，将图 4-11 中的空白部分填写完整。

图 4-11　设置段落格式的流程

 跟我学

制作幻灯片时，通过"段落"选项或"段落"对话框，可以将文本设置为不同的对齐方式。

1. **打开课件**　运行 PowerPoint 软件，打开课件"古诗词诵读(初).pptx"，切换至第 8 张幻灯片。
2. **设置标题居中**　打开"开始"选项卡，将光标定位在标题处，按图 4-12 所示操作，设置古诗"春夜喜雨"标题格式为"居中"。

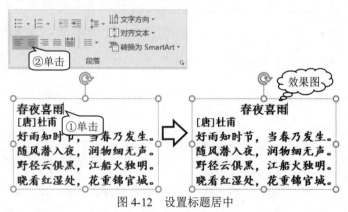

图 4-12　设置标题居中

3. **设置作者文本右对齐**　按照上述方法，设置古诗作者文本的对齐方式为"右对齐"，效果如图 4-13 所示。

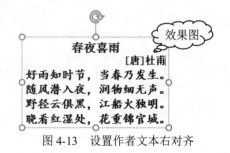

图 4-13　设置作者文本右对齐

修改段落间距

制作幻灯片时，修改段落行间距可以使幻灯片中的文字看起来疏密有致。

1. **调整行距** 选中古诗内容，单击"段落"组中的 ⬚ 按钮，按图 4-14 所示操作，在"段落"对话框中设置行距为"1.5 倍行距"。

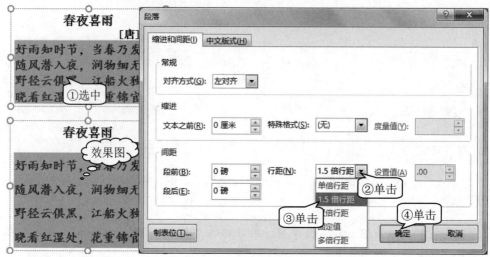

图 4-14 调整行距

2. **设置行间距** 将光标定位在标题行，单击"段落"组中的 ⬚ 按钮，按图 4-15 所示操作，设置段落间距，并调整古诗至合适位置。

图 4-15 设置行间距

为幻灯片中的文本设置行距及段落间距，可以使段落更加醒目，也可以使屏幕画面层次更加分明。

调整段落缩进

制作幻灯片时，为文本设置"段落缩进"，可以让文章显得更加美观，排版更加工整。

1. **设置第一段格式**　选中译文第一段内容，按图 4-16 所示操作，设置其缩进方式为"首行缩进"。

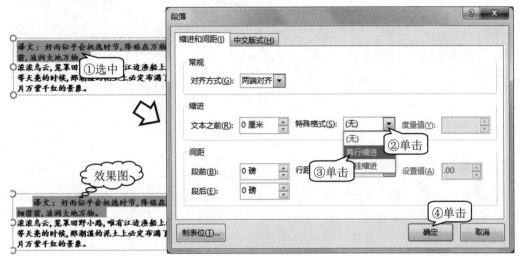

图 4-16　设置第一段格式

2. **设置其他段落格式**　按照上述方法，设置古诗译文的其他段落格式，效果如图 4-17 所示。

图 4-17　设置其他段落格式

3. **保存课件**　以"古诗词诵读(终).pptx"为名，保存课件。

 知识库

1. 设置字体格式时的常见问题

在幻灯片中设置字体时，经常会出现文字内容过多、颜色杂乱、文字颜色与背景不匹配等常见问题,如图 4-18 所示。因此,在制作课件时应根据实际需求,通过言简意赅的文字,清楚地呈现重点内容;也要谨慎地使用文字颜色,虽然设置不同的颜色会对重点内容起到突出效果,但设置过多的颜色,也会让人感到视觉疲劳;同时,文字颜色也要和背景相匹配,这样才会使课件更加美观。

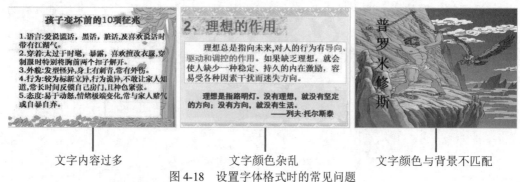

文字内容过多   文字颜色杂乱   文字颜色与背景不匹配

图 4-18   设置字体格式时的常见问题

2. 设置段落格式时的常见问题

在制作课件时,经常会出现段落间距过小、常规编号错用、乱用等现象,如图 4-19 所示。因此,在制作课件时,可适当增加行距及段落间距,让屏幕画面层次分明;常规编号则需要按照国家统一编号要求进行设置,即第一层为"一、",第二层为"(一)",第三层为"1."第四层为"(1)"第五层为"①"。

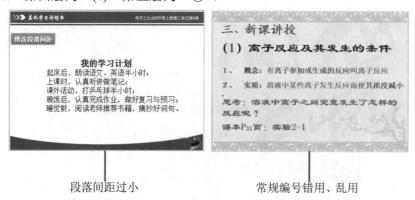

段落间距过小   常规编号错用、乱用

图 4-19   设置段落格式时的常见问题

 创新园

1. 添加字体"方正硬笔楷书简体",打开课件"海的女儿.pptx",将第 6 张幻灯片"字词学习"中的部分内容设置为"方正硬笔楷书简体、48 号、加粗、蓝色",效果如图 4-20 所示。

图 4-20 幻灯片"字词学习"效果图

2. 打开课件"古诗词诵读.pptx",为第 4 张幻灯片"朗读课文"中的古诗内容和译文设置字体格式及段落格式,并将其调整至合适位置,效果如图 4-21 所示。

图 4-21 幻灯片"朗读课文"效果图

4.2 设置背景和版式

添加背景是美化幻灯片的常用手法。版式是软件公司提前规划好的幻灯片版面设计方案。在课件中合理添加背景并使用版式,不仅可以使幻灯片结构合理、布局完美,还可以加快制作进度。

设置背景和版式

4.2.1 设置背景

背景对幻灯片的修饰及课件风格的形成尤为重要。系统默认情况下,幻灯片背景为白色,可以根据需求将背景设置为其他颜色,也可以设置成渐变、图片或纹理、图案等填充效果。

实例 3 我和昆虫

本例是人美版二年级《美术》课件"我和昆虫"中的第 1、6、7 张幻灯片,通过本实例主要介绍设置幻灯片背景的方法。

分析园

1. 对比幻灯片背景填充效果

课件"我和昆虫"中的幻灯片背景填充效果如图 4-22 所示。此幻灯片中使用的填充方式包括"图片填充""纹理填充"和"渐变填充"。请根据自己的观察和理解，将对应的填充方式填写在图中框线内。

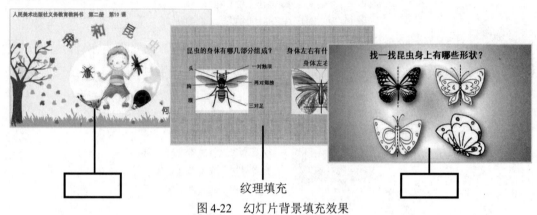

纹理填充

图 4-22　幻灯片背景填充效果

2. 梳理添加背景的流程

此幻灯片中的 3 张幻灯片分别设置了 3 种不同类型的背景。第 1 张设置背景为图片，并应用了艺术效果"图样"；第 2 张设置背景为纹理，并通过改变饱和度，调整了背景颜色；第 3 张设置背景为两种颜色的渐变。梳理添加背景的流程，将图 4-23 中的空白部分填写完整。

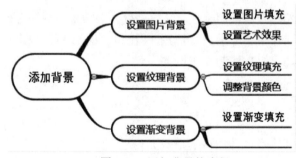

图 4-23　添加背景的流程

跟我学

设置图片背景

为幻灯片添加背景图片，通常有两大作用，或表达主题，或装饰幻灯片。将图片设置为幻灯片背景后，还可以为图片添加效果，如修改图片颜色、校正图片等。

1. **打开课件**　运行 PowerPoint 软件，打开课件"我和昆虫(初).pptx"，显示第 1 张幻灯片。
2. **设置图片填充**　打开"设计"选项卡，按图 4-24 所示操作，将图片"树.png"作为
当前幻灯片的背景。

图 4-24　设置图片填充

　设置背景时，如果单击"应用到全部"按钮，那么所设置的背景及效果将应用到演示文稿中的所有幻灯片，包括新建幻灯片。

3. **设置艺术效果**　按图 4-25 所示操作，设置背景图片的效果为"图样"。

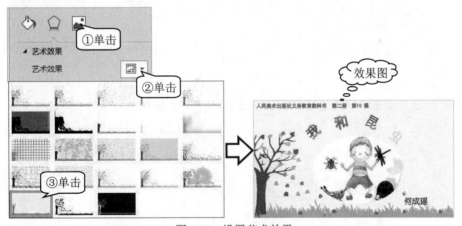

图 4-25　设置艺术效果

设置纹理背景

制作幻灯片背景时，如果没有合适的图片，也不想使用颜色来填充，则可以选择纹理来填充，进行背景设置。

1. **设置纹理填充**　将课件切换至第 6 张幻灯片，按图 4-26 所示操作，设置幻灯片背景
为"图片或纹理填充"中的"纸莎草纸"。

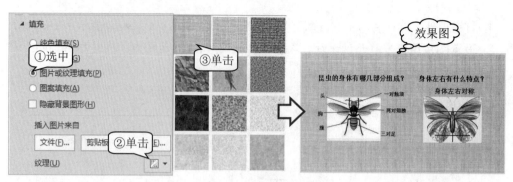

图 4-26　设置纹理填充

2. 调整背景颜色　按图 4-27 所示操作,调整背景颜色为"饱和度:66%"。

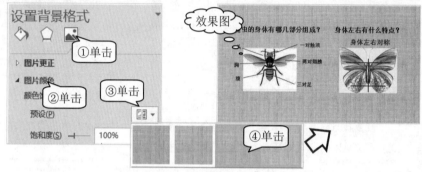

图 4-27　调整背景颜色

设置渐变背景

　　选择渐变色设置背景,不仅可以通过颜色的变化表现幻灯片中内容对象的深浅,也有助于统一课件的风格。

1. 设置渐变填充　将课件切换至第 7 张幻灯片,按图 4-28 所示操作,设置背景为"渐变填充"中的"顶部聚光灯"。

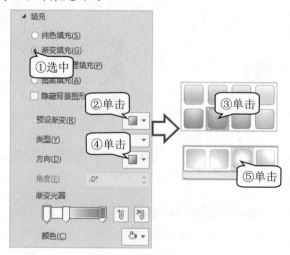

图 4-28　设置渐变填充

2. **设置渐变颜色**　按图 4-29 所示操作，设置渐变光圈的颜色为"浅灰色"。

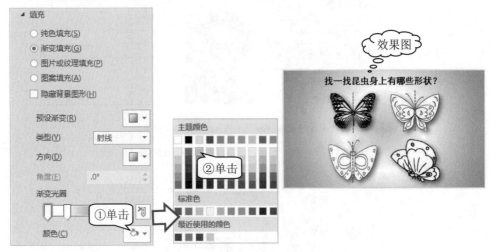

图 4-29　设置渐变颜色

3. **保存文件**　以"我和昆虫(终).pptx"为名，保存课件。

4.2.2　设置版式

版式是软件提供的幻灯片版面设计方案，包括占位符及其格式，使用对象为单张幻灯片。制作幻灯片前，先思考幻灯片内容的排版方式，然后根据排版构思，合理选择版式，从而加快制作进度，提高效率。

　　实例 4　邓稼先

本例是部编版七年级《语文》下册课件"邓稼先"中的第 4 张幻灯片"人物背景"，通过本实例主要介绍幻灯片版式的应用。

 分析园

1. 应用幻灯片版式

幻灯片版式是 PowerPoint 软件中的一种常规排版格式。幻灯片"人物背景"效果图如图 4-30 所示。该幻灯片使用的是现有的幻灯片版式"图片与标题"，通过对幻灯片版式的应用可以使幻灯片中的文字、图片等分布得更加合理。请根据制作后的效果，在图中框线内填上合适的内容。

2. 了解设置幻灯片版式的流程

制作此幻灯片时，首先应该设计幻灯片的版面，思考内容如何排版，然后选择版式，根据占位符提示插入对象并调整对象，完成制作。了解设置幻灯片版式的流程，将图 4-31 中的空白部分填写完整。

图 4-30　幻灯片"人物背景"效果图

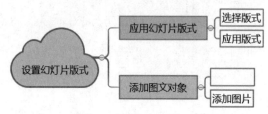

图 4-31　设置幻灯片版式的流程

 跟我学

应用幻灯片版式

　　PowerPoint 中提供了多种幻灯片版式，如"标题幻灯片""图片与标题"等，制作时，根据需要选择合适的版式即可。

1. **打开课件**　运行 PowerPoint 软件，打开课件"邓稼先(初).pptx"，切换至第 4 张幻灯片。

2. **选择版式**　右击第 4 张幻灯片的空白区域，按图 4-32 所示操作，选择幻灯片版式"图片与标题"。

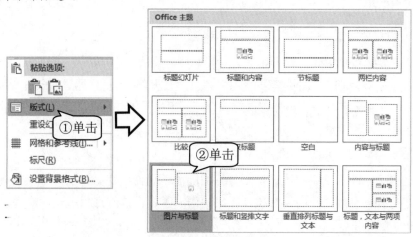

图 4-32　选择版式

> 如果不想使用现有的幻灯片版式，则可以选择"空白"版式。选择"空白"版式后，幻灯片中的占位符会自动清除。

添加图文对象

选择版式后，按版式上的占位符提示分别添加文字、图片对象，然后根据需要调整文本框、图片的大小和位置等，完成幻灯片的制作。

1. **添加文字**　按图 4-33 所示操作，在文本占位符中添加文字，将标题文字格式设置为"幼圆、36 号、加粗"；将人物简介的文字格式设置为"幼圆、24 号、加粗"、颜色设置为"橙色，个性色 2，深色 50%"，并调整文字至合适位置。

2. **添加图片**　按图 4-34 所示操作，在图片占位符中添加图片"邓稼先.jpg"。

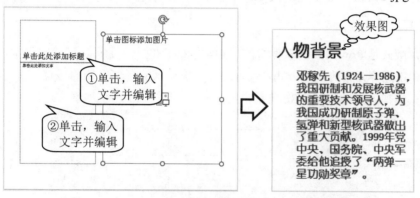

图 4-33　添加文字

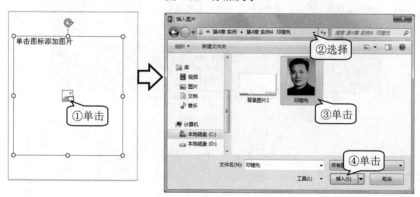

图 4-34　添加图片

3. **调整图片**　调整图片的大小和位置，效果如图 4-35 所示。

4. **保存文件**　以"邓稼先(终).pptx"为名，保存课件。

图 4-35　调整图片

 知识库

1. 幻灯片版式

幻灯片版式是 PowerPoint 软件中的一种常规排版格式，是指幻灯片中文本、图片、表格、图表和视频等元素的排列方式，包含幻灯片中显示的全部对象的格式、位置和占位符。幻灯片版式结构效果图如图 4-36 所示。

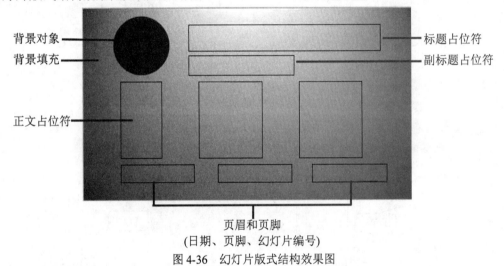

图 4-36　幻灯片版式结构效果图

2. 课件背景

在制作课件时，可以为幻灯片设置颜色、渐变、纹理、图案、图片等背景，合理的背景设置可以起到渲染情境、突出主题的作用。但是，要尽量避免使用内容或色彩复杂的图片做背景，确保其不会喧宾夺主、干扰重点内容的呈现。不合理的背景设置如图 4-37 所示，应尽量避免。

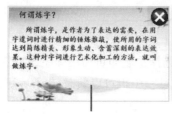  

图片分辨率低，模糊　　　　文字与背景色混为一体　　　图片复杂，影响文字阅读

图 4-37　不合理的背景设置

创新园

1. 打开课件"我和昆虫.pptx"，将第 8、9、15 张幻灯片的背景分别设置为渐变填充、纹理填充、图片填充，使其最终效果如图 4-38 所示。

 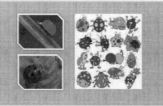 

图 4-38　幻灯片背景效果图

2. 打开课件"邓稼先.pptx"，利用幻灯片版式将第3张幻灯片重新排版，重排前后的效果如图 4-39 所示。

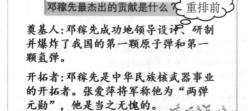 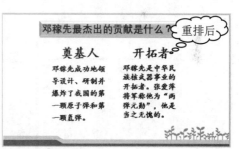

图 4-39　幻灯片版面重排前后的效果图

4.3　应用和调整主题

主题是 PowerPoint 软件提供的演示文稿外观设计方案，包含一个或一组设置了颜色、字体、效果和背景样式的幻灯片版式。主题可以应用于整个演示文稿，也可以应用于单张幻灯片，使用不同的主题，幻灯片背景及幻灯片中的文本框、表格、SmartArt 图形、形状等效果可能不同。

应用和调整主题

4.3.1 应用主题

PowerPoint 软件提供了多种主题,新建演示文稿时,选择主题即可使用该主题提供的设计方案。如果新建演示文稿时没有选择主题,那么在制作过程中也可以随时使用(或更换)主题,从而提高制作效率、美化课件。

实例 5　苏州园林

本例是部编版八年级《语文》上册课件"苏州园林",通过本实例主要介绍应用主题优化课件的方法。

 分析园

1. 查看应用主题

"苏州园林"课件的部分幻灯片应用主题前后的效果如图 4-40 所示。此课件原来的背景色彩单一,略显单调,应用"丝状"主题,更改变体后,课件外观整体发生了改变,不仅达到了快速美化课件的效果,还实现了课件内容与美的形式的统一。

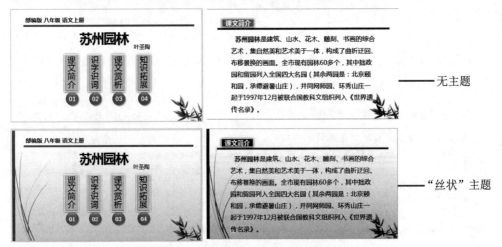

图 4-40　幻灯片应用主题前后的效果图

2. 探究应用主题的流程

制作此幻灯片时,应先选择"丝状"主题,再选择主题中的第 3 种变体,完成美化。探究应用主题的流程,将图 4-41 中的空白部分填写完整。

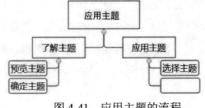

图 4-41　应用主题的流程

跟我学

了解主题

PowerPoint 软件中提供了多种主题，将鼠标指针停留在某个主题上，即可预览当前幻灯片应用该主题后的效果。

1. **打开课件**　运行 PowerPoint 软件，打开课件"苏州园林(初).pptx"，切换至第 2 张幻灯片。

2. **预览主题**　打开"设计"选项卡，参照图4-42所示效果，将鼠标指针停留在相应主题上，预览幻灯片应用不同主题后的效果。

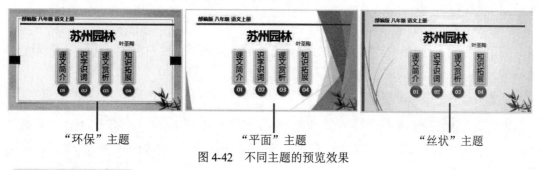

图 4-42　不同主题的预览效果

应用主题

每个主题都有 4 种变体可供选择，例如，选择"丝状"主题后，还可以继续选择变体方案，将其应用于整个演示文稿。

1. **选择主题**　打开"设计"选项卡，按图 4-43 所示操作，为课件选择"丝状"主题。

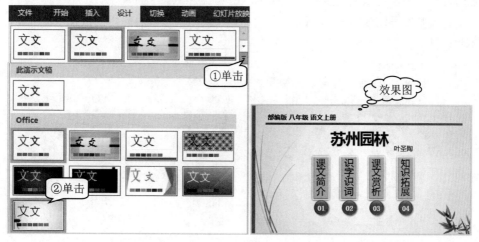

图 4-43　选择主题

2. **选择变体**　按图 4-44 所示操作，选择"丝状"主题的第 3 种变体。

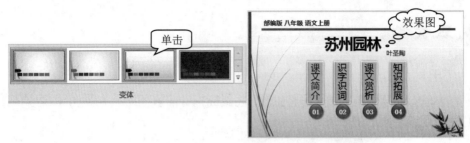

图 4-44　选择变体

3. **浏览课件**　切换到幻灯片浏览视图, 观察课件的整体效果。

4. **保存课件**　以 "苏州园林(终).pptx" 为名, 保存课件。

4.3.2　调整主题

应用主题对幻灯片进行美化时, 如果现有主题不完全符合使用需求, 还可以重新选择主题的颜色、字体、效果或背景样式, 对主题样式进行调整。

实例6　热空气与冷空气

本例是人教版三年级《科学》上册课件 "热空气与冷空气" 中的第 3 张幻灯片 "研究热空气的流动", 此幻灯片应用了 "环保" 主题, 通过本实例主要介绍调整主题颜色、字体、效果和背景样式的方法。

 分析园

1. 认识调整主题

在幻灯片中不仅可以调整主题背景颜色, 还可以更改主题字体。幻灯片 "研究热空气的流动" 主题调整效果图如图 4-45 所示。对比主题应用、调整前后的修饰效果, 看一看它们有什么不同之处。

原效果　　　　　　"环保" 主题　　　　　　"环保" 主题调整后

图 4-45　幻灯片 "研究热空气的流动" 主题调整效果图

2. 了解调整主题的流程

制作此幻灯片时，需要先设置幻灯片主题为"环保"，然后分别修改主题颜色、字体、效果和背景样式。了解调整主题的流程，将图 4-46 中的空白部分填写完整。

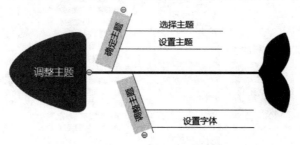

图 4-46　调整主题的流程

 跟我学

确定主题

通过应用幻灯片主题可以方便地设定或改变幻灯片的外观，使幻灯片具有协调的颜色、字体等预设效果。

1. **打开课件**　运行 PowerPoint 软件，打开课件"热空气与冷空气(初).pptx"，切换至第 3 张幻灯片。
2. **选择主题**　打开"设计"选项卡，按图 4-47 所示操作，选择并应用主题。

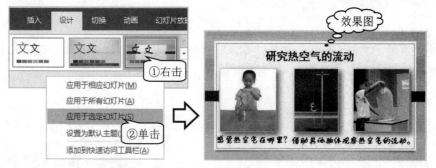

图 4-47　选择主题

调整主题

当选择的主题不完全符合使用需求时，可以重新调整主题颜色、字体、效果或背景样式，对主题进行优化。

1. **设置颜色**　打开"设计"选项卡，按图 4-48 所示操作，设置并应用主题颜色。
2. **设置字体**　单击 ⏷ 按钮，按图 4-49 所示操作，设置主题字体。

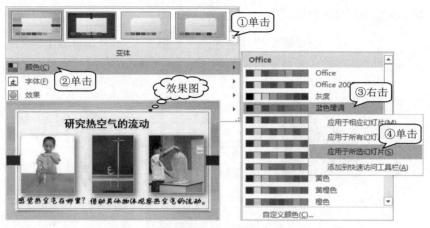

图 4-48　设置颜色

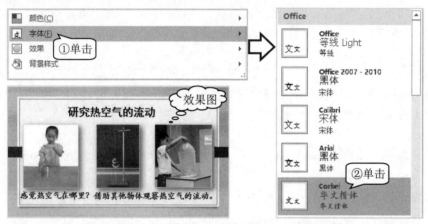

图 4-49　设置字体

3. **设置效果**　单击 ⬇ 按钮，选择"效果"选项，按图 4-50 所示操作，选择效果"极端阴影"。

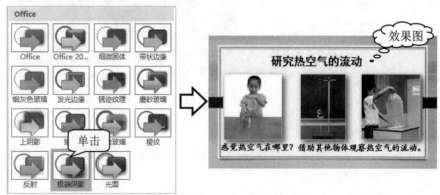

图 4-50　设置效果

4. **设置背景格式**　单击 ⬇ 按钮，选择"设置背景格式"选项，按图 4-51 所示操作，更改背景图片为"实验图片.png"。

图 4-51 　 设置背景样式

5. 保存课件 　 以 "热空气与冷空气(终).pptx" 为名，保存课件。

 知识库

1. 设置版式和主题

设置版式是选择已有的幻灯片排版方案，利用版式中的占位符规划页面的整体布局，其作用是方便排版，应用对象为单张幻灯片。

主题是指整体风格，包括颜色、字体、效果和背景样式，每个主题都包含一个或多个幻灯片版式。设置主题是为演示文稿或幻灯片选择统一的颜色、字体、效果或背景样式等属性，以美化幻灯片并形成统一的风格。主题可应用于指定幻灯片，也可应用于所有幻灯片。版式和主题如图 4-52 所示。

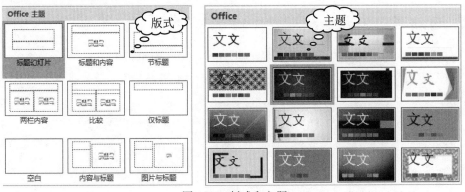

图 4-52 　 版式和主题

2. 使用主题

在制作或美化课件时，使用主题可以很方便地对课件的外观进行部分调整或整体改变。主题的应用，不仅可以提高制作效率，还有助于统一课件风格。主题颜色和主题字体如图 4-53 所示。

● 　 主题颜色：课件中使用的颜色集合。在 "变体" 组中单击 按钮，在下拉列表中选择 "颜色" 选项，系统便会显示内置的主题颜色，主题名称左边显示的是主题颜色，当鼠标指针移至某主题颜色时，幻灯片中内容的颜色会发生改变。

- 主题字体：课件中使用的标题字体和正文字体的集合。在"变体"组中单击 ⋅ 按钮，在下拉列表中选择"字体"选项，系统便会显示内置的主题字体，主题名称下方显示的是标题字体和正文字体的名称，当鼠标指针移至某主题字体时，幻灯片中的文字字体会发生改变。

- 主题效果：主题效果控制着演示文稿中边框、填充和特殊效果(如发光和阴影)。通过使用主题效果，可以快速更改图表、SmartArt 图形、形状、图片、表格、艺术字的效果。

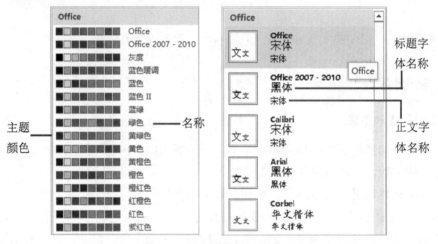

图 4-53　主题颜色和主题字体

 创新园

1. 打开课件"苏州园林.pptx"，查看"离子"主题的应用效果。

2. 打开课件"虫儿慢慢向前爬.pptx"，参照图 4-54 所示效果，为第 4 张幻灯片选择不同的主题。

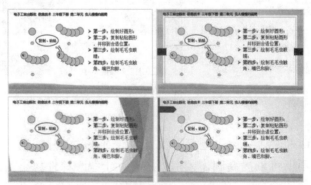

图 4-54　应用不同主题的效果

4.4　使用母版和模板

一个完整的课件，有很多地方需要统一设计，如幻灯片中共有的内容、文字格式、背景、配色等。利用母版或模板制作作品，既省时又省力，而且制作出的作品风格统一、形式美观。

使用母版和模板

4.4.1　使用母版

幻灯片母版可以为所有幻灯片设置默认的版式，如标题文字、背景、图片等。如果要为课件中的幻灯片设置相同的背景、添加图片，则可以在幻灯片母版中进行设置。

实例 7　我国古代建筑艺术

本例是人教版六年级《美术》下册课件"我国古代建筑艺术"，通过本实例主要介绍母版的制作与使用。

 分析园

1. 比较幻灯片母版应用效果

使用幻灯片母版制作课件，可以对图文进行统一编辑和管理，提高美化课件的效率。课件"我国古代建筑艺术"中的幻灯片应用母版前后的效果如图 4-55 所示。此幻灯片原来的背景色彩单一，略显单调。利用母版为所有幻灯片统一添加背景和修饰图片后，课件整体效果更加统一、美观。

图 4-55　幻灯片应用母版前后的效果图

2. 梳理使用母版的流程

制作此幻灯片时，需要先打开母版视图，在幻灯片母版中添加背景、插入图片并修饰，然后关闭母版，完成母版制作。返回幻灯片编辑状态，可以看到添加到母版上的内容出现在所有幻灯片中。梳理使用母版的流程，将图 4-56 中的空白部分填写完整。

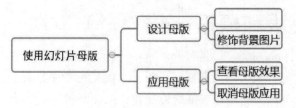

图 4-56　使用母版的流程

 跟我学

设计母版

　　幻灯片母版视图下有多张幻灯片。窗口左侧缩略图窗格中最上方的是幻灯片母版，添加到幻灯片母版中的对象都会默认出现在所有幻灯片中。

1. **打开课件**　运行 PowerPoint 软件，打开课件"我国古代建筑艺术(初).pptx"。

2. **打开母版**　打开"视图"选项卡，在"母版视图"组中单击"幻灯片母版"按钮，打开母版视图，可以看到幻灯片母版及其相关版式，如图 4-57 所示。

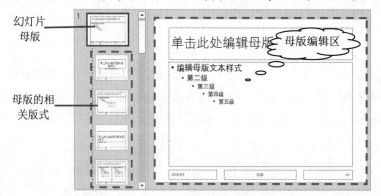

图 4-57　幻灯片母版及其相关版式

3. **设置背景**　按图 4-58 所示操作，为幻灯片母版设置背景图片"徽派.jpg"。

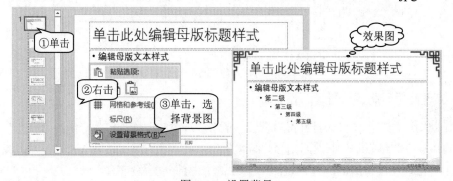

图 4-58　设置背景

对幻灯片母版所做的设置会自动添加到相关版式幻灯片中，而对相关版式幻灯片所做的设置不会影响幻灯片母版或其他相关版式幻灯片。

4. **插入图片**　打开"插入"选项卡，在"图像"组中单击"图片"按钮，插入图片"兰花草.jpg"，并调整图片大小和位置。

5. **修饰图片**　打开"设计"选项卡，按图4-59所示操作，去除图片背景色，并重新着色为"褐色"。

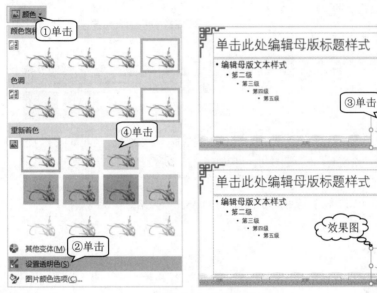

图 4-59　修饰图片

6. **关闭母版**　单击"关闭"按钮，关闭母版，返回幻灯片编辑状态。

查看母版效果

关闭母版，返回幻灯片编辑状态后，可以看到母版的应用效果。因为背景和学校标志是添加在幻灯片母版中的，所以会出现在所有幻灯片中。

1. **查看母版效果**　切换到幻灯片浏览视图，查看幻灯片母版应用效果，部分幻灯片效果如图 4-60 所示。

图 4-60　幻灯片母版应用效果

2. 取消母版应用　如果不希望母版应用于某张幻灯片，则可以取消。例如，切换到第 1 张幻灯片，按图 4-61 所示操作，隐藏背景图片，并重新添加背景图片为"徽派 2.jpg"。

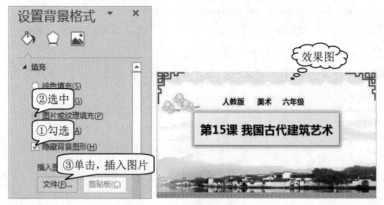

图 4-61　取消母版应用

 在本例中，勾选"隐藏背景图形"复选框，可以取消"兰花草.jpg"图片的显示；选中"纯色填充"单选按钮，可以将当前幻灯片背景改为"纯色"。

3. 保存文件　以"我国古代建筑艺术(终).pptx"为名，保存课件。

 ## 知识库

1. 母版的作用

幻灯片母版可以为所有幻灯片设置默认的版式，方便课件形成统一的风格，并提高制作效率。其高效性主要体现在以下几方面。

- 快速添加统一元素：可将多次出现在页面统一位置的元素(如标题栏、图片、页码等)放置于母版，此后不需要重复设置，该元素即可在所有幻灯片中显示。
- 快速设置文字格式：在母版中设置标题栏的文字占位符，后期写标题时就可以省去设置文字格式的麻烦，而且位置统一固定。
- 快速设置切换效果：在母版中对重复使用的版式设置切换效果后，使用该版式的页面就无须再设置切换效果。

2. 母版设置要素

母版决定着幻灯片的外观。在幻灯片母版的"母版版式""编辑主题""背景""大小" 4 个选项组(见图 4-62)中，可以设置幻灯片的标题、正文文字等样式，如字体、字号、颜色、阴影等，还可以设置幻灯片的背景、页眉、页脚等。

图 4-62　母版设置要素

3. 利用母版设置版式

如果现有版式不满足使用需求，还可以利用在母版中插入版式的方法，添加新版式。

- 插入版式：打开幻灯片母版，按图4-63所示操作，在母版中插入新版式，并将其重命名为"新版式"。

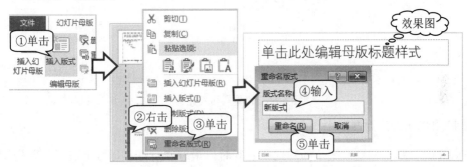

图 4-63　插入版式

- 插入"内容"占位符：按图 4-64 所示操作，在"图像"组中单击"图片"按钮，插入"内容"占位符。

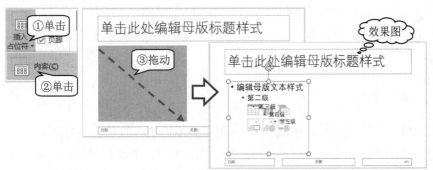

图 4-64　插入"内容"占位符

- 插入"图片"占位符：按图 4-65 所示操作，插入"图片"占位符。
- 插入其他占位符：按版式设计，插入其他占位符，并调整占位符至合适大小。
- 设置占位符格式：分别选中"标题"和"内容"占位符，根据设计效果，调整字体、字号，效果如图 4-66 所示。
- 应用新版式：关闭母版视图，退出母版编辑界面。右击幻灯片，即可在"版式"中找到新添加的版式。

图 4-65　插入"图片"占位符

图 4-66　设置占位符格式

4. 使用母版的注意事项

在课件中，制作和更改统一的样式或外观时，最好在幻灯片母版上进行。要先制作幻灯片母版，然后再制作其他幻灯片，原因是先制作幻灯片母版，添加到课件中的所有幻灯片版式就会与该幻灯片母版相关联。如果在构建了各张幻灯片之后再创建幻灯片母版，那么幻灯片中的某些项目可能不符合幻灯片母版的设计风格。

幻灯片母版中的信息在"普通视图"中无法修改或删除。如果在"普通视图"下发现有些对象无法选中或删除，很可能是因为这些对象在母版上，若要编辑该对象，则需要切换到"幻灯片母版视图"。

 创新园

1. 打开课件"走向共同富裕.pptx"，利用母版添加统一的背景，美化课件。

2. 打开课件"扇面画.pptx"，参照图 4-67 所示效果，先制作母版，然后利用母版制作第 3、6、12、14 张幻灯片。

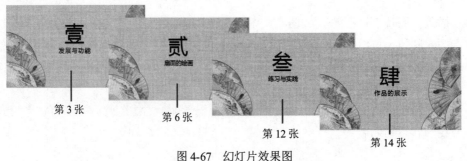

图 4-67　幻灯片效果图

4.4.2　使用模板

模板是事先定义好格式的演示文稿方案，包含幻灯片版式、主题和母版。使用模板后，可以在幻灯中直接拖动或修改相关内容。使用模板是制作课件的捷径，可以使用软件提供的模板，也可以使用从第三方网站下载的模板等。

实例 8　燕子

本例是人教版三年级《语文》下册课件"燕子"中的部分幻灯片，通过本实例主要介绍使用联机模板制作课件的方法。

 分析园

1. 观察模板应用效果

课件"燕子"中的幻灯片应用模板后的效果图如图 4-68 所示。此课件使用了"自然演示"模板，模板中包含配色方案、字体格式等，可以直接使用，非常方便。

应用模板后

图 4-68　幻灯片应用模板后的效果图

2. 探究添加模板的流程

制作该课件时，应先上网联机搜索模板，找到模板后新建文件，然后利用模板提供的排版方案制作幻灯片。探究添加模板的流程，将图 4-69 中的空白部分填写完整。

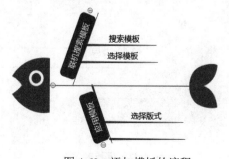

图 4-69　添加模板的流程

跟我学

联机搜索模板

将计算机接入网络，通过联机搜索可以在网站上获取大量的免费模板，然后根据课件内容，选择合适的模板。

1. **搜索联机模板** 运行 PowerPoint 软件，按图 4-70 所示操作，搜索"教育"类联机模板。

图 4-70　搜索联机模板

2. **选择模板** 按图 4-71 所示操作，选择"自然演示，插画式风景设计方案"模板，应用模板新建文件。

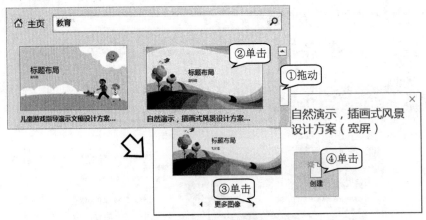

图 4-71　选择模板

3. **了解模板** 详细了解模板结构，并根据课件制作需要，规划幻灯片的使用，模板效果图如图 4-72 所示。

图 4-72　模板效果图

应用模板

　　根据课件制作的需要，选择、编辑合适的幻灯片版式，添加教学内容，设置内容格式，完成制作。

1. **制作课件封面**　按图 4-73 所示操作，输入标题和副标题，制作课件封面。

图 4-73　制作课件封面

　　模板不同于母版，母版在幻灯片编辑状态下不可以修改，而模板可以根据使用需要进行编辑，如修改字体、字号、颜色等，也可以进行删除等操作。

2. **制作第 2 张幻灯片**　选择合适的幻灯片版式，制作第 2 张幻灯片，效果如图 4-74 所示。

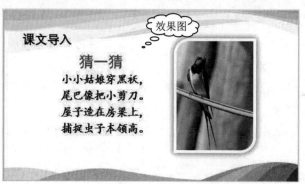

图 4-74　第 2 张幻灯片效果图

3. **制作其他幻灯片**　选择合适的版式，制作其他幻灯片，效果如图 4-75 所示。

图 4-75　制作其他幻灯片

4. **保存课件**　以"燕子(终).pptx"为名，保存课件。

知识库

1. PowerPoint 模板

PowerPoint 模板包含版式、主题颜色、主题字体、主题效果和背景样式，甚至还包含内容，如课件"光的反射"使用模板后，效果如图 4-76 所示。

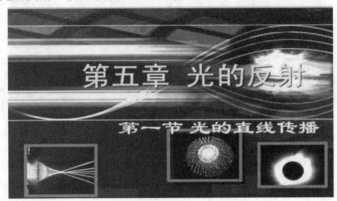

图 4-76 "光的反射"模板效果

2. 将母版保存为模板

母版设置完成后只能在一个演示文稿中应用，如果将母版保存成模板，就可以将模板中的设计信息应用到其他演示文稿。

- 保存模板：母版设计完毕后，选择"另存为"命令，选择保存格式，保存模板"我国古代建筑艺术.potx"到自定义模板默认文件夹。
- 应用模板：新建课件时，按图 4-77 所示操作，使用自定义模板"我国古代建筑艺术.potx"。

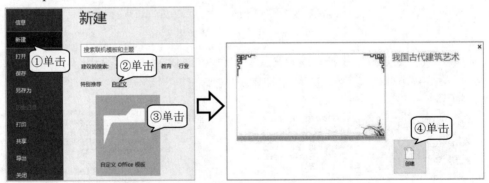

图 4-77 应用模板

3. 模板、母版、主题、版式

模板、母版、主题、版式是制作课件时比较容易混淆的 4 个概念。

- 模板：模板是现成的样式，可以直接在设定好的位置输入内容，其他不用更改。

- 母版：母版用于对所有幻灯片中显示的相同元素进行统一设计，如页码、作者、单位、标志等。
- 主题：课件主题具有统一的元素，如背景颜色、字体格式和图形效果等。应用主题可快速对幻灯片进行外观效果的设置。
- 版式：版式是课件内容在幻灯片中的分布情况。制作课件时，应用版式可以让幻灯片中的文字、图片等布局更合理，轻松完成课件制作。

 创新园

1. 打开课件"燕子.pptx"，选择模板制作第5张幻灯片，所选模板及排版后的效果如图 4-78 所示。

图 4-78　所选模板及排版后的效果

2. 选择合适的模板，制作课件，并与同事交流。

4.5　小结和习题

4.5.1　本章小结

本章通过多个具体实例，详细介绍了在 PowerPoint 软件中美化课件的过程、方法和技巧，具体包括以下主要内容。

- **设置字体和段落格式**：介绍了设置幻灯片字体格式和段落格式的方法。
- **设置背景和版式**：介绍了设置幻灯片背景为纹理、渐变和图片的方法，以及选择幻灯片版式，提高制作效率的方法和技巧。
- **应用和调整主题**：介绍了选择应用幻灯片主题，以及调整主题的颜色、字体、效果和背景样式的方法。
- **使用母版和模板**：详细介绍了幻灯片母版的编辑、应用方法和技巧，具体介绍了在课件中应用模板制作课件的方法和技巧。

4.5.2　强化练习

一、选择题

1. 在下列设置幻灯片背景的说法中，正确的是(　　)。

　　A. 只能在幻灯片中设置　　　　　　B. 只能在幻灯片版式中设置

　　C. 只能在幻灯片母版中设置　　　　D. 可以在幻灯片、版式和母版中设置

2. 当主题颜色发生更改时，不会更改的选项是(　　)。

　　A. 主题颜色库　　　　B. 标准颜色　　　　C. 样式库　　　　D. 效果库

3. 在新建主题颜色时，设置超链接的颜色槽是(　　)。

　　A. 颜色槽 1　　　　B. 颜色槽 2　　　　C. 颜色槽 12　　　　D. 颜色槽 11

4. 当主题发生更改时，不会更改的是(　　)。

　　A. 主题字体　　　　B. 主题效果　　　　C. 主题颜色　　　　D. 非主题颜色和字体

5. 在新建主题颜色时，设置文字的颜色槽是(　　)。

　　A. 颜色槽 1、3　　　　　　　　　　B. 颜色槽 2、4

　　C. 颜色槽 5、6、7、8、9、10　　　D. 颜色槽 11、12

6. 下列关于主题颜色配色原则的说法中，不正确的是(　　)。

　　A. 深色文字在浅色背景中是可见的

　　B. 浅色文字在深色背景中是可见的

　　C. 在深色和浅色背景中不可见颜色用作超链接和已访问的超链接

　　D. 强调文字颜色在浅色背景中是不可见的

7. 创建和应用幻灯片母版的最佳做法是(　　)。

　　A. 先构建幻灯片　　B. 先编辑母版　　C. 先设计版式　　D. 以上说的都不对

8. 在调整幻灯片外观的所有方法中，对课件外观变化最大的一种是(　　)。

　　A. 主题　　　　　　B. 幻灯片版式　　　C. 幻灯片母版　　D. PowerPoint 模板

9. 在制作课件时，为了保证课件中幻灯片的颜色风格统一，背景一致，应该选择的命令是(　　)。

　　A. 先设计幻灯片版式　　　　　　　B. 先添加教学内容

　　C. 先选定预先设计的或自定义模板　D. 先编辑母版

二、判断题

1. 课件中视频、动画和声音素材运用得越多，课件的感染力就越强。　　　　(　　)

2. 课件中新增的节不可以移动。　　　　　　　　　　　　　　　　　　　(　　)

3. 在课件中，可以为某张幻灯片单独应用主题。　　　　　　　　　　　　(　　)

4. 主题是指主题颜色、主题字体和主题效果三者的集合。　　　　　　　　(　　)

5. 更改主题，系统颜色库改变，其中的样式库和效果库不会改变。　　　　（　　）

6. 主题颜色的配色原则是深色文字能在浅背景中可见。　　　　　　　　　（　　）

7. 在幻灯片母版中可以调整版式，不可以编辑和应用主题。　　　　　　　（　　）

8. 一般地，在幻灯片构建好后，再编辑和应用母版。　　　　　　　　　　（　　）

9. 可以为幻灯片母版插入背景图片，不能为某个版式插入图片。　　　　　（　　）

10. 设计模板应用于全部幻灯片，不能对其中的某张幻灯片进行改变。　　（　　）

11. 课件中可以对普通文字进行三维效果设置。　　　　　　　　　　　　（　　）

三、问答题

1. 幻灯片版式是什么？在课件制作中有何作用？

2. 什么是幻灯片主题？应用主题会对幻灯片有何影响？

3. 主题颜色的配色原则是什么？

4. 什么是幻灯片母版？调整母版对课件中的幻灯片有哪些影响？

5. 什么是幻灯片模板？在课件制作中应用模板有何优点？

6. 幻灯片母版、主题和模板三者有何区别和联系？

第 5 章

设置课件动画效果

使用课件进行辅助教学时，教师需要根据教学实际调控播放进度。为增加课件的观赏性和条理性，可以为课件设置片内动画和片间动画。通过设置片内动画，对幻灯片中的对象设置进入、强调、退出和动作路径等动画效果，可以演示某些运动过程，也可以吸引学生的注意力。通过设置片间动画，对幻灯片设置切换效果和换片方式，让其在切换时有一定的缓冲时间，使衔接更加流畅，这样不仅能提升课件的呈现效果，还能将学习者的注意力集中在要点上，控制信息流，让学习者在轻松愉悦的学习氛围中掌握知识。

本章内容

- 设置片内动画
- 设置片间动画

5.1　设置片内动画

设置课件幻灯片内部各个对象的动画，例如，将幻灯片中的文本、图片、形状、表格、SmartArt 图形等赋予进入、强调、退出等动画效果，可以吸引学生的注意力，突破教学重点和难点，增强教学效果。

设置片内动画

5.1.1　设置对象的进入效果

对象进入幻灯片的动画效果，有基本型、细微型、温和型和华丽型 4 种，可以使对象以形状变化、飞入或缩放等表现形式展现教学内容，吸引学生的注意力。

实例 1　我们的生长变化

本例是人教版五年级《科学》下册课件"我们的生长变化"的片头，通过本实例主要介绍幻灯片中的文字和图片进入动画的添加和设置方法。

 分析园

1. 观察进入动画图标

进入动画效果是放映幻灯片时文本或图片对象进入画面的动画效果。为幻灯片对象添加进入动画，可以让"静态"的文本或图片"动起来"，也方便播放时按顺序逐一呈现。在如图 5-1 所示的课件"我们的生长变化"片头中，对文字和图片分别设置了进入动画。仔细观察，并对比设置动画前后的效果，在图中框线内填上合适的内容。

图 5-1　课件"我们的生长变化"片头

2. 探究设置进入动画的流程

制作此幻灯片时，只需要依次选中要设置动画的对象，设置动画效果和动画参数即可。探究设置进入动画的流程，将图 5-2 中的空白部分填写完整。

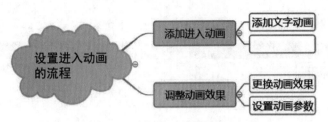

图 5-2　设置进入动画的流程

 跟我学

添加进入动画

为幻灯片中的对象添加进入动画，可以使其出现的顺序和方式发生变化。

1. **打开课件**　运行 PowerPoint 软件，打开课件"我们的生长变化(初).pptx"。
2. **添加文字动画**　打开"动画"选项卡，选中文字"我们的生长"，按图 5-3 所示操作，设置文字的动画效果为"淡出"。

图 5-3　添加文字动画

3. **添加图片动画**　打开"动画"选项卡，按图 5-4 所示操作，设置"变化"图片的进入动画为"缩放"。

图 5-4　添加图片动画

4. **预览动画效果** 打开"动画"选项卡，按图 5-5 所示操作，预览动画效果。

图 5-5　预览动画效果

调整动画效果

　　动画添加完毕后，通过预览查看动画效果，可以对不满意的效果进行更换和设置。

1. **更换动画效果** 选中文字"我们的生长"，按图 5-6 所示操作，更换文字的进入效果为"挥鞭式"。

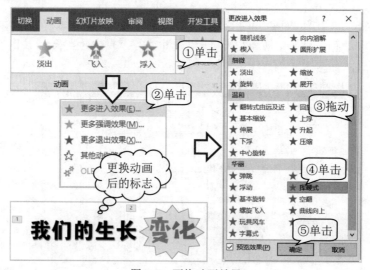

图 5-6　更换动画效果

2. **设置动画效果** 选中"变化"图片，按图5-7 所示操作，设置动画的效果选项为"幻灯片中心"。

图 5-7　设置动画效果

3. **设置动画参数** 按图5-8 所示操作，设置动画参数为"开始：上一动画之后""持续时间：01.00"。

图 5-8　设置动画参数

　"上一动画之后"指在上一对象动画结束后出现;"持续时间"表示该动画出现所需要的时间;"延迟"指在上一动画结束多久后出现。

4. 保存课件　以"我们的生长变化(终).pptx"为名,保存课件。

 知识库

1. 动画

动画就是给文本等对象添加特殊视觉或声音效果。例如,使文本项目符号点逐字从左侧飞入或在显示图片时播放掌声等。

2. 动画播放顺序

幻灯片中的对象被设置了动画之后,对象的左上方就会出现 0 、 1 、 2 等标志。这些标志为自定义动画的播放顺序号, 0 表示对象的动画在放映时第 1 个出现, 1 表示对象的动画在放映时第 2 个出现,以此类推。

3. 修改或删除动画

在预览或放映幻灯片时,如果发现对象的动画效果不理想,则可以进行修改或删除。若想修改,则可以在"动画窗格"中选中对象的动画,重新设置一个理想的动画效果;若想删除,则可以选中对象,按图 5-9 所示操作,在"动画"组中删除动画,或者在"动画窗格"中选中对象的动画进行删除。

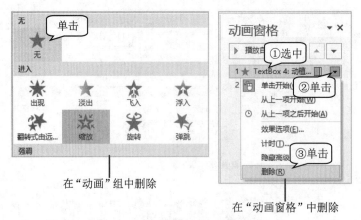

图 5-9　删除动画效果

5.1.2　设置对象的强调效果

强调动画主要用来强调教学内容中的一些重点、难点部分，以突出某个知识点，起到画龙点睛的教学效果。强调动画的效果，也有基本型、细微型、温和型和华丽型 4 种。

实例 2　腊八粥

本例是部编版六年级《语文》下册课件"腊八粥"中的第 2 张幻灯片"学习任务"，通过本实例主要介绍在幻灯片中给文字和图片添加强调动画的方法和技巧。

分析园

1. 查看强调动画效果

强调动画效果是对象完全显示出来后的动画突出效果。当需要对幻灯片中的内容突出显示时，除设置字号、颜色的强化外，还可以单独添加动画来进行强调。观察如图 5-10 所示的幻灯片"学习任务"效果图，看一看幻灯片中哪些对象设置了强调动画，并在图中框线内填上合适的内容。

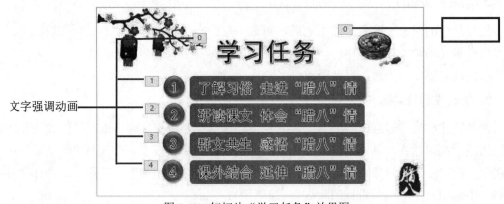

图 5-10　幻灯片"学习任务"效果图

2. 分析添加强调动画的流程

制作此幻灯片时，需要先对幻灯片中的文字和图片添加强调动画，然后调整动画的播放时间、顺序。分析添加强调动画的流程，将图 5-11 中的空白部分填写完整。

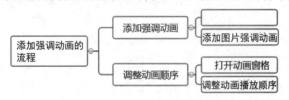

图 5-11　添加强调动画的流程

 跟我学

添加强调动画

　　在幻灯片中，为对象添加强调动画，可以突出该对象，使同学们加强对相应知识内容的重视。

1. **打开课件**　运行 PowerPoint 软件，打开课件"腊八粥(初).pptx"，切换到第 2 张幻灯片。

2. **添加标题强调动画**　选中"学习任务"艺术字，打开"动画"选项卡，按图5-12所示操作，完成"跷跷板"强调动画的添加。

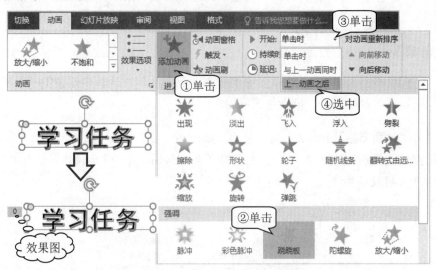

图 5-12　添加标题强调动画

3. **添加图片强调动画**　选中"腊八粥"图片，重复步骤 2 的操作，为其添加"放大/缩小"强调动画，设置开始为"与上一动画同时"，效果如图 5-13 所示。

图 5-13　添加图片强调动画

4. **复制动画**　按照上述方法，设置第 1 个学习任务的动画效果为"形状"，按图 5-14 所示操作，利用"动画刷"工具 🖌，分别为第 2、3、4 个学习任务设置相同的动画。

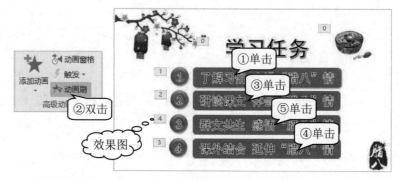

图 5-14　复制动画

单击"动画刷"按钮，可以使用一次"动画刷"；双击"动画刷"按钮，可以连续使用"动画刷"；如果要取消"动画刷"，再单击一次"动画刷"按钮即可。

调整动画顺序

为幻灯片中的对象添加动画后，在预览或播放时，若发现有些对象的出现顺序不合理，则可以在"动画窗格"中调整顺序。

1. **打开"动画窗格"**　单击"高级动画"组中的"动画窗格"按钮，打开"动画窗格"。

2. **调整动画播放顺序**　选中第 3 个学习任务，按图 5-15 所示操作，调整其动画播放顺序至播放顺序 3。

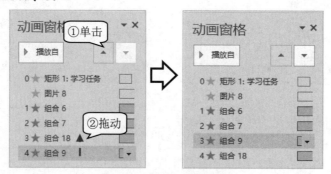

图 5-15　调整动画播放顺序

在"动画窗格"中调整对象动画播放顺序时，选中的对象动画标志呈粉红色底色。

3. 保存课件　以"腊八粥(终).pptx"为名，保存课件。

知识库

1. 设置动画开始

动画开始有 3 种形式，即"单击时""与上一动画同时"和"上一动画之后"。"单击时"指该对象动画在单击时开始播放；"与上一动画同时"指该对象动画与上一动画同时出现；"上一动画之后"指在上一对象动画结束后出现。

2. 一个对象设置多个动画

通过"高级动画"组中的"添加动画"按钮，可以对同一个对象设置多个动画。需要注意的是，应结合作品风格和表达需要设置对象的动画效果。设置动画的目的是更好地增强作品的观赏性和条理性，切忌过分追求花哨。

5.1.3　设置对象的退出效果

对象退出幻灯片时的动画效果，也有基本型、细微型、温和型和华丽型 4 种。"退出""进入""强调" 3 种动画效果一起使用，能产生非常好的教学效果。

实例 3　篮球原地单手肩上投篮

本例是人教版初中《体育与健康》课件"篮球原地单手肩上投篮"中的第 3 张幻灯片"学动作"，通过本实例主要介绍退出动的设置方法。

分析园

1. 体验动画组合效果

退出动画效果是对象动画放映结束后退出或消失的动画效果。在如图 5-16 所示的"学动作"幻灯片中，按"投篮动作"的顺序放置了 6 张"原地单手肩上投篮"分解动作图片，从左到右依次为"动作 1""动作 2"……"动作 6"。先为第 1 张图片设置退出效果，然后依次为后面的每张图片设置"进入"和"退出"两种效果。在播放时，分解动作依次出现，从而实现了动作连续变化的效果。

2. 梳理设置退出动画的流程

制作此幻灯片时，需要先为幻灯片中的分解动作图片设置动画效果，然后调整动画计时和声音效果，以实现动作连续变化的效果。梳理设置退出动画的流程，将图 5-17 中的空白部分填写完整。

图 5-16　幻灯片"学动作"效果图

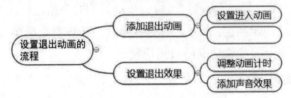

图 5-17　设置退出动画的流程

 跟我学

添加退出动画

　　从左向右依次为每个图片添加进入(淡出)、退出(淡出)效果的组合，即可达到变化的效果。

1. **切换幻灯片**　运行 PowerPoint 软件，打开课件"篮球原地单手肩上投篮(初).pptx"，切换至第 3 张幻灯片。

2. **为图片 1 添加退出动画**　选中第 1 张图片，打开"动画"选项卡，按图 5-18 所示操作，设置退出动画为"淡出"，在"计时"组中设置开始为"单击时"、持续时间为"00.40"。

图 5-18　为图片 1 添加退出动画

3. **为图片 2 添加进入动画**　选中第 2 张图片，设置进入动画为"淡出"，在"计时"组中设置开始为"与上一动画同时"。

4. **为图片 2 添加退出动画**　选中第 2 张图片，打开"动画"选项卡，按图 5-19 所示操作，设置退出动画为"淡出"，在"计时"组中设置开始为"上一动画之后"、持续时间为"00.40"。

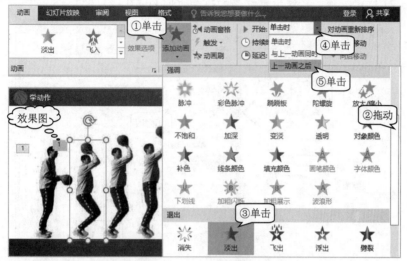

图 5-19　为图片 2 添加退出动画

通过"高级动画"组中的"添加动画"按钮，可为同一对象添加多个动画效果，对象左侧将显示多个动画标记，根据"开始"设置的不同或叠加或排列。

5. **复制动画效果**　选中第 2 张图片，按图 5-20 所示操作，给后面的 4 张图片复制动画效果。

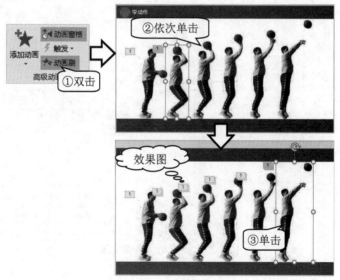

图 5-20　复制动画效果

设置退出效果

根据需要合理地设置动画的持续时间和声音效果等，可以达到较好的退出效果。

1. **设置计时** 单击"高级动画"组中的"动画窗格"按钮，打开"动画窗格"，按图 5-21 所示操作，修改退出动画的持续时间为"0.4 秒"。

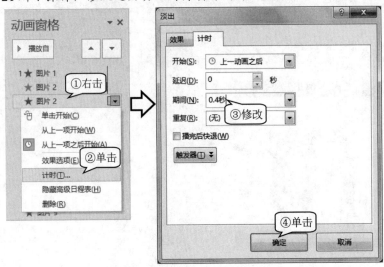

图 5-21 设置计时

2. **设置其他计时** 在"动画窗格"中，依次右击带有红色标志★的所有项目，重复步骤 1，完成对所有退出动画持续时间的设置。

3. **设置动画声音效果** 按图 5-22 所示操作，修改淡出的声音效果为"照相机"。

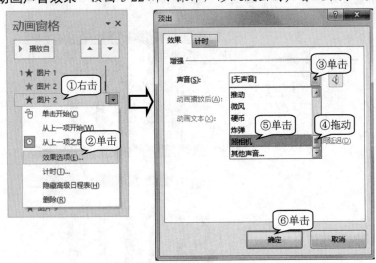

图 5-22 设置动画声音效果

在"动画窗格"中，项目前面标志的颜色表示相应的动画效果：青色表示进入
动画效果；黄色表示强调动画效果；红色表示退出动画效果。

4. **设置其他动画声音效果**　重复步骤 3，在"动画窗格"中，依次为带有红色标志★
的所有项目设置"照相机"声音效果。

5. **保存课件**　以"篮球原地单手肩上投篮(终).pptx"为名，保存课件。

知识库

1. 设置动画效果选项

在幻灯片中，为一个对象设置了动画后，在"动画"组的"效果选项"中还可以选择
其出现的效果。例如，为 SmartArt 图形设置了动画后，其"效果选项"中有 6 个选项，
如表 5-1 所示。

表 5-1　SmartArt 图形动画的效果选项和说明

选项	说明
作为一个对象	将整个 SmartArt 图形当作一个大图片或对象来应用动画
整批发送	同时将 SmartArt 图形中的全部形状制成动画
逐个	一个接一个地将每个形状单独地制成动画
逐个分支	同时将相同分支中的全部形状制成动画
一次级别	同时将相同级别的全部形状制成动画
逐个级别	先按级别将SmartArt 图形中的形状制成动画，然后再在级别内单个地进行动画制作

2. 动画隐藏

当对幻灯片中的对象设置了动画后，如果想让学生看到幻灯片的全部内容，则可以在
幻灯片播放时，隐藏所有动画效果。在"幻灯片放映"选项卡中，单击"设置放映方式"
按钮，设置"放映时不加动画"即可。

5.1.4　设置路径动画

对象按照设定路径移动的动画效果，有基本、直线、曲线、特殊和自定义路径 5 种类
型，使用这些效果可以使对象上下移动、左右移动、沿着星形或圆形图案移动等。

实例 4　倒数的认识

本例是小学六年级《数学》上册课件"倒数的认识"中的第 5 张幻灯片"例题解读"，
通过本实例主要介绍为数字对象添加路径动画的方法和技巧。

分析园

1. 观察路径动画效果

路径动画是可以使对象沿着预定路径进行运动的动画。在如图 5-23 所示的"例题解读"幻灯片中，"分式"由直线和重叠在一起的两个"2"、两个"3"组成。先为数字"2"和"3"文本框设置动作路径，然后对动作路径进行调整，再为文本框"移动分子"和"移动分母"设置触发器，控制动画的播放。请思考"路径动画"与其他动画的区别，将观察的结果填写在图中框线内。

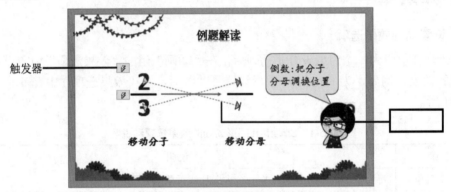

图 5-23　幻灯片"例题解读"效果图

2. 了解添加路径动画的流程

制作此幻灯片时，需要先为对象添加路径动画，调整动作路径，再为文本框设置触发效果。了解添加路径动画的流程，将图 5-24 中的空白部分填写完整。

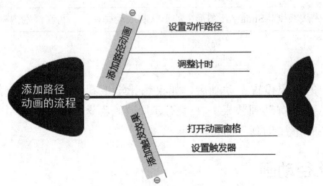

图 5-24　添加路径动画的流程

跟我学

设置动作路径

为幻灯片中的对象或文本设置动作路径，可以使对象或文本按照设置的动作路径移动。

1. **打开课件** 运行 PowerPoint 软件，打开课件 "倒数的认识(初).pptx"，切换到第 5 张幻灯片。

2. **设置动作路径** 打开 "动画" 选项卡，选中上层的 "2"，按图 5-25 所示操作，为其设置动作路径。

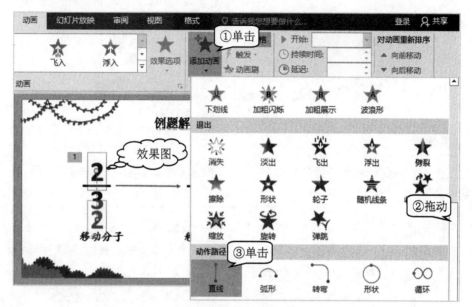

图 5-25　设置动作路径

动作路径绿色端是动画始点，红色端是动画终点。

3. **调整动作路径** 按图 5-26 所示操作，调整终点至合适的位置。

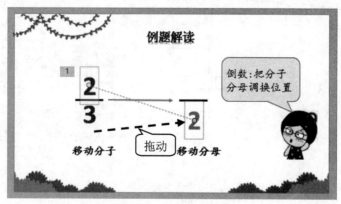

图 5-26　调整动作路径

4. **设置文本 "3" 动画** 重复步骤 2 和 3，完成对文本 "3" 动作路径的设置，并调整终点至合适的位置，效果如图 5-27 所示。

5. **调整计时** 分别选中两条动作路径，在 "计时" 组中设置开始为 "单击时"、持续时间为 "03:00"。

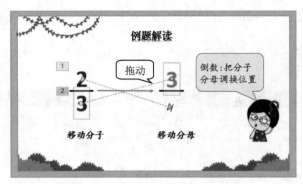

图 5-27　文本"3"路径动画效果图

添加触发效果

　　放映幻灯片时，若希望某个动画效果在单击幻灯片中的特定对象时才出现，则可以设置触发器。

1. **打开动画窗格**　在"高级动画"组中，单击"动画窗格"按钮，打开"动画窗格"。

2. **设置触发器 1**　选中第 1 个路径动画，在"动画窗格"中，按图 5-28 所示操作，设置触发器为"矩形 22: 移动分子"。

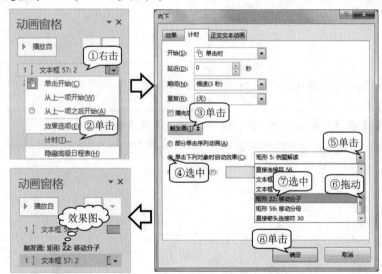

图 5-28　设置触发器 1

　　播放此幻灯片时，每单击一次触发器，便会出现一个动作，单击其他地方，播放下一张幻灯片。

3. **设置触发器 2**　选中第 2 个路径动画，重复步骤 2，设置触发器为"矩形 59: 移动分母"。

4. **保存课件**　以"倒数的认识(终).pptx"为名，保存课件。

知识库

1. 动作路径

动作路径是指定对象或文本运动的路线，使用它可以使对象沿着设定的路径移动，并产生动画效果。单击"动画"组中的 ▼ 按钮，选择"其他动作路径"选项，将打开如图5-29所示的"添加动作路径"对话框，其中有"基本""直线和曲线""特殊"3 种类型。

图 5-29　"添加动作路径"对话框

2. 动作路径选项

双击已设置的路径(如"弯弯曲曲"路径)，将弹出如图 5-30 所示的对话框，在该对话框中可以对路径的效果进行设置。例如，为该对象的动作路径设置"自动翻转"效果，则该对象会按路径沿行到路径终点后，再按原路径返回到起始处。

图 5-30　动作路径选项

3. 编辑动作路径

按图 5-31 所示操作，右击动作路径，可以编辑路径；拖动顶点，可以改变路径形状；右击路径的某处位置，可以添加一个顶点；右击不需要的顶点，可以将其删除。

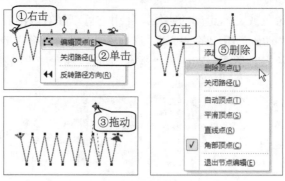

图 5-31　编辑动作路径

 创新园

1. 打开"五步拳(初).pptx"课件，为第 2 张幻灯片"学习内容"中的对象设置动画。设置强调效果为"脉冲"、效果选项为"蓝色"，并依次设置 5 个组合文本框的动画：进入效果为"飞入"、方向为"自顶部"、强调效果为"放大/缩小"、开始为"上一动画之后"。最终效果如图 5-32 所示。

图 5-32　幻灯片"学习内容"效果图

2. 打开"平移和旋转.pptx"课件，切换到第 5 张幻灯片，为小人设置 2 条动作路径动画，效果如图 5-33 所示。提示：右边的小人要设置"弧形"路径。先编辑路径，单击路径编辑点，然后拖动编辑点的方向控制点，调整编辑点的平滑度。

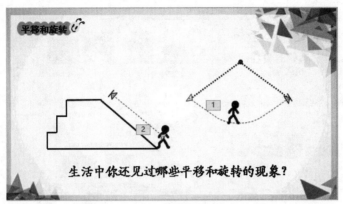

图 5-33　幻灯片"平移和旋转"效果图

5.2　设置片间动画

幻灯片的切换效果多种多样，如百叶窗式、立方体和旋转等。通过"切换"选项卡中的命令，可以设置幻灯片之间不同的切换效果和切换方式，进一步增强课件的观赏性。

设置片间动画

5.2.1　设置幻灯片切换效果

在教学中，在幻灯片之间的添加切换效果，不仅可以使幻灯片切换更具动感，还可以吸引学生的注意力。通过添加换片效果、控制切换时间、添加声音和设置换片方式，还可以获得更好的演示效果。

实例 5　有趣的食物链

本例是苏教版六年级《科学》下册课件"有趣的食物链"中的第 2 张幻灯片，通过本实例主要介绍设置幻灯片切换效果的方法和技巧。

 分析园

1. 体验幻灯片切换效果

课件"有趣的食物链"中的部分幻灯片效果图如图 5-34 所示。为幻灯片设置不同的切换效果，可以让幻灯片之间更好地衔接起来，同时也缓解了幻灯片切换时的单调感，让课件在播放时更加自然、生动、有趣。

2. 探究设置幻灯片切换的流程

制作此幻灯片时，需要先为第 2 张幻灯片设置"推进"的切换效果，再给其他幻灯片设置不同的切换效果。探究设置幻灯片切换的流程，将图 5-35 中的空白处填写完整。

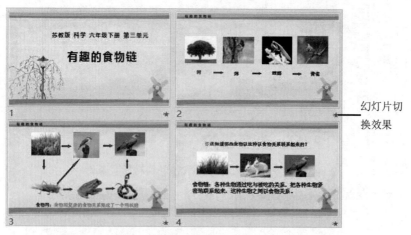

图 5-34　课件"有趣的食物链"中的部分幻灯片效果图

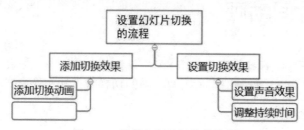

图 5-35　设置幻灯片切换的流程

 跟我学

添加切换效果

在"切换"选项卡的"切换到此幻灯片"组中，为幻灯片添加切换效果，以增强幻灯片的观赏性。

1. **打开课件**　运行 PowerPoint 软件，打开课件"有趣的食物链(初).pptx"。
2. **设置切换动画**　在"幻灯片浏览视图"下选中幻灯片 2，打开"切换"选项卡，按图 5-36 所示操作，设置幻灯片的切换效果为"推进"。

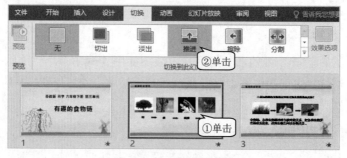

图 5-36　添加切换动画

3. **更改效果选项**　在"切换到此幻灯片"组中，按图5-37所示操作，设置自定义效果为"自左侧"。

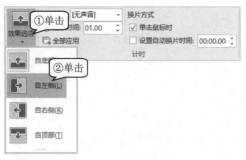

图 5-37　更改效果选项

4. **设置其他幻灯片**　重复步骤 2 和 3，为其他幻灯片设置切换效果，并更改效果选项。

设置切换效果

　　设置好幻灯片的切换效果后，可以进一步设置上一张幻灯片与当前幻灯片之间切换效果的声音和持续时间。

1. **设置声音效果**　单击第 2 张幻灯片，在"计时"组中，按图 5-38 所示操作，设置声音为"微风"。

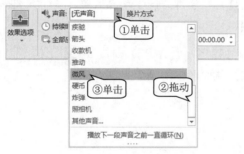

图 5-38　设置声音效果

2. **调整持续时间**　在"计时"组中，按图 5-39 所示操作，调整持续时间为"1.25 秒"，并使幻灯片全部应用已设置的切换效果。

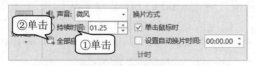

图 5-39　调整持续时间

　　若单击"计时"组中的"全部应用"按钮，则所有幻灯片都会具有当前幻灯片已设置的切换效果，此操作与"动画刷"的功能相似。

3. **预览切换效果**　在"预览"组中，单击"预览"按钮，预览切换效果，若有不满意的效果，则可以重新选择切换效果。

4. **保存课件**　以"有趣的食物链(终).pptx"，保存课件。

知识库

1. 幻灯片切换效果

幻灯片切换效果是指在幻灯片播放期间从一张幻灯片切换到下一张幻灯片时，在"幻灯片放映视图"中出现的动画效果。通过"切换"选项卡中的命令，不仅可以控制切换效果的速度、添加声音，甚至还可以对切换效果的属性进行自定义。

2. 添加声音

在"切换"选项卡的"计时"组中，单击"声音"旁的 按钮，在下拉列表中选择所需的声音。若列表中没有要添加的声音，则选择"其他声音"，找到要添加的声音文件，然后单击"确定"按钮。

5.2.2 设置幻灯片换片方式

根据画面效果及课件需要，不仅可以设置幻灯片的切换效果，还可以为其设置合适的换片方式和切换时间，让幻灯片在换片时产生动画效果，从而大大提高幻灯片的质量和美感。

实例 6 圆锥的体积

本例是人教版六年级《数学》下册中的课件"圆锥的体积"，通过本实例主要介绍利用幻灯片切换功能连续播放，从而产生动画效果的方法。

 分析园

1. 认识幻灯片切换方式

观察如图5-40所示的课件"圆锥的体积"部分幻灯片效果图，在"幻灯片浏览视图"方式下，将幻灯片 6 和幻灯片 12 的换片方式分别设置为"单击鼠标时"；将幻灯片 7~11 的换片方式设置为"设置自动换片时间：00:03.00"，使其连续播放，从而产生动画效果。仔细观察设置后的效果，在图中框线内填上合适的内容。

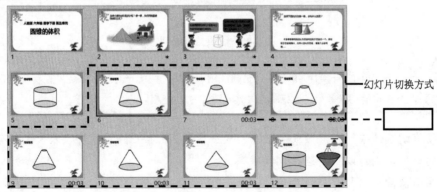

图 5-40 课件"圆锥的体积"部分幻灯片效果图

2. 分析添加幻灯片切换方式的流程

制作此幻灯片时，需要先为幻灯片设置切换方式，然后更换切换时间，最后测试动画，查看效果。如果效果不理想，则可以对其进行反复调整和测试，直至效果理想。分析添加幻灯片切换方式的流程，将图 5-41 中的空白部分填写完整。

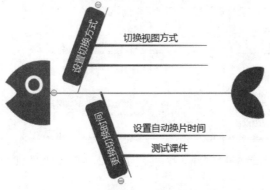

图 5-41　添加幻灯片切换方式的流程

　跟我学

设置切换方式

> 幻灯片的默认切换方式为"单击鼠标时"，通过设置自动换片时间，可以实现课件按照设定的时间自动切换的效果。

1. **打开课件**　运行 PowerPoint 软件，打开课件"圆锥的体积(初).pptx"，单击⊞按钮，切换到"幻灯片浏览视图"。

2. **设置换片方式**　选中幻灯片 6，打开"切换"选项卡，在"计时"组中，按图 5-42 所示操作，设置换片方式为"单击鼠标时"。

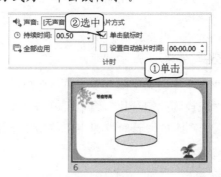

图 5-42　设置换片方式

3. **设置其他幻灯片**　选中幻灯片 7~11，在"计时"组中，按图 5-43 所示操作，设置换片方式为"设置自动换片时间：00:01.00"。

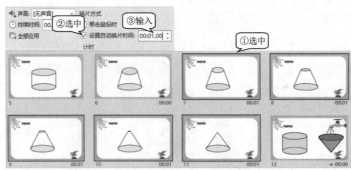

图 5-43 设置其他幻灯片

单击一张幻灯片，按住 Shift 键，再单击另一张幻灯片，便可以选中以这两张幻灯片为首和尾的连续的多张幻灯片。

4. **设置幻灯片 12** 选中幻灯片 12，重复步骤 2，在"计时"组中，设置换片方式为"单击鼠标时"。

更改切换时间

播放幻灯片，测试动画效果，如果不满意，则可以通过更改切换时间，获得最佳的动画效果。

1. **播放课件** 切换到幻灯片 6，按 Shift+F5 键，从当前幻灯片开始播放，发现幻灯片切换得太快。
2. **更改切换时间** 选中幻灯片 7~11，在"计时"组中，设置换片方式为"设置自动换片时间：00:03.00"。
3. **测试课件** 切换到幻灯片 6，按 Shift+F5 键，从当前幻灯片开始播放，测试动画效果，比较理想。
4. **保存课件** 以"圆锥的体积(终).pptx"为名，保存课件。

知识库

1. 删除幻灯片切换效果

在"普通视图"或"幻灯片浏览视图"下，单击要删除其切换效果的幻灯片缩略图，再在"切换"选项卡的"切换到此幻灯片"组中，单击"无"按钮，可删除此幻灯片的切换效果。如果在"切换"选项卡的"计时"组中，单击"全部应用"按钮，则可删除课件中所有幻灯片之间的切换效果。

2. 设置动画时的注意事项

在给课件设置切换效果或自定义动画时，切忌设置得太复杂，华而不实。动画的设置应当结合课件所表现的教学内容，为教学服务。太花哨的动画效果和伴音反而会分散学生的注意力，影响课件的使用效果。

创新园

1. 打开小学部编版六年级《语文》下册第二单元口语交际课件"同读一本书.pptx"，设置第 5~16 张幻灯片的切换方式：华丽型"剥离"、声音为"硬币"、持续时间为"02.00"等。最终效果如图 5-44 所示。

图 5-44 课件"同读一本书"幻灯片效果图

2. 打开小学六年级《数学》下册中的课件"圆锥的体积(初).pptx"，设置第 11~25 张幻灯片的动画：将圆锥容器装满水，倒入圆柱形容器，效果如图 5-45 所示。提示：设置幻灯片 12~23 的换片方式为"设置自动换片时间 00:03.00"、幻灯片 24 的换片方式为"单击鼠标时"。

图 5-45 课件"圆锥的体积"部分幻灯片浏览图

5.3 小结和习题

5.3.1 本章小结

本章通过具体的实例，详细介绍了在 PowerPoint 软件中设置课件动画效果的过程、方法和技巧，具体包括以下主要内容。

- **设置片内动画**：介绍了对幻灯片中的对象设置进入、强调和退出动画效果的流程，以及利用动作路径设计动画的方法等。
- **设置片间动画**：介绍了幻灯片切换效果和换片方式的设置方法和技巧。

5.3.2 强化练习

一、选择题

1. 设置幻灯片对象的动画效果，其分类不是"基本型、细微型、温和型和华丽型"的动画是(   )。

    A. 进入   B. 强调

    C. 退出   D. 动作路径

2. 下列效果中，不能用来设置图片效果的是(   )。

    A. 飞入   B. 缩放

    C. 画笔颜色   D. 弧形

3. 下列"效果选项"中的选项，不属于"劈裂"效果的选项是(   )。

    A. 上下向中央收缩   B. 自右侧

    C. 左右向中央收缩   D. 中央向上下展开

4. 当给一个对象设置多个动作时，可行的操作是(   )。

    A. 在"动画"组中选择效果

    B. 在"计时"组中设置

    C. 在"高级动画"组中单击"添加动画"按钮

    D. 在"动画"组的"效果选项"中选择

5. 在幻灯片中，使不同的对象使用相同的动画效果，可以快速实现该操作的命令是(   )。

    A. 复制   B. 快速复制

    C. 动画刷   D. 格式刷

6. 为幻灯片对象设置动画后，可在"计时"组的"开始"栏中设置开始选项，下列不属于开始选项的是(　　)。

A. 单击时   B. 触发器

C. 与上一动画同时   D. 上一动画之后

7. 对幻灯片中的对象设置"进入"动画效果，动画播放完后系统默认该对象(　　)。

A. 自动隐藏   B. 不变化

C. 单击后隐藏   D. 单击后显示

8. 下列类型中，不属于幻灯片切换效果的类型是(　　)。

A. 细微型   B. 动态内容

C. 华丽型   D. 温和型

9. 下列幻灯片切换效果中，其效果选项不能使用的是(　　)。

A. 溶解   B. 涡流

C. 形状   D. 立方体

10. 在课件中设置幻灯片切换效果时，可设置的切换方式有(　　)种。

A. 4   B. 3

C. 2   D. 5

二、判断题

1. 在幻灯片母版中也可以设置其中对象的动画效果。　　　　　　　　(　　)

2. 更改幻灯片中对象的动画效果，使用的按钮是"高级动画"组中的"添加动画"按钮。　　　　　　　　　　　　　　　　　　　　　　　　　　　(　　)

3. 要删除幻灯片中某个对象的动画效果，只能在"动画"组中单击"无"按钮。(　　)

4. 当幻灯片中对象的动画播放顺序不理想时，可以在"计时"组或"动画窗格"中对动画重新排序。　　　　　　　　　　　　　　　　　　　　　　　(　　)

5. 触发器只能触发幻灯片中图片对象的动画效果。　　　　　　　　　(　　)

6. 动作路径是指定对象运动的路线，它是幻灯片路径动画序列的一部分。　(　　)

7. 幻灯片中的某个对象动画的持续时间范围：0 秒≤持续时间≤60 秒。　(　　)

8. 课件中某张幻灯片设置了"立方体"切换效果，若在"计时"组中单击"全部应用"按钮，则课件中的所有幻灯片都会应用"立方体"切换效果。　　　　　(　　)

9. 与幻灯片中对象的动画效果一样，也可以为幻灯片切换效果设置声音。　(　　)

10. 幻灯片切换效果，可以在 "普通视图""幻灯片浏览视图"和"阅读视图"下进行设置。　　　　　　　　　　　　　　　　　　　　　　　　　　　　(　　)

三、问答题

1. 什么是动画？动画有哪两类效果？

2. PowerPoint 软件中可设置哪 3 种动画效果？每种效果又包括哪些类型？

3. 何为幻灯片切换效果？可以对切换效果的属性进行自定义吗？

第6章

制作课件的交互

　　教学课件是为教学服务的，教师在每个班教学的顺序不会完全一样，只按一个顺序播放课件，显然不能满足以人为本的课堂教学需求。制作课件的交互，可以实现课件内容的自定义播放，这样教师在教学过程中根据实际教学的要求、需要，可随时改变教学内容呈现的顺序。在 PowerPoint 软件中，可通过为课件添加导航菜单、使用触发器等方式，根据教学需求，合理呈现教学内容，制作出具有实用价值的交互型课件。

本章内容

- 使用超链接交互
- 使用动作交互
- 使用触发器交互

6.1 使用超链接交互

在 PowerPoint 软件中，可以为幻灯片中的文字、图片、图形等对象设置超链接，超链接的对象可以是某张幻灯片，也可以是某个文件或 URL 地址，还可以是电子邮件等。

使用超链接交互

6.1.1 超链接到幻灯片

为幻灯片中的文字、图片等设置超链接，可以实现课件的交互功能。在播放课件时，如果将鼠标指针移到一些设置了超链接的文字或图片上，则鼠标指针会变成 🖑 形状，单击即可跳转到该对象所链接的幻灯片。

实例 1　挺身式跳远技术

本例是人教版高中必修《体育与健康》课件"挺身式跳远技术"中的内容。本课件以图文结合的方式，讲解了挺身式跳远技术，让学生知道跳远技术的关键，以及在练习挺身式跳远时应该注意的地方。本实例着重介绍为课件导航栏添加超链接的方法。

 分析园

1. 观察课件导航效果

观察如图 6-1 所示的幻灯片"技术要点"效果图，幻灯片左侧是导航栏，在播放幻灯片时，单击导航栏中的不同选项，即可进入相应的幻灯片。查看图中选择的对象，判断是什么组成了导航栏，将思考的结果填写在框线内。

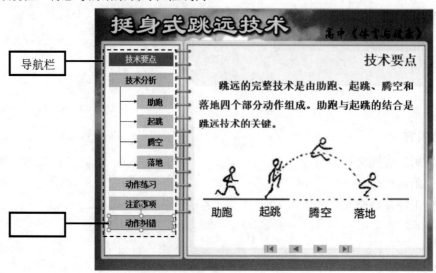

图 6-1　幻灯片"技术要点"效果图

2. 梳理为导航栏设置超链接的流程

制作带有超链接的导航栏分为两步：先制作导航栏，再设置超链接。本课件中已制作好导航栏，接下来需要为导航栏设置超链接。思考设置超链接的方法，将图 6-2 中的空白部分填写完整。想一想，除了以下方法，还有没有其他方法可以设置超链接。

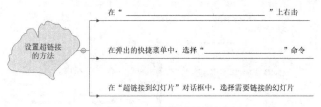

图 6-2　设置超链接的方法

 跟我学

1. **打开课件**　运行 PowerPoint 软件，打开课件"挺身式跳远技术(初).pptx"。
2. **设置文本框背景颜色**　右击第 2 张幻灯片中的"技术要点"文本框，选择快捷菜单中的"设置形状格式"命令，按图 6-3 所示操作，设置"技术要点"文本框的背景颜色。

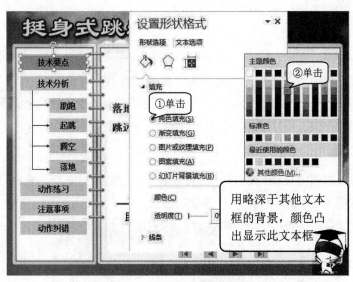

图 6-3　设置文本框背景颜色

3. **设置超链接**　选中第 2 张幻灯片中的"技术要点"文本框，按图 6-4 所示操作，将其链接到第 2 张幻灯片"技术要点"。
4. **设置其他超链接**　重复步骤2和步骤3的操作，分别为"技术分析"下的"助跑""起跳""腾空""落地"，以及"动作练习""注意事项""动作纠错"7个文本框设置超链接。

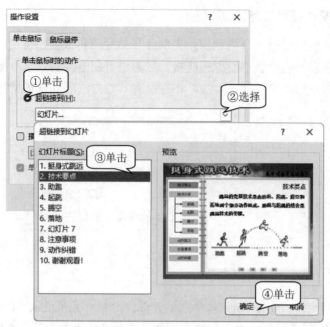

图 6-4　插入超链接

 知识库

1. 超链接

在课件放映过程中，如果单击交互对象，则可以跳转到课件的另一个位置、另一个文件，或网络上的任何一个地方，那么，目标位置和所单击对象的关系就是超级链接，简称为超链接，它起到了交互的作用。

2. 删除超链接

如果想将插入的超链接删除，则可在选中插入的超链接对象后，选择"插入"→"超链接"命令，按图 6-5 所示操作，即可删除超链接。

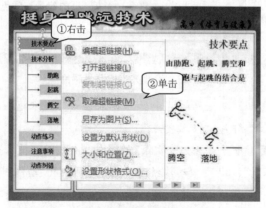

图 6-5　删除超链接

6.1.2　超链接到文件或网页

超链接不仅可以链接到指定的幻灯片，还可以链接到网页。在课件中，为指定对象插入超链接，设置链接的网页地址，然后单击该对象，就可以打开该对象所链接的网页。

实例 2　智能处理信息

本例是科学出版社八年级《信息技术》下册"智能处理信息"课件，课件中主要介绍了智能处理信息的人工智能技术和 5G 技术。本实例着重介绍超链接到本地文件和超链接到网页的制作方法。

 分析园

1. 查看超链接的指向

打开"智能处理信息"课件，切换至如图 6-6 所示的第 3 张幻灯片，将鼠标分别移至"国家中小学智慧教育平台"与"阅读材料：认识人工智能与5G"上，当鼠标指针变成 形状时，观察链接的指向。单击相应内容，查看链接是否能正确打开，并在图中框线内标出指向的是"本地文件"还是"网页"。

图 6-6　第 3 张幻灯片效果图

2. 梳理超链接到本地文件和网页的流程

根据本案例的要求，需要为幻灯片中的两处阅读材料设置超链接，梳理超链接到本地文件和网页的流程，将图 6-7 中的空白处填写完整。

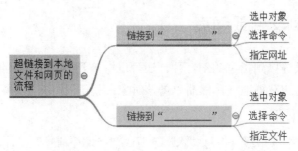

图 6-7　超链接到本地文件和网页的流程

 跟我学

1. **打开课件**　运行 PowerPoint 软件，打开课件 "智能处理信息(初).pptx"。

2. **插入文件超链接**　选中 "阅读材料: 人工智能与 5G" 文本框，选择 "插入" → "超链接" 命令，按图 6-8 所示操作，将其链接到 "《人工智能与 5G》.docx" 文件。

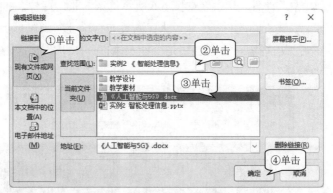

图 6-8　插入文件超链接

3. **插入网页超链接**　选中 "国家中小学智慧教育平台" 文本框，选择 "插入" → "超链接" 命令，按图 6-9 所示操作，将其链接到网页。

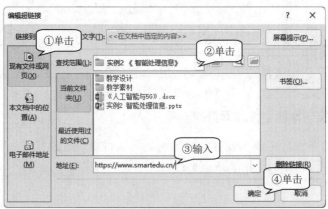

图 6-9　插入网页超链接

在插入超链接时，如果输入了提示文字，那么在放映课件时，当鼠标指针移过该对象时，鼠标指针将会变成🖑形状，并显示提示文字。

知识库

1. 清除超链接文字的下画线

设置完文字超链接后，默认情况下文字下方会出现一条下画线，会影响视觉效果。解决方法：首先在幻灯片中插入一个文本框，然后输入文字并选中整个文本框，最后为文本框设置超链接，即可去除文字下方的下画线。

2. 更改超链接目标

如果需要更改超链接的目标，无须将原有的超链接删除，只需要设置一个新的超链接即可。

6.1.3　超链接到新建文档

在教学过程中，如果需要打开新的文档，则可以提前为文档设置超链接。在操作时，使用超链接功能即可在当前播放窗口直接打开新的文档。

实例 3　爱莲说

本例是人教版八年级《语文》下册课件"爱莲说"，通过本实例主要介绍超链接到新建文档的方法。

分析园

1. 测试超链接到文档的效果

当课件播放到"学以致用"幻灯片时，单击"造句：我爱……"，可以打开一个名为"方轻舟的造句作业"的文档，将自己造的句子输入文档中保存，如图 6-10 所示。

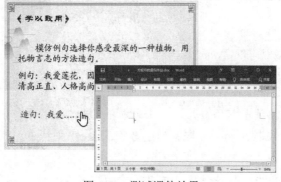

图 6-10　测试课件效果

2. 梳理超链接到新建文档的方法

在利用课件进行学习的过程中，可以利用数字化工具，边看边记。具体做法是，创建超链接到文档上，该文档可以是新建的文档，也可以是已创建好的文档。根据上述内容，在图 6-11 中标出本案例中使用的方法。

图 6-11　超链接到新建文档的方法

 跟我学

1. **打开课件**　运行 PowerPoint 软件，打开课件"爱莲说(初).pptx"。
2. **超链接到新建文档**　选中第 27 张幻灯片中的文本"造句：我爱……"，选择"插入"→"超链接"命令，按图 6-12 所示操作，完成超链接到新建文档的操作。

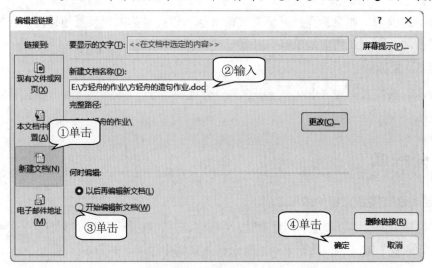

图 6-12　超链接到新建文档

　　新建文档可以是Word文档，也可以是PowerPoint文档等，它默认的保存位置与课件在同一个文件夹中，也可指定保存位置。

3. **测试新文档**　播放当前幻灯片，单击文本框"造句：我爱……"，打开新文档。
4. **编辑新文档**　在打开的"方轻舟的造句作业.doc"文档中，录入文字"我爱山涧小溪边的兰草，因为它花香清幽。"。
5. **保存新文档**　单击"快速访问"工具栏中的"保存"按钮📙，保存新文档。

知识库

1. 新建文档

新建文档顾名思义就是重新创建一个文档。通过超链接中的"新建文档"功能不仅可以重新创建文档，而且能指定新建文档的位置，在放映幻灯片时单击该超链接可以直接打开新创建的文档，方便教师在教学时根据学情进行课外延伸。

2. "幻灯片播放"工具栏

在放映幻灯片时，屏幕的左下角会出现"幻灯片播放"工具栏，其中各按钮的功能如图 6-13 所示，利用它们可以进行切换、标注、放大等操作。

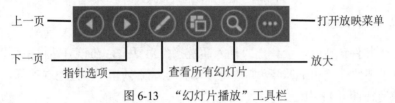

图 6-13 "幻灯片播放"工具栏

6.1.4 超链接到电子邮件

为了提高课件的交互性，教师们往往会在课件的最后留下自己的电子邮箱，方便学生与自己进行交流和沟通。使用超链接功能，可以快速启动电子邮件软件并自动填写收件人信息，使教师与学生之间的沟通更便捷。

实例 4 端午的鸭蛋

本例是人教版八年级《语文》下册课件"端午的鸭蛋"，在课件中设置电子邮件超链接，可以方便学生使用电子邮件和老师联系。本实例重点讲解如何为对象设置电子邮件链接。

 分析园

1. 了解课件需达到的效果

学生观看课件"端午的鸭蛋"，完成学习后，利用课件尾页中创建的电子邮件超链接(见图 6-14)，可以调用计算机的邮件发送功能，将自己仿写的作文，发送到指定的邮箱中。

图 6-14　电子邮件超链接效果图

2. 创建电子邮件链接

在创建电子邮件链接时，会弹出"插入超链接"对话框，在该对话框中可以分别设置屏幕提示、电子邮件地址和主题等，其中电子邮件地址必须填写，其他选项可以选择填写，请根据情况填写在图 6-15 中。

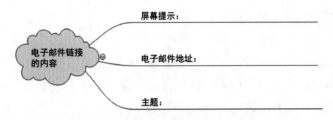

图 6-15　电子邮件链接的内容

 跟我学

1. **打开课件**　运行 PowerPoint 软件，打开课件"端午的鸭蛋 (初).pptx"。

2. **选中设置对象**　选择最后一张幻灯片中需要设置超链接的对象，如图 6-16 所示。

图 6-16　选中设置对象

3. **插入超链接**　选中文字"sdbm4870@sina.com"，选择"插入"→"超链接"命令，按图 6-17 所示操作，插入电子邮件超链接。

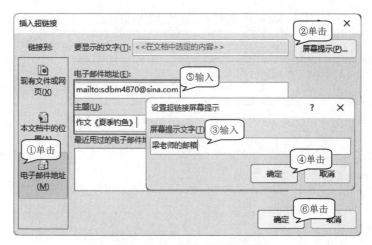

图 6-17　插入电子邮件超链接

 在放映幻灯片时，单击电子邮件超链接，屏幕上将会自动弹出新邮件撰写窗口，并自动填写收件人的电子邮箱地址。

4. 保存课件　单击"保存"按钮 ▯，保存课件。

 知识库

1. 隐藏/显示幻灯片

如果不想将幻灯片逐一显示，可以利用隐藏幻灯片的方法，将某些幻灯片隐藏起来，当需要显示时再恢复，而不必将这些幻灯片删除。按图6-18所示操作即可隐藏幻灯片，显示幻灯片的方法与之类似。

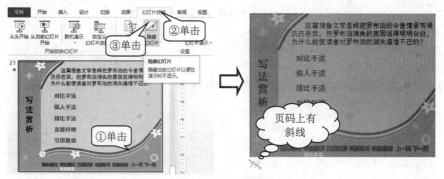

图 6-18　隐藏幻灯片

2. 幻灯片放映帮助

在幻灯片放映的过程中，按 F1 键可以打开"幻灯片放映帮助"对话框，其中列举了幻灯片放映的常规快捷方式，如表 6-1 所示。

表 6-1　幻灯片放映的常规快捷方式

常规快捷方式	说明
按 N、空格、→、↓、Enter、PageDown 键，或者单击	换到下一张幻灯片或动画
按 P、Backspace、←、↑、PageUp 键	返回上一张幻灯片或动画
右击	弹出快捷菜单/上一张幻灯片
按 G、-键或按 Ctrl+ "-" 键	缩小幻灯片
按+键或按 Ctrl+ "+" 键	放大幻灯片
输入编号后按 Enter 键	直接切换到该幻灯片
按 Esc 键或按 Ctrl+Break 键	结束幻灯片放映
按 Ctrl+S 键	显示 "所有幻灯片" 对话框
按 B 或.键	使屏幕变黑/还原
按 W 或,键	使屏幕变白/还原

 创新园

1. 在 PowerPoint 软件中，打开课件 "发挥联想想象.pptx"，完成以下操作。

(1) 播放课件，观看课件内容，并注意观看第 6 张幻灯片。

(2) 切换到幻灯片浏览视图，如图 6-19 所示。将课件中隐藏的幻灯片都恢复显示。

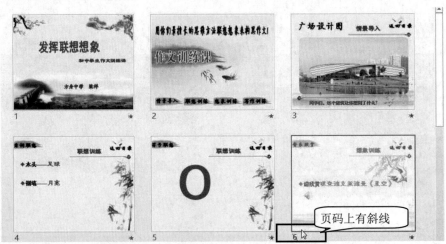

图 6-19　课件 "发挥联想想象" 幻灯片浏览视图

2. 用 PowerPoint 软件打开课件 "原子的结构.pptx"，该课件的首页幻灯片如图 6-20 所示。将导航栏的各选项超链接到相应的幻灯片中。

图 6-20　课件"原子的结构"首页幻灯片效果图

6.2　使用动作交互

通过设置幻灯片中对象的动作，也可以实现幻灯片之间的相互跳转。在制作课件时，根据课件的实际需要，既可以使用动作对象实现交互，也可以使用动作按钮实现交互。

使用动作交互

6.2.1　使用动作对象交互

为图片、文字、声音、视频等对象进行动作设置，就可以实现对象的交互功能。动作交互是通过动作建立超链接的一种方法。若为某对象设置了动作交互，在放映幻灯片时，使用鼠标移过或单击该对象，则会触发跳转或打开网页、文件、其他课件等操作。

实例 5　三角形全等的条件(SSS)

本例是人教版八年级《数学》上册"三角形全等的条件(SSS)"课件，课件介绍了证明两个三角形全等的条件，通过本实例主要学习使用动作对象实现交互的方法。

 分析园

1. 分析课件效果

当放映该课件第 1 张幻灯片时，导航栏各选项会同时出现，如图 6-21(a)所示。但授课者有时需根据讲解的内容调整各选项的顺序，如图 6-21(b)和 6-21(c)所示。通过设置幻灯片中对象的动画，可控制对象的播放顺序，想一想，本课件中教学内容的呈现顺序，还可以怎样调整？

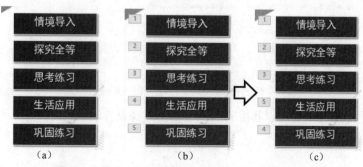

图 6-21　课件"三角形全等的条件"导航栏效果图

2. 设置对象动作的步骤

为幻灯片中的对象添加动画效果,并设置出场的动作,可以分为如图 6-22 所示的 3 个步骤。每个步骤中都可以进行相关的设置,请根据情况,选择各种效果进行尝试。

步骤一　　　　　　　　步骤二　　　　　　　　步骤三

图 6-22　设置对象动作的步骤

 跟我学

1. **打开课件**　运行 PowerPoint 软件,打开课件"三角形全等的条件(SSS)(初).pptx"。
2. **设置动作**　单击第 1 张幻灯片,选中 "情境导入"自选图形,选择"插入"→"动作"命令,按图 6-23 所示操作,完成对自选图形的动作设置。

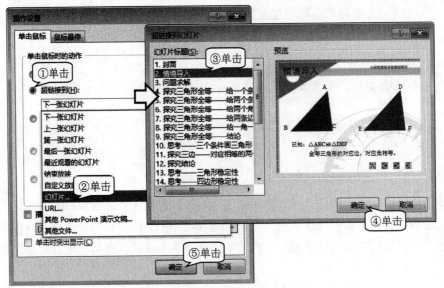

图 6-23　设置动作

　如果想要使用鼠标移过执行操作的方式,则可以在"操作设置"对话框中单击打开"鼠标悬停"选项卡,然后进行相关设置。

3. **完善动作**　根据需要可以按图 6-24 所示操作,为动作添加播放声音,并使其在单击时突出显示。

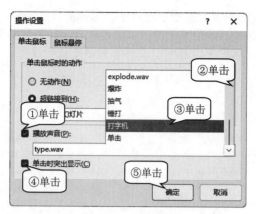

图 6-24 完善动作

4 添加动画 按图 6-25 所示操作，为"情境导入"自选图形添加"进入"动画。

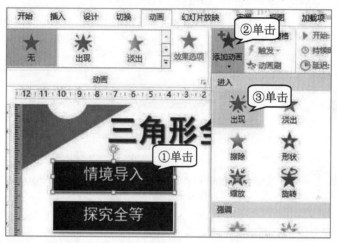

图 6-25 添加动画

5. 设置动画效果 选择"动画"→"动画窗格"命令，按图6-26所示操作，完成对"情境导入"自选图形的动画效果设置。

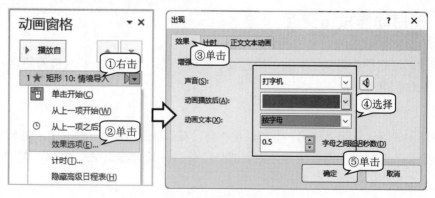

图 6-26 设置动画效果

6. 为其他对象添加动画效果 按照上述方法，为其他对象添加动作与动画效果。

7. 调整对象出场顺序 放映当前幻灯片，查看效果。如果需要调整对象"巩固练习"与"生活应用"的出场顺序，则可以在动画窗格中进行设置，效果如图 6-27 所示。

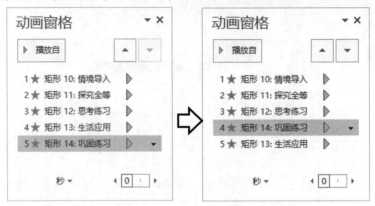

图 6-27 调整对象出场顺序

8. 保存课件 单击"保存"按钮 💾，保存课件。

 知识库

1. 热对象

超链接中，所要单击的目标称为热对象，简称为对象。PowerPoint 中可以设置为热对象的有文字、文本框、艺术字、图形、图像、声音、视频等。

2. 动作设置

PowerPoint 中的动作设置分为"单击鼠标"和"鼠标悬停"两种，每一种都能设置对象的超链接、运行程序、运行宏、对象动作、播放声音等。

6.2.2 使用动作按钮交互

PowerPoint 软件中提供了一些已经预设了超链接的动作按钮，将其插入幻灯片中，单击即可链接到相应页面。

实例 6 向日葵

本例是湘教版七年级《美术》下册课件"向日葵"，通过课件中的图片、文本等介绍了不同色彩带给人的感受。课件主体分为五部分，每部分又有若干张幻灯片，本实例重点介绍如何通过动作按钮控制课件的交互。

分析园

1. 体会动作按钮的作用

打开课件，通过其中的动作按钮控制幻灯片的播放，体会每个按钮的作用，将按钮的名称填写在图 6-28 中的框线内。

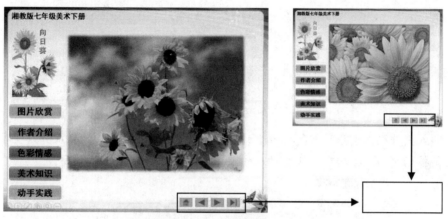

图 6-28　体会动作按钮的作用

2. 梳理创建动作按钮的过程

通过动作按钮进行交互的方法与导航菜单基本一样，创建动作按钮的过程分为如图 6-29 所示的 3 个步骤，请仔细思考后在图中标出操作的顺序。

图 6-29　创建动作按钮的过程

 跟我学

> 插入动作按钮
>
> 选择要插入的动作按钮，在幻灯片的适当位置单击，即可完成动作按钮的插入。

1. **打开课件**　运行 PowerPoint 软件，打开课件"向日葵(初).pptx"，选择"视图"→"幻灯片母版"命令，在母版视图下切换至第 1 张幻灯片。

2. **插入动作按钮**　选择"插入"→"形状"命令，按图6-30所示操作，插入动作按钮 ▣，并使该按钮超链接到"2. 封面目录"页面。

图 6-30　插入动作按钮

3. **插入其他动作按钮**　重复步骤 2 的操作，完成其他动作按钮的插入并设置各按钮所链接的页面。排列对齐所有插入的按钮，最终效果如图 6-31 所示。

图 6-31　动作按钮插入完成

美化动作按钮

　　选中需要进行美化的动作按钮，根据需要进行形状、格式的设置。

1. **设置无轮廓效果**　选中 4 个动作按钮，选择"开始"→"形状轮廓"命令，按图 6-32 所示操作，即可将动作按钮设置为无轮廓效果。

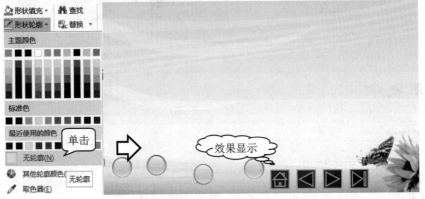

图 6-32　设置无轮廓效果

2. **填充颜色**　选中 4 个动作按钮，选择"开始"→"形状填充"命令，按图 6-33 所示操作，即可将动作按钮颜色填充为选定的颜色。

图 6-33 填充颜色

3. 设置其他动作按钮 重复步骤 1 和步骤 2 的操作，完成其他动作按钮的设置。

4. 保存课件 单击"保存"按钮 █，保存课件。

知识库

1. "自定义"动作按钮

当已经预设了超链接的动作按钮不能满足需要时，可以在课件中插入"自定义"动作按钮，然后为其添加超链接和提示性文本等。

2. 动作按钮

动作按钮是一些已经预设了超链接的按钮，每个按钮链接的目标页面已设定，如表6-2所示，只要将其插入幻灯片中即可使用。

表 6-2 动作按钮及其预设的超链接

按钮	名称	预设的超链接
◁	后退或前一项	课件中的上一张幻灯片
▷	前进或下一项	课件中的下一张幻灯片
◁	开始	课件中的第 1 张幻灯片
▷	结束	课件中的最后一张幻灯片
⌂	第一张	课件中的第 1 张幻灯片
①	信息	默认情况下没有内容，但可以让它指向包含信息的幻灯片
↺	上一张	所观看的上一张幻灯片，而不是幻灯片页码顺序的上一张
▭	影片	默认情况下没有内容，但可以设置播放指定的影片
▯	文档	默认情况下没有内容，但可以设置打开指定的文件
🔊	声音	播放指定的声音，如果没有选择声音，它将播放掌声
?	帮助	默认情况下没有内容，但可以让它指向帮助文件

(续表)

按钮	名称	预设的超链接
□	自定义	默认情况下没有内容，但可以自定义链接内容

 创新园

在 PowerPoint 中，打开课件"人类的起源和进化.pptx"，完成以下操作。

1. 打开第 1 张幻灯片，添加"后退或前一项""前进或下一项"和"第一张"动作按钮，效果如图 6-34 所示。

2. 复制第 1 张幻灯片中添加的按钮，将其粘贴在每一张幻灯片中。

图 6-34　添加动作按钮后的效果图

6.3　使用触发器交互

触发器的执行不是由程序调用，而是由事件来触发的。例如，当对一个对象进行操作时就会触发它执行。在默认状态下，幻灯片中的信息内容会按顺序呈现，单击时会出现下一个信息内容。但在有些情况下，根据教学需求，需要随机呈现信息内容，这时可以使用 PowerPoint 软件的触发器功能，对文字、声音等信息进行设置，制作出交互效果。

使用触发器交互

6.3.1　使用文字触发交互

在播放课件过程中，根据教学需要单击课件中的特定文字内容，会呈现新的文字信息；再单击新出现的文字信息，此信息会自动消失。这种文字呈现与消失的效果使用触发器即可实现。

实例 7　短文两篇

本例是人教版七年级《语文》下册课件"短文两篇",主要介绍"夸父逐日"与"共工怒触不周山"两篇短文。在学习短文时,常常需要对词语进行解释,本实例主要介绍通过触发器实现显示词语解释的方法。

 分析园

1. 测试课件的效果

播放课件,当播放到如图 6-35 所示的幻灯片"感知神话_课文"时,若需要对其中的词语"入日"进行解释,则可将鼠标移到该词语上单击,此时,便会显示解释文本"追赶到太阳落下的地方";再单击该文本,解释文本消失。想一想,此篇短文中还有哪些词语需要添加解释,请在需要添加解释的词语下方画上横线。

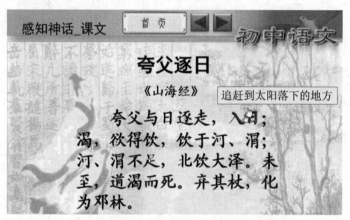

图 6-35　幻灯片"感知神话_课文"效果图

2. 分析文字触发交互的方法

将需要添加解释的词语记录在表 6-3 中,思考如何为这些词语设置触发效果。仿照给出的案例,完善表格的填写。

表 6-3　触发与被触发关系分析表

触发对象	被触发对象	如何触发的效果描述
文本"入日"	"入日"解释	单击文本"入日",出现相应"入日"的解释

跟我学

触发呈现文字

先添加交互文字内容，即红色文字和解释文字的内容，再设置解释文字进入时的动画效果，最后设置红色文字的触发方式。

1. **选定交互页面** 运行PowerPoint软件，打开课件"短文两篇(初).pptx"，切换到"感知神话_课文"幻灯片。

2. **添加红色文字** 按图6-36所示操作，选择"插入"→"文本框"命令，在插入的文本框中添加文字"入日"，并设置文字格式。

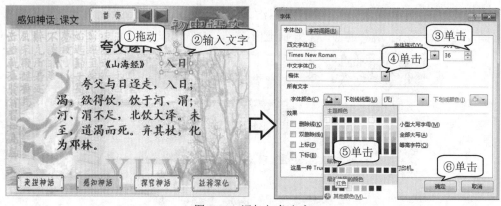

图 6-36　添加红色文字

3. **添加解释文字** 按图6-37所示操作，选择"插入"→"文本框"命令，在插入的文本框中添加文字"追赶到太阳落下的地方"，并设置文字与边框格式。

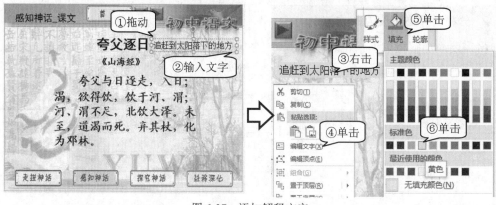

图 6-37　添加解释文字

4. **移动交互文字** 按图6-38所示操作，选择红色文字并将其移到短文中对应文字的上方；再选择解释文字，将其移到空白处。

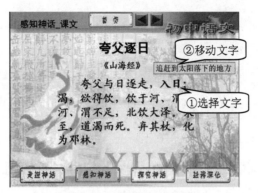

图 6-38　移动交互文字

5. 添加动画效果　按图 6-39 所示操作，为解释文字添加进入动画效果。

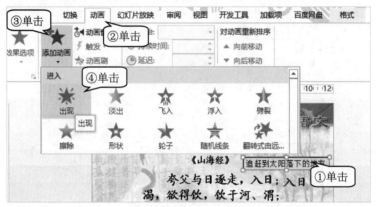

图 6-39　添加动画效果

6. 设置触发方式　选择"动画"→"动画窗格"命令，打开"动画窗格"，按图 6-40 所示操作，设置文字呈现的触发方式为单击"红字 1：入日"。

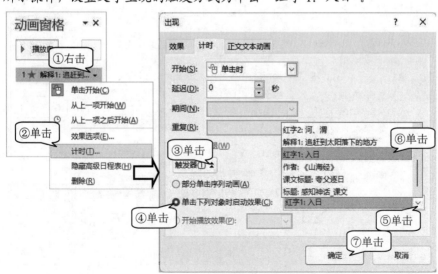

图 6-40　设置触发方式

7. 制作其他触发　按照同样的方法，添加其他交互文字，将其移到合适位置，再设置触发方式，并保存课件。

 　触发器是 PowerPoint 中的一项功能，相当于一个按钮，通过单击此按钮，可以控制幻灯片中已设定动画的执行。

触发消失文字

　　文字呈现后，也可根据需要，让文字消失。先添加消失动画，再设置触发方式，使文字产生消失效果。

1. 添加消失动画　按图 6-41 所示操作，为解释文字添加消失动画。

图 6-41　添加消失动画

2. 设置触发方式　选择"动画"→"动画窗格"命令，打开"动画窗格"，按图 6-42 所示操作，设置文字消失的触发方式为单击"解释 1：追赶到太阳落下的地方"。

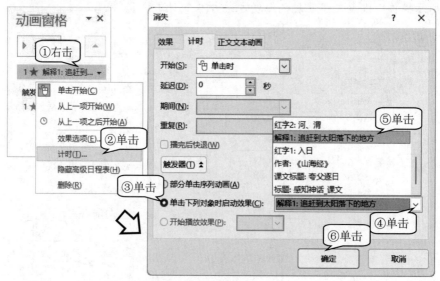

图 6-42　设置触发方式

3. **制作其他触发**　按照同样的方法，为其他的解释文字添加消失动画，并设置触发方式，然后保存课件。

 知识库

1. 添加动画效果

在 PowerPoint 软件中有 4 种动画效果，分别是"进入"效果、"强调"效果、"退出"效果和"动作路径"效果。在制作课件时，可以将幻灯片中的文本框、艺术字等文字对象制作成动画，并为其添加进入、退出、大小或颜色变化等多种效果。

2. 选择窗格

选择"开始"→"选择"→"选择窗格"命令，即可打开"选择窗格"，其中各按钮的功能如图 6-43 所示。通过这些按钮可以很方便地选择对象、临时隐藏对象或调整对象的层级，从而设计出一些错综复杂的动画。

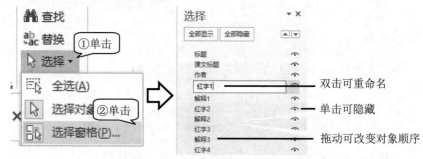

图 6-43　"选择窗格"各按钮功能

3. 触发器

使用触发器时，单击某触发对象，就会触发一个操作。触发对象可以是图片、图形或按钮，也可以是某段落或文本框。

利用触发器，可以制作选择题。在幻灯片中创建多组问题和选项，将每组问题的正确选项设置为触发对象，用于显示该题的正确答案。触发器同样适合于制作判断题、填空题、填图题等。

6.3.2　使用图片触发交互

在 PowerPoint 课件中，若想控制声音的播放，则可以根据教学需要，将图片制作成按钮并设置其触发方式，单击图片按钮，即可随时控制指定声音的播放。

实例 8　泥土的歌

本例是人教版七年级《音乐》下册课件"泥土的歌"，课件中介绍了我国民歌的重要体裁之一的小曲。如何才能通过按钮控制课件中音乐文件的播放？本实例将重点介绍使用触发器控制声音播放的方法。

 分析园

1. 试听课件的效果

播放课件，当播放到第 4 张幻灯片(见图 6-44)时，可试听民歌"王大娘钉缸"的两种不同风格。单击"原版"左侧的按钮，即可播放普通话声音；单击按钮，即可停止播放。请试听效果，并在图中框线内填写图标的名称。

图 6-44　幻灯片"泥土的歌"效果图

2. 梳理控制声音播放的流程

试听课件的效果后可知，通过按钮和可以控制音乐文件的播放。制作该实例，至少需要完成如图 6-45 所示的 3 个步骤。请梳理制作流程，在图中标出先后顺序。

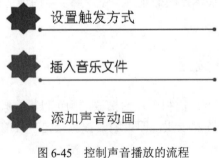

设置触发方式

插入音乐文件

添加声音动画

图 6-45　控制声音播放的流程

跟我学

触发播放声音

先插入原版与方言版两个声音文件，再分别插入两组播放和停止图片，并将图片移至合适位置，最后设置其触发方式。

1. **打开课件** 运行 PowerPoint 软件，打开课件"泥土的歌(初).pptx"。
2. **插入声音文件** 按图 6-46 所示操作，插入声音文件。

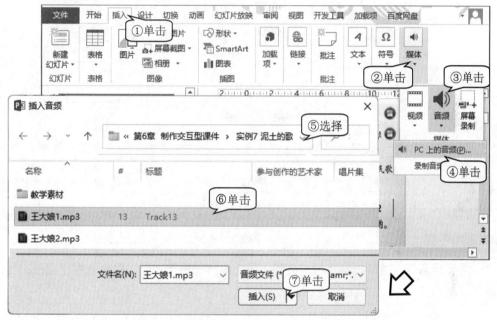

图 6-46 插入声音文件

3. **添加声音动画** 按照上述方法，插入另一个声音文件。按图6-47所示操作，为声音添加"播放"动画。

图 6-47 添加声音动画

4. **设置触发方式** 选择"动画"→"动画窗格"命令，按图6-48所示操作，设置播放声音的触发方式。

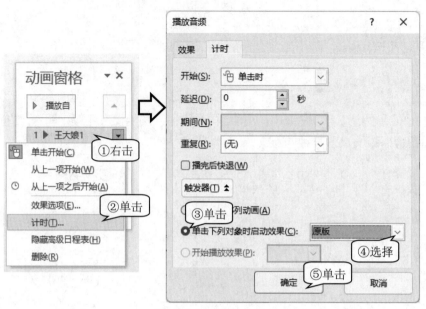

图 6-48 设置触发方式

5. **制作其他触发** 按照同样的方法，设置播放方言版声音的触发方式，并保存课件。

 如果不想使用系统自带的声音图标，可将其移至幻灯片外，再插入一个个性图标，在进行触发对象设置时，选择个性图标即可。

触发关闭声音

播放声音时，可单击停止触发按钮，停止声音的播放。先设置声音停止动画，再设置其触发方式。

1. **添加声音动画** 按图 6-49 所示操作，为选中的声音对象添加"停止"动画。

图 6-49 添加声音动画

2. **设置关闭声音的触发方式** 选中对象，在"动画窗格"中，按图6-50所示操作，设置关闭声音的触发方式。

3. **制作其他触发** 按照同样的方法，设置关闭方言版声音的触发方式，并保存课件。

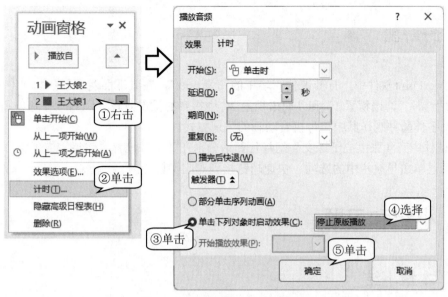

图 6-50　设置关闭声音的触发方式

 知识库

1. 声音播放操作

在 PowerPoint 软件中播放声音，单击声音图标，会出现"声音播放"工具栏，其中各按钮的功能如图 6-51 所示。利用这些按钮可以进行声音快进、快退、调整声音音量等操作。

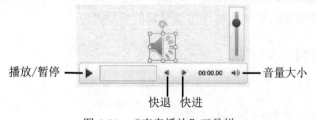

图 6-51　"声音播放"工具栏

2. 视频播放操作

在 PowerPoint 软件中播放视频，单击视频，幻灯片下方会出现"视频播放"工具栏，其中各按钮的功能如图 6-52 所示，利用它们可以进行视频快进、快退、调整视频音量等操作。

图 6-52　"视频播放"工具栏

创新园

在PowerPoint软件中，打开课件"端午的鸭蛋.pptx"，完成下面两个任务。

1. 幻灯片"词语积累 1"和"词语积累 2"中拼音的呈现方式分别为顺序呈现和触发呈现，请动手体验并制作其中一种拼音动画的呈现方式。

2. 课件中有 4 张"电子课文"幻灯片，请分别在其下方设置导航栏，方便教师在教学过程中通过单击导航栏中的选项，快速超链接到对应幻灯片。

6.4 小结和习题

6.4.1 本章小结

本章通过多个具体实例，详细介绍了在 PowerPoint 软件中播放、制作交互型课件的过程，以及制作触发型课件的方法和技巧，具体包括以下内容。

- **使用超链接交互**：为文字、图片等设置超链接，可以实现课件的交互功能，操作便捷。超链接的对象可以是某张幻灯片，也可以是某个文件或网址，还可以是电子邮件等。

- **使用动作交互**：介绍了动作对象交互和动作按钮交互的创建、修改、删除等操作方法。

- **使用触发器交互**：在教学过程中，使用触发式文字、图片、声音交互课件，能够在同一个页面中灵活机动地呈现需要强调的教学内容。

6.4.2 强化练习

一、选择题

1. 如果要建立一个链接到幻灯片指定页码的动作按钮，可以使用右图"操作设置"对话框中的(　　)选项。

    A. 无动作

    B. 超链接到

    C. 运行程序

    D. 播放声音

单击鼠标时的动作

- 〇 无动作(N)
- 〇 超链接到(H):
  - 下一张幻灯片 ▼
- 〇 运行程序(R):
  - 浏览(B)...
- ☐ 播放声音(P):
  - [无声音] ▼
- ☑ 单击时突出显示(C)

2. 若想结束课件放映，除使用菜单命令外，还可以使用的快捷键是( )。

  A. Pause   B. Tab   C. Esc   D. End

3. 下列操作方法中，不能放映课件的是( )。

  A. 单击 PowerPoint 软件窗口右下角的"幻灯片放映视图"按钮🖳

  B. 选择"幻灯片放映"→"观看放映"命令

  C. 选择"视图"→"幻灯片浏览"命令

  D. 按 F5 键

4. 关于课件放映，下列叙述错误的是( )。

  A. 可自动放映   B. 放映时可只放映部分幻灯片

  C. 可人工放映   D. 不可以循环放映

5. 在课件放映过程中，按 Ctrl+S 键，打开如下图所示的对话框，幻灯片标题中"(2)进入神话_后羿"等幻灯片的序号带有小括号，这说明( )。

  A. 它是第 3 张幻灯片   B. 这张幻灯片已被删除

  C. 这张幻灯片被隐藏   D. 这张幻灯片没有设置超链接

6. 关于超链接，下列说法中错误的是( )。

  A. 超级链接可以创建在任何对象上

  B. 动作按钮可以链接到同一课件中的其他位置

  C. 如果文本在图形中，不能为文本设置超链接

  D. 设置了超链接的文本，其下方会出现下画线

7. 在放映课件时，如果忘记某放映快捷方式，可以获得帮助的按键是( )。

  A. F1   B. F2   C. F4   D. F5

8. 动作按钮▶的功能是( )。

  A. 链接到上一张幻灯片   B. 链接到下一张幻灯片

  C. 链接到课件的第 1 张幻灯片   D. 链接到课件的最后一张幻灯片

9. 课件放映过程中，为了控制教学流程，使幻灯片黑屏显示的按键是( )。

  A. W   B. R   C. Y   D. B

二、判断题

1. 在 PowerPoint 中，不想放映出来的幻灯片，只能删除。   ( )

2. 动作按钮的本质是超链接,是预设好超链接的按钮。　　　　　　(　　)

3. 在幻灯片放映视图下,可以进行插入新幻灯片的操作。　　　　　(　　)

4. 打开课件后,按 Shift+F5 键,即可从当前页开始放映课件。　　(　　)

5. 在 PowerPoint 课件中不能创建链接到网页的超链接。　　　　　(　　)

6. 创建超链接时,热对象不可以是艺术字。　　　　　　　　　　　(　　)

7. 放映课件时,当鼠标在设置了超链接的对象上移动时,鼠标指针将变成✥形状。

　　　　　　　　　　　　　　　　　　　　　　　　　　　　　　(　　)

8. 通过新建文档超链接创建的文档,默认保存位置是软件安装的根目录。　(　　)

9. 在课件中,当在同一页面同时呈现多幅图片时,使用触发器可将指定的图片放大或缩小。　　　　　　　　　　　　　　　　　　　　　　　　　　　(　　)

10. 在课件中,当在同一页面播放多个声音时,为了不使声音播放时出现冲突,可使用触发器进行控制。　　　　　　　　　　　　　　　　　　　　　(　　)

三、问答题

1. 如何在放映过程中播放隐藏的幻灯片?

2. 在幻灯片母版中设置导航菜单有哪些优点?

3. 在 PowerPoint 软件中,如何更改链接的目标位置?

4. 说一说动作、超链接、动作按钮 3 种交互方式的异同点。

5. 在同一张幻灯片中设置触发器,对教学过程有什么帮助?

第 7 章

制作课件的练习

在实际教学中，当一个教学任务完成后，一般需要设计一些练习题让学生进行练习或回答，以了解学生对知识的掌握程度，从而对教学效果进行检测评价。在 PowerPoint 软件中，通过自定义动画、编写 VBA 程序等方式，可以轻松完成课件中选择题、填空题、判断题、连线题、填图题、绘图题、填表题、随机题的制作，使课件更好地为教学服务。

本章内容

- 制作选择题和填空题
- 制作判断题和连线题
- 制作填图题和绘图题
- 制作填表题和随机题

7.1 制作选择题和填空题

教师在对学生进行课堂测试时，一般不会使练习题的答案立即呈现，而是等学生充分思考后再呈现。利用 PowerPoint 软件中的自定义动画功能或编写 VBA 程序可以实现这种效果，而且可以快速制作选择题与填空题。

7.1.1 制作选择题

选择题是习题中常见的一种题型，分为单项选择题和多项选择题。目前最常见的是单项选择题，它由一个题干和若干选项组成。在 PowerPoint 软件中，可以利用触发器制作选择题。

制作单项 制作多项
选择题 选择题

实例 1 植物细胞

本例是人教版初中《生物》七年级上册课件"植物细胞"中的幻灯片"巩固练习"，通过选择题可以检测学生对知识的掌握情况。本实例将着重介绍使用自定义动画中的触发器制作选择题的方法。

 分析园

1. 分析选择题幻灯片的组成

幻灯片"巩固练习"效果图如图 7-1 所示。该选择题有 1 个题干和 4 个选项，每个选项前都有对或错的标志。观察选中的对象，并将它们的制作方法填写在框线内。

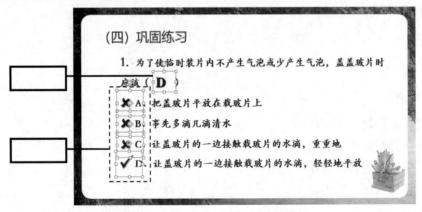

图 7-1 幻灯片"巩固练习"效果图

2. 梳理触发答案的流程

当依次单击 4 个选项时，每个选项前都会出现对或错的标志。按照这个思路，想一想如何触发自定义动画的产生？将操作触发的结果填在图 7-2 中。

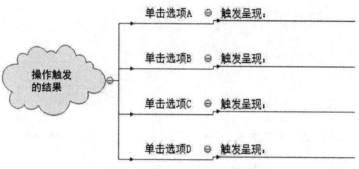

图 7-2　操作触发的结果

 跟我学

添加提示动画

插入 4 个文本框，为选择题的选项分别添加相应的提示信息(✔或✘)，并设置"飞入"动画。

1. **打开课件**　运行 PowerPoint 软件，打开课件"植物细胞(初).pptx"，切换至第 11 张幻灯片。

2. **插入符号**　添加文本框，按图 7-3 所示操作，在选项 A 前插入符号"✘"，并用格式刷功能将"✘"设置为与字母"D"相同的格式。

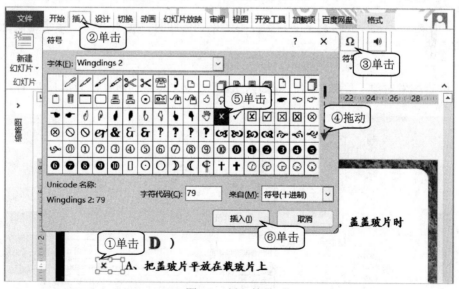

图 7-3　插入符号

3. **插入其他符号**　按照上述方法，在其他选项前插入符号，并设置格式。

4. **添加动画**　按图 7-4 所示操作，为对号文本框添加"飞入"动画。

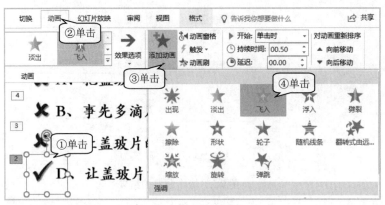

图 7-4　添加动画

5. **设置动画效果**　按图 7-5 所示操作，将对号文本框的动画效果设置为"自左侧"飞入。

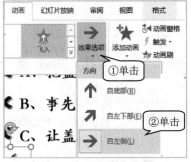

图 7-5　设置动画效果

修改动画效果

　　利用触发器功能判断答案的对错，单击正确选项时会显示"✓"，单击错误选项时则会显示"✗"。

1. **设置触发对象**　按图 7-6 所示操作，设置对号文本框的触发器为选项 D 的文本框。

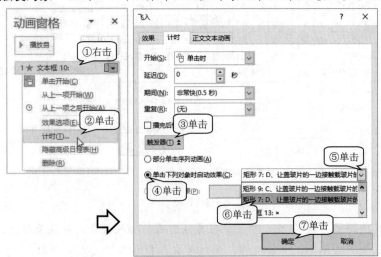

图 7-6　设置触发对象

放映课件时，只有单击"D、让盖玻片的一边接触载玻片的水滴，轻轻地平放"，才能显示答案。

2. **设置增强效果**　在"动画窗格"中，按图 7-7 所示操作，单击选项 D 时即可出现"鼓掌"效果。

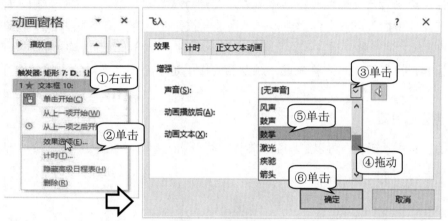

图 7-7　设置增强效果

3. **为选项添加动画**　参照图 7-4 中的第①~④步，为选项 D 添加动画，并按图 7-8 所示操作，设置其动画的开始方式为"从上一项开始"。

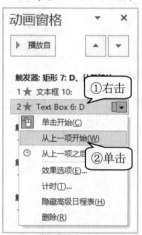

图 7-8　为选项添加动画

4. **设置其他选项动画**　参照前面介绍的步骤，为选项 A、B、C 前面的符号"✗"设置触发对象及"激光"声音效果。

5. **预览播放效果**　按 Shift+F5 键，放映当前幻灯片，预览播放效果。

6. **保存课件**　单击"快速访问"工具栏中的"保存"按钮🖫，保存课件。

知识库

1. 触发器的作用

PowerPoint 中的触发器相当于一个按钮,它可以是图片、文本框等。为对象设置触发方式后,单击对象会触发操作,可以显示图片、文本框,也可以播放音乐、视频等。例如,在课件中插入声音文件,当单击"播放"按钮时,声音会响起来;当单击"暂停/继续"按钮时,声音暂停播放,再次单击"暂停/继续"按钮,声音继续播放;当单击"停止"按钮时,声音停止。简单来说,触发器的作用是,通过单击对象,控制幻灯片中其他对象的执行。

2. 删除触发器

按图 7-9 所示操作,可以删除触发器;也可以通过删除对象自定义动画的方式删除触发器。

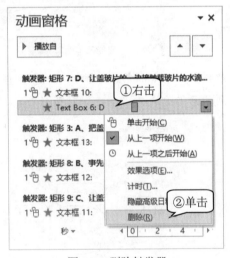

图 7-9　删除触发器

7.1.2　制作填空题

填空题是习题中的一种常见题型。一般情况下,在题目中留出空格,答题者可填入恰当的内容。除了可以用自定义动画的方法实现填空题的制作,还可以编写 VBA 程序制作填空题。

制作填空题

实例 2　一个数的几倍是多少

本例是人教版小学《数学》三年级上册课件"一个数的几倍是多少",课件的第 7 张幻灯片"知识应用"中插入了填空题。

分析园

1. 体验填空题的效果

幻灯片"知识应用"中的填空题如图 7-10 所示。在文本框中输入答案，单击"判断"按钮，如果输入的答案正确，屏幕会显示"填写正确！"提示语；若输入错误，则显示"填写错误！"。打开课件，通过"属性"面板查看图中被框选的对象，将其名称填写在框线内。

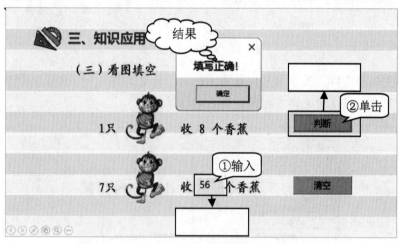

图 7-10 幻灯片"知识应用"中的填空题效果图

2. 梳理制作填空题的思路

制作该幻灯片中的填空题时，应该先插入文本框控件，然后添加"判断""清空"两个按钮控件，并分别设置好各控件的属性；最后利用 VBA 程序编写代码，实现判断答案对错的功能。梳理制作填空题的思路，将图 7-11 中的空白部分填写完整。

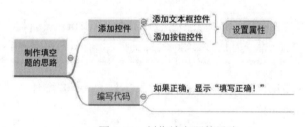

图 7-11 制作填空题的思路

 跟我学

添加控件

在幻灯片的适当位置添加文本框控件及"判断"和"清空"两个按钮控件，并分别设置各控件的属性。

1. **打开课件** 运行 PowerPoint 软件，打开课件 "一个数的几倍是多少(初).pptx"，切换至第 7 张幻灯片。

2. **添加文本框控件** 按图 7-12 所示操作，在题目留下的空格处添加文本框控件。

图 7-12　添加文本框控件

3. **修饰文本框控件** 选中文本框控件，选择 "开发工具" → "属性" 命令，按图 7-13 所示操作，完成对文本框控件背景色的修改。

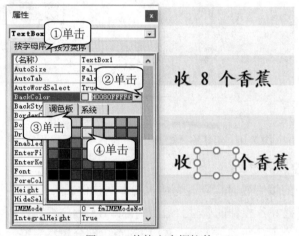

图 7-13　修饰文本框控件

 当文本框控件的 Backstyle 属性的值为 0-fmBackStyleTransparent 时，文本框控件的背景为透明色；只有属性值为 1-fmBackStyleOpaque 时，才能修改文本框控件的背景颜色。

4. **添加按钮控件** 按图 7-14 所示操作，添加按钮控件，控件的默认名称为 "CommandButton1"。

图 7-14　添加按钮控件

5. **重命名按钮控件**　右击按钮控件，按图 7-15 所示操作，将按钮控件的名称修改为"判断"。

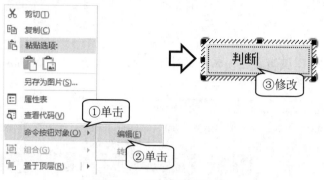

图 7-15　重命名按钮控件

6. **修改控件属性**　选中按钮控件，选择"开发工具"→"属性"命令，按图7-16所示操作，修改控件属性，完成"判断"按钮的制作。

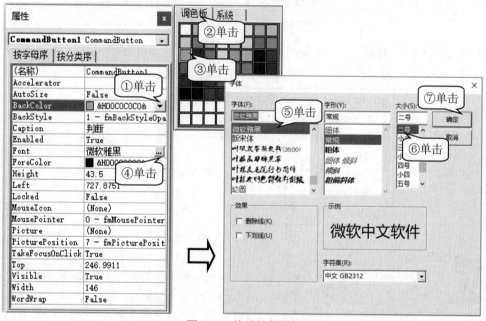

图 7-16　修改控件属性

　　修改按钮的 Caption 属性，只能修改按钮上显示的提示信息。"名称"栏的属性值"CommondButton1"才是该按钮名，编写 VBA 程序将使用此名。

7. **制作"清空"按钮**　重复步骤 4~6，完成"清空"按钮的制作，并调整两个按钮的大小、位置等。

双击按钮控件，打开 VBA 代码编辑窗口，用 VB 语言编写程序代码，完成交互型填空题的制作。

1. 打开 VBA 代码编辑窗口　双击"判断"按钮，打开 VBA 代码编辑窗口，如图 7-17 所示。

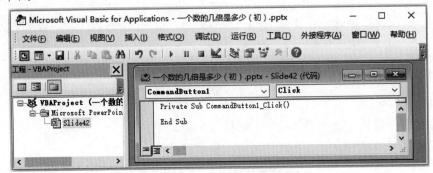

图 7-17　VBA 代码编辑窗口

2. 输入"判断"代码　在 Private Sub CommandButton1_Click( )和 End Sub 之间输入如图 7-18 所示的程序代码，使其能够实现判断答案对错的功能。

```
Private Sub CommandButton1_Click( )
    If TextBox1.Value = "56" Then
        MsgBox "填写正确！", vbOKOnly, "结果"
    Else
        MsgBox "填写错误！", vbOKOnly, "提示"
    End If
End Sub
```

图 7-18　输入"判断"代码

TextBox1 是题目空白处放置的文本框控件的名字，TextBox1.Value 用来反馈用户与程序之间的交互。此段代码表示文本框中的正确答案是"56"。

MsgBox 是弹出对话框命令，vbOkOnly 是指 MsgBox 只显示一个确定按钮。

3. 输入"清空"代码　双击"清空"按钮，打开 VBA 代码编辑窗口，输入如图 7-19 所示的程序代码，使其能够实现清空文本框内容的功能。

```
Private Sub CommandButton2_Click( )
    TextBox1.Value = ""
End Sub
```

图 7-19　输入"清空"代码

4. **保存课件**　选择"文件"→"另存为"命令，按图7-20所示操作，将课件另存为启用宏的 PowerPoint 演示文稿，文件扩展名为".pptm"。

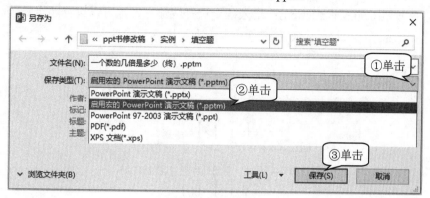

图 7-20　保存课件

 知识库

1. 显示"开发工具"选项卡

在制作交互型课件时，经常会用到"开发工具"中的各种命令。为了方便操作，可以选择"文件"→"选项"命令，再按图7-21所示操作，勾选"开发工具"复选框，使"开发工具"选项卡显示在功能区中。

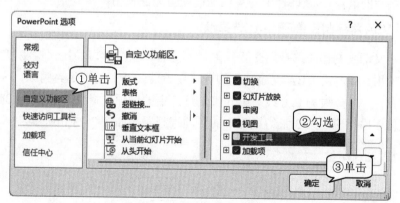

图 7-21　显示"开发工具"选项卡

2. 控件组

PowerPoint 的开发工具中提供了控件组，如图 7-22 所示。在课件中添加控件是编写程序代码的前提条件，下面简要介绍其中几个常用控件。

- 选项按钮(OptionButton)：又称为单选框，表示只能选中一个选项，常用来设计单选题或判断题。

- 复选框(CheckBox)：可以选择多个选项，常用来设计多选题。
- 文本框(TextBox)：可以输入文本，常用来设计填空题。
- 命令按钮(CommandButton)：用来确定选择或输入，也可以设计超级链接。
- 标签(Label)：可以显示文字信息，常用来设置提示信息。

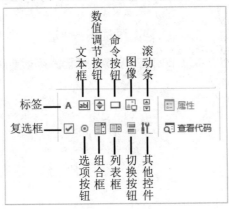

图 7-22　控件组

3. 宏

在 PowerPoint 软件中，用 VBA 语言编写的程序称为"宏"。PowerPoint 自带"宏"检测功能，当发现正在打开的文件带有"宏"时，会提示用户注意，并让用户自行选择是否启用"宏"。取消启用"宏"虽然可以确保安全，但是，如果该"宏"本身是安全的(如为实现某功能编写的宏)，那么课件中的某些功能就会无法使用。

4. 利用 VBA 程序制作单项(多项)选择题

利用自定义动画制作的选择题交互性差，不适合在自主学习、知识检测等交互型需求强的课件中使用，而利用 VBA 程序制作的选择题就能弥补上述不足。例如，利用 VBA 程序可以制作课件"平方根与立方根"第 6 张幻灯片中的单项选择题，如图 7-23(a)所示，以及课件"氧化还原反应"第 3 张幻灯片中的多项选择题，如图 7-23(b)所示。

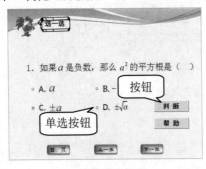

(a) 单项选择题

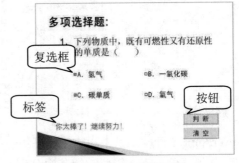

(b) 多项选择题

图 7-23　含有单项、多项选择题的幻灯片效果图

创新园

1. 打开"拔一拔(初).pptx"课件，切换至第 9 张幻灯片，为字母"C"添加进入动画，要求只有选中"C. 小明"才能触发动画，幻灯片效果如图 7-24 所示。

2. 打开"醉翁亭记(初).pptm"课件，在普通视图下，切换至第 3 张幻灯片完成以下操作，使最终效果如图 7-25 所示。

(1) 在幻灯片的适当位置插入文本框控件和按钮控件，并按照效果图修改控件属性。

(2) 为"判断第 1 小题"按钮添加 VBA 程序代码，使得只有在文本框 1 和文本框 2 中分别输入"北宋"和"文学"时，才能弹出"填写正确"提示信息。

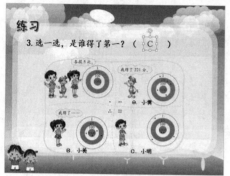

图 7-24 课件"拔一拔"的选择题效果图

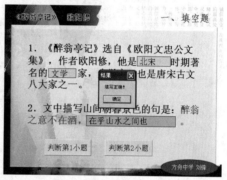

图 7-25 课件"醉翁亭记"的填空题效果图

7.2 制作判断题和连线题

判断题和连线题是常见的练习题型。在 PowerPoint 中，比较常见的是通过编写 VBA 程序的方法制作判断题，而连线题则可以通过自定义动画来制作。

7.2.1 制作判断题

判断题是一种以对或错作为答案的题型。一般情况下会给出一个题目，然后答题者需要在后面的括号内打上"√"或"×"，其实质是只有两个选项的单项选择题。本节将通过判断题的制作介绍另一种编写 VBA 程序制作交互型课件的方法。

制作判断题

实例 3 吸热和散热

本例是苏教版《科学》四年级上册课件"吸热和散热"，本课件介绍了不同物质吸热和散热性能的区别。本实例将着重介绍插入切换按钮、按钮控件，编写 VBA 程序制作判断题的过程。

分析园

1. 认识判断题中的控件

打开课件,切换至如图 7-26 所示的第 15 张幻灯片,其中有两道判断题。根据题干,在选项中单击打"√"或"×",然后单击"提交答案"按钮,程序会根据情况进行判断,并用消息框给予反馈。查阅资料,了解图中被选定的对象,将其名称填写在空白处。

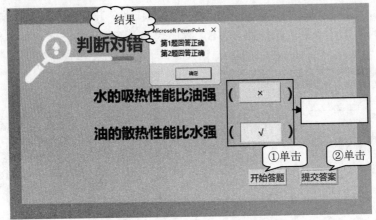

图 7-26 课件"吸热和散热"的判断题效果图

2. 梳理判断题的制作流程

制作该幻灯片时,要先输入判断题题目;然后在每个题目后面的括号中插入切换按钮,并在适当位置插入按钮控件;最后,双击按钮控件添加 VBA 程序代码。思考"提交答案"的代码是根据哪几种情况进行判断的,将思考后的结果填写在图 7-27 中。

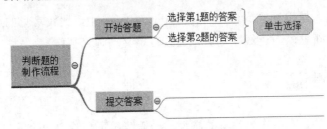

图 7-27 判断题的制作流程

 跟我学

添加控件

在幻灯片的适当位置输入判断题题目,在每个题目后面的括号中插入切换按钮,并在题目下方插入按钮控件,最后美化幻灯片。

1. **打开课件** 运行 PowerPoint 软件，打开课件"吸热和散热(初).pptx"，切换至第 15 张幻灯片。

2. **添加切换按钮** 按图7-28所示操作，在第一道判断题后面的括号中，插入切换按钮 ToggleButton1。

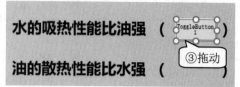

图 7-28 添加切换按钮

3. **修改切换按钮属性** 选中切换按钮ToggleButton1，选择"开发工具"→"属性"命令，按图 7-29 所示操作，修改切换按钮的 Caption 属性。

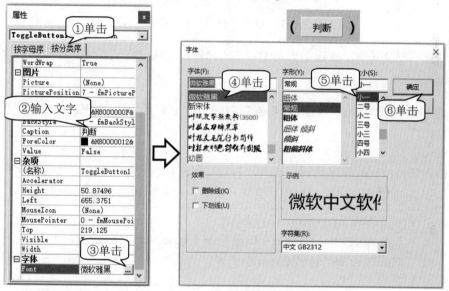

图 7-29 修改切换按钮属性

4. **制作其他切换按钮** 复制并粘贴上一步中制作好的"判断"切换按钮，调整位置，效果如图 7-30 所示。

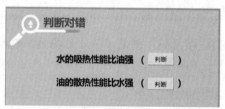

图 7-30 制作其他切换按钮

5. **制作"开始答题"按钮** 在幻灯片的适当位置插入按钮控件，选中按钮，按图7-31 所示操作，完成"开始答题"按钮的制作。

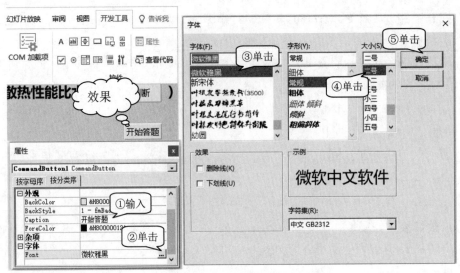

图 7-31　制作"开始答题"按钮

6. 制作"提交答案"按钮　重复步骤 5 的操作，完成"提交答案"按钮的制作。

编写代码

　　双击按钮控件，打开 VBA 代码编辑窗口，用 VB 语言编写代码，完成交互型判断题的制作。

1. 输入切换按钮的程序代码　双击"判断"切换按钮，打开 VBA 代码编辑窗口，输入如图 7-32 所示的程序代码，实现"√"和"×"切换显示的功能。

```
Private Sub ToggleButton1_Click()
    If ToggleButton1.Value = True Then ToggleButton1.Caption = " √ "
    Else ToggleButton1.Caption = "×"
End Sub
```

图 7-32　切换按钮的程序代码

　　这段代码含义是，当 ToggleButton1.Value 为真时，当前切换按钮显示"√"；否则，切换按钮显示"×"。

2. 输入其他切换按钮的程序代码　重复步骤 1 的操作，输入第二道判断题的切换按钮的程序代码，其程序代码如图 7-33 所示。

```
Private Sub ToggleButton2_Click()
    If ToggleButton2.Value = True Then ToggleButton2.Caption = " √ "
    Else ToggleButton2.Caption = "×"
End Sub
```

图 7-33　其他切换按钮的程序代码

3. **输入"开始答题"程序代码**　双击"开始答题"按钮，打开VBA代码编辑窗口，输入如图 7-34 所示的代码，完成开始答题初始化功能。

```
Private Sub CommandButton1_Click()
    ToggleButton1.Caption = "判断"
    ToggleButton2.Caption = "判断"
End Sub
```

图 7-34　开始答题的程序代码

4. **输入"提交答案"程序代码**　双击"提交答案"按钮，打开VBA代码编辑窗口，输入如图 7-35 所示的代码，完成判断所提交答案正确与否的功能。

```
Private Sub CommandButton2_Click()
    If ToggleButton1.Value = True And ToggleButton1.Caption = " √ "
    Then no1 = "错误，答案应为错误" Else no1 = "正确"
    If ToggleButton2.Value = True And ToggleButton2.Caption = " √ "
    Then no2 = "正确" Else no2 = "错误，答案应为正确"
    MsgBox "第 1 题回答" & no1 & Chr(13) & "第 2 题回答" & no2
End Sub
```

图 7-35　提交答案的程序代码

　　no1 和 no2 两个变量用于分别记录两道判断题的结果。第一道题的判断如果为"√"，则 no1 的值为"错误，答案应为错误"，否则值为"正确"。

5. **保存课件**　选择"文件"→"另存为"命令，将课件保存为启用宏的 PowerPoint 课件。

知识库

1. 连接符"&"

在 VBA 程序中，&是字符串连接符。例如，"123"&"ABC"的值为"123ABC"，"123"&"456"的值为"123456"，双引号引起来的内容被当作字符参与运算，称为字符串。

2. Chr(13)

Chr(13)是回车符，表示程序运行到此处，执行一次回车换行。回车符在 ASCII 码表中的值是 13。

3. 变量

在程序处理数据时，通常把输入的数据、参加运算的数据、运行结果等临时数据暂时存储在计算机的内存中。变量就是命名的内存单元位置。例如，本节涉及的程序代码中，no1、no2 都是变量。

7.2.2 制作连线题

连线题又称为匹配题，其实质也是选择题。通常由一个题目和左右两边若干匹配选项组成。答题过程为，把左右两边符合题目要求的选项用直线连起来。

制作连线题

实例 4 That smells delicious

本例是外研版初中《英语》八年级下册课件"That smells delicious"，课件的第 9 张幻灯片中设计了连线题。本实例将着重介绍如何利用自定义动画制作连线题。

 分析园

1. 了解连线题的组成

打开课件，选中第 9 张幻灯片中如图 7-36 所示的连线题中的对象，可以发现连线题由文本框与直线组成。播放幻灯片测试连线题的效果，想一想，如果将右边的所有英语短语放在同一个文本框中会影响连线题的实现吗？

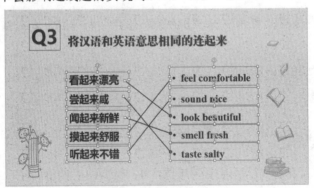

图 7-36 连线题效果图

2. 分析连线题的呈现效果

制作本幻灯片时，要先通过重复插入横排文本框制作标题和左右两边的匹配选项，并设置字体格式，排列对齐各选项；然后用直线工具绘制直线使左右选项相连，并为直线添加自定义动画。想一想，单击左边的汉语内容后会分别呈现什么效果，将思考的结果填写在图 7-37 中。

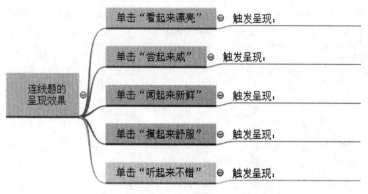

图 7-37　连线题的呈现效果

跟我学

> **绘制直线**

在幻灯片中绘制直线，使连线题左右两边的匹配选项对应地连接起来。

1. **打开课件**　运行 PowerPoint 软件，打开课件"That smells delicious（初）.pptx"，切换至第 9 张幻灯片。

2. **绘制直线**　利用"直线"工具 绘制直线，设置线型宽度为"2 磅"，完成选项间连线的制作，效果如图 7-38 所示。

图 7-38　绘制的连线题效果图

> 制作左右两边的选项时，可以先制作一个选项，然后复制出多个，接着只需要修改文本框中的文字内容即可，这样不但减少了操作步骤，样式也得到了统一。

> **添加动画**

同时选中绘制的 5 条直线，先为它们添加"擦除"动画，并修改动画播放效果，再设置好每条直线对应的触发对象。

1. **添加自定义动画**　按住 Shift 键，逐个单击每条直线，即可同时选中 5 条直线。在"动画"选项卡中，按图 7-39 所示操作，为直线添加"擦除"动画并设置动画播放效果。

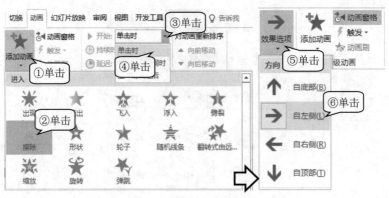

图 7-39 添加自定义动画

2. **设置触发对象** 在"动画"选项卡中，按图 7-40 所示操作，设置第一条直线的触发对象。

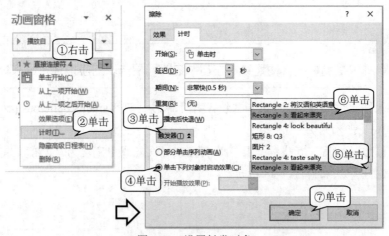

图 7-40 设置触发对象

3. **设置其他直线的触发对象** 按照同样的方法，为其他 4 条直线设置触发对象。
4. **保存课件** 单击"快速访问"工具栏中的"保存"按钮，保存课件。

 知识库

1. 绘制直线的要点

直线的两个端点应分别对准左右两边相匹配的选项，可以按 Ctrl+"方向键"微调其位置，也可以按住 Alt 键，拖动直线端点，微调直线的长短或方向。

2. 利用 VBA 制作连线题

利用 VBA 程序也可以制作交互型的连线题。制作时，首先通过重复插入标签控件制作左右两边的匹配选项；然后在幻灯片的适当位置插入判断、提示和重做按钮，以及用于显示标题、判断结果和提示信息的标签；最后，为各个按钮、标签添加 VBA 程序代码，以完成相应功能。

创新园

在 PowerPoint 中打开"醉翁亭记(初).pptm"课件，在普通视图下，完成以下操作。

1. 切换至第 6 张幻灯片，在幻灯片的适当位置插入切换按钮，并按照如图 7-41 所示的效果图修改控件属性，然后为各控件添加程序，完成判断题的制作。

2. 切换至第 7 张幻灯片，绘制直线、添加自定义动画，完善连线题的制作，使最终效果如图 7-42 所示(提示：正确连线为 A-2、B-1、C-4、D-5、E-6、F-3)。

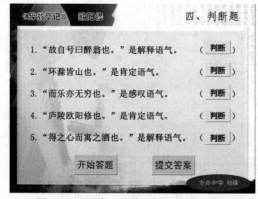

图 7-41　课件"醉翁亭记"判断题效果

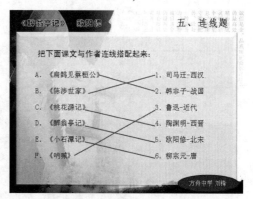

图 7-42　课件"醉翁亭记"连线题效果图

7.3　制作填图题和绘图题

填图题和绘图题是用图表的形式呈现知识内容，非常形象具体，让人一目了然、印象深刻。由于题型特别，它们主要应用于演示型课件中，一般可以利用编写 VBA 程序或自定义动画的方法制作。

7.3.1　制作填图题

填图题是地理、历史等学科常用的题型之一。一般情况下，填图题会给出一个题干和图片，答题者应按题目要求在图片的空白处填上相应的答案。

制作填图题

实例 5　世界的气候

"世界的气候"课件是依据中学《地理》教材相关章节的内容而制作的，主要介绍世界的气候。在完成新课讲授后，应设计适当的练习题，让学生巩固所学知识。本实例侧重介绍使用 VBA 程序制作填图题的方法。

分析园

1. 查看填图题的效果

在学习完相关知识后,要求在地图上不同颜色区域的方框中填写与之相符的气候类型。按图 7-43 所示操作,输入答案后,单击"判断"按钮,查看答题结果。选中标注的文本框,通过"属性"面板查看它们的名称,将其填写在框线内。

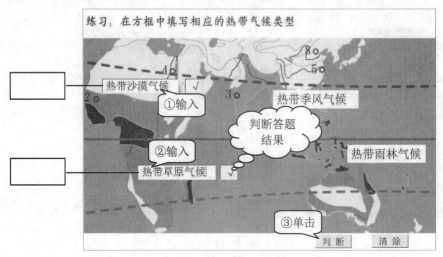

图 7-43 "世界的气候"填图题效果

2. 分析制作填图题的方法

在该实例的填图题中,需要填写数据的地方有 TextBox1 与 TextBox2 两处,输入数据后,单击"判断"按钮,系统会进行判断,即在后面的文本框中给出评价"√"或"×",单击"清除"按钮,可以清除填写的数据。根据以上条件,在图 7-44 中写出判断条件。

图 7-44 判断条件

 跟我学

1. **打开课件** 运行 PowerPoint 软件,打开课件"世界的气候(初).pptm",切换至第 8 张幻灯片。

2. **添加文本框控件** 按图7-45所示操作,绘制一个文本框,用来输入数据,使填图人与计算机实现交互。

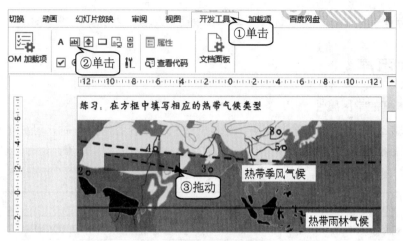

图 7-45　添加自定义动画

3. 添加其他控件　按照上述方法，再依次添加 3 个文本框和 2 个按钮。

4. 设置控件属性　参照表 7-1 所示要求，设置所有控件的属性。

表 7-1　控件属性及属性值

对象名称	属性值
TextBox1	Text=""；font="二号"；
TextBox2	Text=""；font="二号"；
TextBox3	Text=""；font="二号"；　foreColcr=" &H000000FF&"
TextBox4	Text=""；font="二号"；　foreColcr=" &H000000FF&"
CommandButton1	Caption="清除"；　font="小二"；
CommandButton2	Caption="判断"；　font="小二"；

5. 编写代码　为"判断"与"清除"按钮编写程序代码，内容如图 7-46 和图 7-47 所示。

```
Private Sub CommandButton2_Click()
    If TextBox1.Text = "热带沙漠气候" Then
        TextBox3.Text = " √ "
    Else
        TextBox3.Text = "×"
    End If
    If TextBox2.Text = "热带草原气候" Then
        TextBox4.Text = " √ "
    Else
        TextBox4.Text = "×"
    End If
End Sub
```

图 7-46　"判断"按钮的程序代码

```
Private Sub CommandButton1
    TextBox1.Text = ""
    TextBox2.Text = ""
    TextBox3.Text = ""
    TextBox4.Text = ""
End Sub
```

图 7-47　"清除"按钮的程序代码

6. 保存课件 单击"快速访问"工具栏中的"保存"按钮💾，保存课件。

 知识库

1. 文本框的常用属性

文本框常常用来输入或输出数据。文本框中的文本在程序运行时，可被用户编辑。文本框的常用属性如表 7-2 所示。

表 7-2　文本框的常用属性

属性	属性值
BackStyle(背景样式)	0——背景透明，1——有背景
BackColor(背景色)	通过调色板设置控件的背景色
Font(字体)	字号、字体、字形等
Text(显示文本)	可用来设置显示在文本框中的文本

2. 命令按钮的常用属性

按钮控件通常用来接收用户的操作信息，激发相应的事件。按钮是用户与程序实现交互的最简便的途径，一般单击按钮即可触发事件。命令按钮的常用属性如表 7-3 所示。

表 7-3　命令按钮的常用属性

属性	属性值
Caption(标题、说明)	按钮上显示的提示性文字
Font(字体)	字号、字体、字形等
Enabled(是否可用)	True——表示可用，False——表示不可用

7.3.2　制作绘图题

绘图题是比较特殊的一种题型，物理光路图、电路图，化学实验仪器的装置图，以及小学语文笔顺演示等教学课件经常会用到这种题型。利用绘图题课件可以准确、快速、细致地展现图形绘制过程，节省课堂时间，从而提高课堂效率。

制作绘图题

实例 6　透镜成像

本例是八年级《物理》第二章课件"透镜成像"，本课件通过动画讲解透镜的成像规律，并在基础知识之后，设计了相应练习。本实例主要介绍利用自定义动画绘制图像的方法。

分析园

1. 思考题目中对象的出场顺序

课件"透镜成像"中练习题的要求是根据给定的条件绘制图像。在课件中，可以通过自定义动画的方式，展示绘制图像的过程，如图 7-48 所示。想一想，需要在幻灯片中绘制哪些对象？这些对象的出场顺序是怎样的？

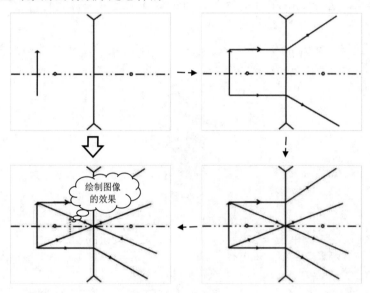

图 7-48　绘制图像的过程

2. 梳理绘制图像的流程

题目要求透镜用双箭头线型、主光轴用点画线线型、光线用直线绘制。首先箭头在直线中间的光线用直线和箭头组合绘制，其次光线的反向延长线、虚像都用虚线绘制，最后为每条光线添加"擦除"动画，擦除方向根据光线方向设置。梳理绘制图像的流程，将图 7-49 中的空白部分填写完整。

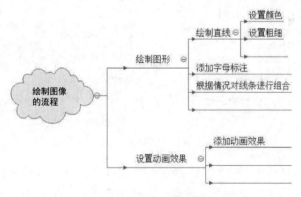

图 7-49　绘制图像的流程

跟我学

绘制图形

依据透镜成像原理，按照光路图作图规范绘制图形，特别注意虚、实线的使用。

1. **打开课件** 运行 PowerPoint 软件，打开课件"*透镜成像(初).pptx*"，切换至第 16 张幻灯片。

2. **绘制凹透镜** 如图 7-50 所示，利用"直线"工具 在幻灯片中绘制直线，然后把它们组合在一起，并设置其宽度为"3 磅"、颜色为"深蓝"等，完成凹透镜图形的制作。

图 7-50 绘制凹透镜

绘制直线时按住 Shift 键，可以绘制水平、垂直或与水平方向成45°角的直线。同理，绘制矩形时按住 Shift 键，可以绘制正方形。

3. **绘制主光轴** 利用"直线"工具 绘制水平的主光轴，选中主光轴，按图 7-51 所示操作，设置线条颜色为"深蓝"，设置线型为"长划线-点-点"。

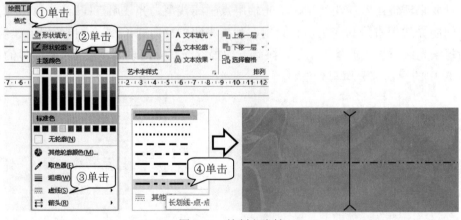

图 7-51 绘制主光轴

4. **绘制焦点** 利用"椭圆"工具 绘制一个圆作为焦点，调整圆的大小、位置；然后再复制一个圆，并使两个焦点对称；在适当位置插入文本框，输入字母 F、O，并将其格式设置为"红色、倾斜"，效果如图 7-52 所示。

为了使两个焦点对称，可以在屏幕上显示网格和标尺。操作方法：右击幻灯片，在弹出的菜单中选择"网络和参考线"和"标尺"命令，并进行设置。

5. **绘制物体** AB 利用"箭头"工具 ＼ 绘制垂直物体 AB，设置其颜色、线型等，使箭头方向向上，然后用文本框制作两个端点，并标注 A 和 B，效果如图 7-53 所示。

图 7-52 绘制焦点

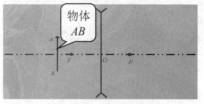

图 7-53 绘制物体 AB

6. **制作光线** AC 按图7-54所示操作，制作一条从 A 点发出的与主光轴平行的光线 AC，然后设置光线 AC 的宽度为"3 磅"、颜色为"深蓝色"。

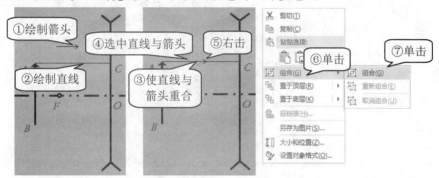

图 7-54 制作光线 AC

7. **添加标注** C 在光线与透镜交点处插入文本框，输入字符 C，并设置颜色为"红色"。

8. **绘制射线** FC 按图 7-55 所示操作，用"直线"工具绘制射线 FC，其中虚线部分为非实际光线。

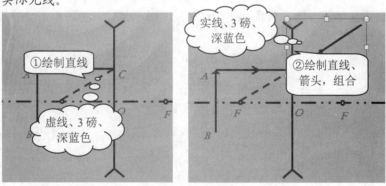

图 7-55 绘制射线 FC

9. **求出 A 点的像 A′** 绘制一条从 A 点发出，经过凹透镜中心的射线 AO，并在 AO 与 FC 的交点处插入文本框，输入 A′，效果如图 7-56 所示。

10. **求出 B 点的像 B′** 同理，求出 B 点的像 B′，如图 7-57 所示。

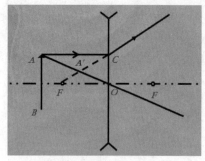
图 7-56 求出 A 点的像 A′

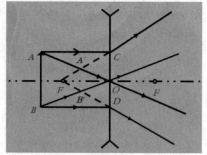
图 7-57 求出 B 点的像 B′

11. **绘制虚像 A′B′** 在 A′和 B′之间绘制一条红色箭头，并设置线型为"虚线"、宽度为"3 磅"，效果如图 7-58 所示，表示物体 AB 成像的虚像是 A′B′。

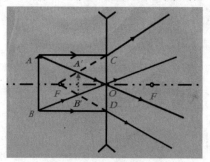
图 7-58 绘制虚像 A′B′

设置动画效果

为每条光线添加自定义动画并设置动画效果，再根据需要调整动画的顺序。

1. **添加自定义动画** 选中射线 AO，按图 7-59 所示操作，为其添加"擦除"动画并设置动画效果。

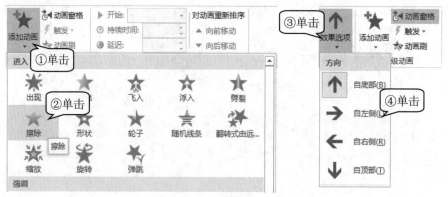
图 7-59 添加自定义动画

2. **为其他光线添加动画**　选中其他光线，重复步骤 1，完成为其他光线添加"擦除"动画的设置，擦除方向根据光线方向或反射延长线方向确定。

3. **调整动画顺序**　播放当前幻灯片，测试动画效果。按图7-60所示操作，还可以对动画顺序进行调整。

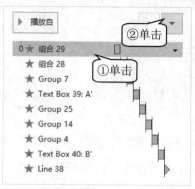

图 7-60　调整动画顺序

4. **保存课件**　单击"快速访问"工具栏中的"保存"按钮 ，保存课件。

 知识库

1. 动画"擦除"方向

动画的"擦除"效果有 4 个方向可以选择：自顶部、自左侧、自右侧、自底部。例如，希望对象从左向右逐渐显现，可选择"自左侧"方向。

2. 设置形状默认样式

在绘制图像时，会多次插入相同格式的形状，每次都要修改其颜色和线条，非常麻烦。此时，可以先插入一个形状，设置好格式后，按图 7-61 所示操作，将其设置为默认形状，这样，再次绘制其他形状时，得到的就是修改后的格式。

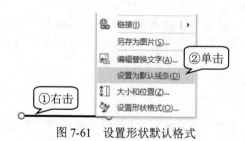

图 7-61　设置形状默认格式

 **创新园**

1. 打开课件"世界的气候(初).pptx"，选择第8张幻灯片，在地图上的各种颜色区域内，填上与之相符的气候类型，效果如图 7-62 所示。

图 7-62　课件"世界的气候"填图题效果图

2. 打开"透镜成像(初).pptx"课件，切换到最后一张幻灯片，绘制出物体 *AB* 的像，以及光线 *AC* 经过透镜后的折射光线，效果如图 7-63 所示。

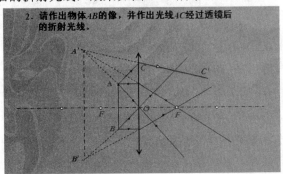

图 7-63　幻灯片"透镜成像"绘图题效果图

7.4　制作填表题和随机题

填表题和随机题都是与表格有关的题型。填表题是根据要求在表格中填写内容；随机题是随机抽取表格中的题目呈现在幻灯片中。下面将分别介绍这两种题目的制作方法。

7.4.1　制作填表题

填表题是以表格的形式呈现练习内容，通过表格将零散的知识进行归纳或对比，使知识系统化、条理化。

制作填表题

实例 7　中国的地理差异

本例是中学《地理》中的课件"中国的地理差异"，本课件通过秦岭—淮河一线南北的自然环境差异、农业差异、生活差异等，介绍了中国显著的地理差异。本实例将重点介绍填表题的制作方法。

分析园

1. 了解填表题的呈现效果

如果要使表格中的数据在教师讲解过程中依次出现，需要将表格中的内容拆分成单独的对象，如图 7-64 所示。想一想为什么要这样处理？

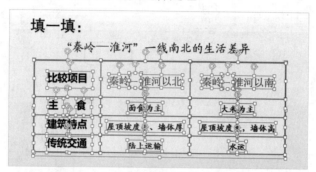

图 7-64　课件"中国的地理差异"填表题效果图

2. 梳理填表题的制作流程

若想在幻灯片中制作表格，则需要先制作一个空表，再用文本框一个一个地输入表格中的数据，但这种方法比较麻烦，需要一个一个地设置，再对齐。简单一点的方法是，先制作一个完整的表格，并进行相应的排版设置；然后将表格拆分成多个矩形对象，并对它们设置自定义动画。梳理填表题的制作流程，将图 7-65 中的空白部分填写完整。

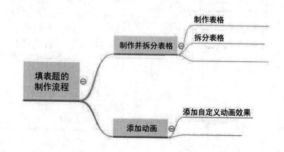

图 7-65　填表题的制作流程

跟我学

制作并拆分表格

根据教学内容设计表格，完成文字输入后，把表格拆分成多个自选图形，为添加自定义动画做准备。

1. **打开课件**　运行PowerPoint软件，打开课件"中国的地理差异(初).pptx"，切换至第12张幻灯片。

2. **粘贴表格**　选中已输入好文字的表格，按 Ctrl+X 键，剪切表格，按图 7-66 所示操作，粘贴表格。

图 7-66　粘贴表格

3. **拆分表格**　选中表格，右击，按图 7-67 所示操作，把表格拆分成多个图形。

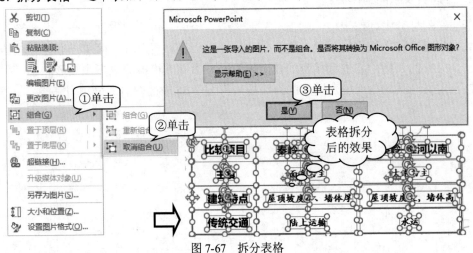

图 7-67　拆分表格

4. **取消组合**　选中表格，右击，再次选择"组合"→"取消组合"命令，把拆分后的表格各部分分散。

如果不拆分表格，添加自定义动画后，整个表格会作为一个对象一次性地显示出来。

添加动画

为各个自选图形对象添加自定义动画，并根据放映要求调整动画的顺序。

1. **添加自定义动画**　按住 Shift 键，逐个选中需要添加自定义动画的自选图形，选择"动画"→"添加动画"命令，按图 7-68 所示操作，为选中的图形添加动画。

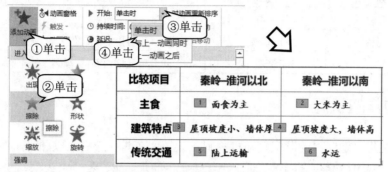

图 7-68　添加自定义动画

2. **调整动画顺序**　选择"动画"→"动画窗格"命令，按图 7-69 所示操作，根据放映需要，完成动画顺序的调整。

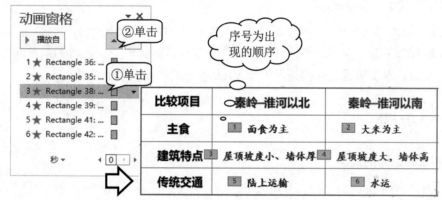

图 7-69　调整动画顺序

3. **保存课件**　单击"快速访问"工具栏中的"保存"按钮 💾，保存课件。

 知识库

1. 选择性粘贴

选择性粘贴就是将想要的东西粘贴过来，根据复制对象的不同，其中有不同的选项可供选择。例如，复制表格时，可以将其作为图片粘贴过来。

2. 在表格中移动插入点

表格中的单元格就像一个个小文本框，若要在某个单元格内键入内容，则可以单击该单元格放置插入点，然后进行输入，也可以利用快捷键在表格中移动插入点，如表 7-4 所示。

表 7-4　移动插入点的快捷键

移动到	按键	移动到	按键
下一单元格	Tab	上一行	上箭头 ↑
前一单元格	Shift+Tab	单元格内的制表位	Ctrl+Tab
下一行	下箭头 ↓	同一单元格内新的一段	Enter

7.4.2　制作随机题

随机题是指对题库内的题配置随机规则，让学生在其中随机抽取题目，可以用在各学科中给学生做测试。对于小学数学中的加、减、乘、除法运算，系统可以直接产生随机题，让学生进行测试。随机题的特点是具有不确定性，因此更具有挑战，能激发学生的兴趣。

制作随机题

实例 8　10 以内加法运算

10 以内的加减法是小学一年级学生学习的重要内容。本例是一年级《数学》课件"10 以内加法运算"，在回答本课件中的随机题之前，学生已经认识了10以内的数并学习了简单的加法和减法。本实例重点介绍通过编写 VBA 程序制作随机题的方法。

 分析园

1. 测试随机题的效果

打开课件"10 以内的加法运算"，切换至第 2 张幻灯片，单击"出题"按钮，系统会产生一道题"7+5="，输入"12"后，单击"判题"按钮，如果答案正确，则后面显示"√"；如果答案错误，则显示"×"，效果如图 7-70 所示。想一想，随机题由哪些控件组成？

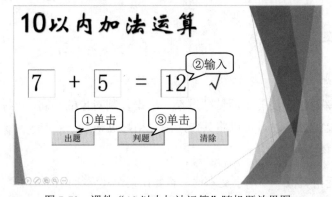

图 7-70　课件"10 以内加法运算"随机题效果图

2. 设计随机题

此实例中的随机题使用了 3 种控件，在图 7-71 中的框线内填上相应控件的名称，并想一想，能不能用其他的控件代替？

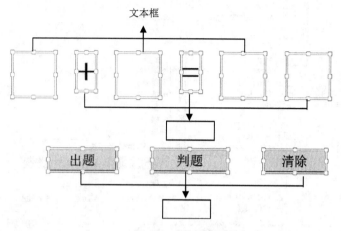

图 7-71 设计随机题

3. 梳理随机题的操作步骤

编写程序解决问题，首先要梳理解决问题的思路，再逐步细化，直到能用代码书写出来。梳理随机题的操作步骤，在横线处填写相应内容，使其能够随机产生 10 以内的加法题。

第一步：单击"出题"按钮，随机产生两个 10 以内的数，显示在屏幕上。

第二步：选中文本框 3，从键盘输入一个数。

第三步：单击_____按钮，判断随机产生的数之和是不是与输入的数相等，如果相等，则显示"_____"；否则显示"_____"。

第四步：单击"清除"按钮，清除所有数据，等待下一次出题。

 跟我学

设计界面

"10 以内加法运算"课件，显示数据用的是"标签"控件，输入数据用的是"文本框"控件运行程序，一般单击"命令"按钮。

1. **打开课件** 运行 PowerPoint 软件，打开课件"10 以内加法运算.pptm"，切换至第 2 张幻灯片。

 注意，此课件的扩展名不是".pptx"，而是".pptm"，因为课件中使用了 VBA 程序，文件扩展名要做相应改变。

2. **显示"开发工具"选项卡** 选择"文件"→"选项"命令，按图 7-72 所示操作，使"开发工具"选项卡显示在功能区中。

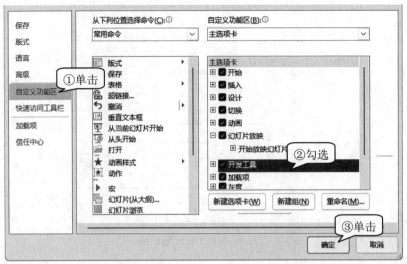

图 7-72　显示"开发工具"选项卡

3. **绘制控件**　使用"开发工具"中的控件，设计练习题的界面。

4. **设置控件属性**　分别选中幻灯片中的对象，参照表 7-5 所示要求，设置控件的相关属性。

表 7-5　控件属性及属性值

对象名称	属性值
TextBox1	Text="" ；font="72";
TextBox2	Text="" ；font="72";
TextBox3	Text="" ；font="72";
Label1	font="72";
Label2	font="72";
Label3	font="72";　foreColcr=" &H000000FF&"
CommandButton1	Caption="出题";　font="一号";
CommandButton2	Caption="判题";　font="一号";
CommandButton3	Caption="清除";　font="一号";

编写代码

　　幻灯片中共有 3 个按钮需要添加代码，分别是"出题""判题"与"清除"按钮，双击按钮，打开 VBA 代码编辑窗口，依次编写代码。

1. **编写"出题"按钮代码**　选择第 2 张幻灯片，按图 7-73 所示操作，为"出题"按钮编写代码。

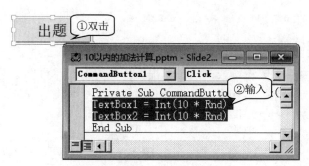

图 7-73 编写"出题"按钮代码

2. **编写"判题"按钮代码** 按照同样的方法，为"判题"按钮编写代码，代码如图7-74
所示。

```
Private Sub CommandButton2_Click()
    If Val(TextBox3.Text) = Val(TextBox1.Text) + Val(TextBox2.Text) Then
        Label3.Caption = " √ "
    Else
        Label3.Caption = "×"
    End If
End Sub
```

图 7-74   "判题"按钮代码

3. **编写"清除"按钮代码** 按照同样的方法，为"清除"按钮编写代码，代码如图7-75
所示。

```
Private Sub CommandButton3_Click()
    TextBox1.Text = ""
    TextBox2.Text = ""
    TextBox3.Text = ""
    Label3.Caption = ""
End Sub
```

图 7-75   "清除"按钮代码

4. **保存课件** 单击"快速访问"工具栏中的"保存"按钮 ，保存课件。

 知识库

1. VBA 中的随机函数

VBA 中的随机函数是 Rnd，Rnd 可产生 0 到 1 之间的一个随机数，可以包括 0 但不包括 1。如果要得到某个区间内的随便一个整数，可以使用以下公式。

Int[(区间上限-区间下限+1)* Rnd+区间下限]

2. VBA 中的选择语句

选择语句是较为常见的流程控制语句。根据情况的不同，可以选择不同的语句，如单分支选择语句、双分支选择语句和多分支选择语句。以下是双分支选择语句的语法规范，如果条件表达式成立，则执行语句组 1，否则执行语句组 2。

```
IF  条件表达式  THEN
        语句组 1
ELSE
        语句组 2
END IF
```

 创新园

1. 在"探究光合作用(初).pptm"课件的第 3 张幻灯片的表格中填写相应内容，效果如图 7-76 所示，并设置成单击鼠标时按一定的顺序显示表格中的内容。

2. 在"10 以内加法运算(终).pptm"课件的第 2 张幻灯片中增加计数功能，并编写代码实现如图 7-77 所示的效果。

图 7-76　课件"探究光合作用"效果图

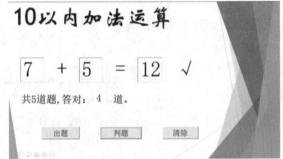

图 7-77　课件"10 以内加法运算"效果图

7.5　小结和习题

7.5.1　本章小结

本章通过多个具体实例，详细介绍了用自定义动画、VBA 程序制作练习型课件的过程、方法和技巧，具体包括以下内容。

- **制作选择题和填空题**：在演示型课件中，一般使用自定义动画制作选择题。在制作选择题时，一定要把答案放在一个独立的文本框中，然后为文本框设置自定义动画进入效果，使答案在单击幻灯片或触发对象时出现。在制作具有检测功能的课件时，对课件的交互性要求较高，文中介绍了利用 VBA 程序制作填空题的方法。知识库中还介绍了利用 VBA 程序制作单项、多项选择题的方法。
- **制作判断题和连线题**：判断题实质上是只有两个选项的单项选择题，因此可以用制作选择题的方法编写 VBA 程序制作判断题。文中还介绍了另外一种编写 VBA 程序制作判断题的方法，其特点是，需要在每道题后面的括号中插入切换按钮控件。利用自定义动画制作连线题时，需要先通过重复插入横排文本框制作标题和左右两侧的匹配选项，再设置文字格式、排列对齐各选项，然后用"直线"工具绘制连线，最后为连线添加动画。
- **制作填表题和随机题**：填表题实际上是在表格中填空，制作时应先准备好表格并调整大小和位置，然后制作答案和自定义动画。随机题即出一个题库，让学生在其中随机抽取题目，可以用在各学科中为学生做测试。

7.5.2 强化练习

一、选择题

1. 把两个自选图形组合在一起，可以使用的快捷键是(   )。

   A. Ctrl+G   B. Ctrl+U   C. Ctrl+E   D. Ctrl+B

2. 在课件放映过程中，两个对象需要同时出现，在设置第 2 个对象的动画效果时可以选择(   )。

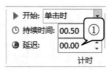 

   A. ①设置延迟时间为 0 秒   B. ②单击时开始

   C. ③与上一动画同时开始   D. ④上一动画之后开始

3. 利用VBA程序制作练习题，通常会用到控件箱中的控件，其中标签控件的图标是(   )。

   A. abl   B. ☑   C. A   D. ▭

4. 如下图，课件中插入按钮控件后，若要将按钮提示信息"CommandButton1"修改为"判断"，则需要修改 CommandButton1 的(   )。

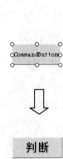

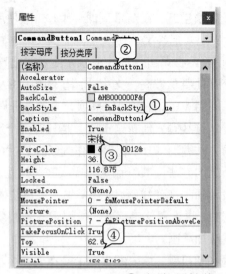

A. ①Caption 属性值   B. ②(名称)属性值
C. ③Font 属性值   D. ④Visible 属性值

5. 某数学课件利用自定义动画制作判断题，效果如下图。在演示时，若想优先显示第 2 小题的答案，以下说法错误的是(   )。

1.判断题：

(1) 0 的算术平方根是 0   ①对

(2) $\sqrt{(-4)^2}$ 的平方根是4   ②错

A. 两道题的题干与答案可以放置在同一个文本框中

B. 两道题的题干可以放在一个文本框中

C. 两道题的答案需要放在不同文本框中

D. 两道题答案的出场顺序可以进行调整

6. 添加以下 VBA 程序代码，其功能是单击 Cmd_1 时(   )。

```
Private Sub Cmd_1_Click()
    TextBox1.Value = ""
End Sub
```

A. 修改文本框控件 TextBox1 的名称属性值为空

B. 修改标签控件 TextBox1 Value 值为空

C. 修改按钮 Cmd_1 的 Value 值为空

D. 修改文本框控件 TextBox1 的 Value 属性值为空

7. 在"超声与次声"课件中制作单项选择题，如下图所示，双击"帮助"按钮，添加 VBA 程序代码，以下说法错误的是(   )。

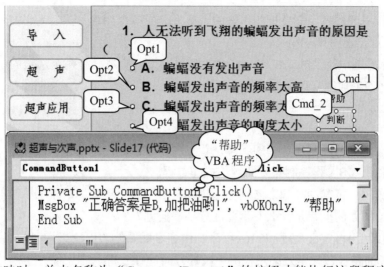

A. 放映时，单击名称为"CommandButton1"的按钮才能执行这段程序

B. 放映时，双击"帮助"按钮才能执行这段程序

C. 放映时，单击"帮助"按钮，将弹出 "帮助"对话框

D. "超声与次声"课件中，该单选题的答案是 B

8. 关于第 7 题示意图中选项上标注的"Opt1"，以下说法正确的是(　　　)。

A. 选项 A 的别名

B. 该单选按钮的(名称)属性

C. 该单选按钮的 Caption 属性

D. 是 OptionButton1 的缩写，VBA 代码中仍要用 OptionButton1

9. 表达式(23＞3)Or ("abc"="123")的值为(　　　)。

A. True　　　　　　B. False　　　　　　C. "abc123"　　　　D. 23

10. VBA 中将两个字符串连接起来的运算符有"+"和"&", "123"+"45"的运算结果是(　　　)。

A. "12345"　　　　B. "168"　　　　　C. 168　　　　　　D. 12345

二、判断题

1. 利用自定义动画制作填空题、填图题和填表题的方法大同小异。　　　　　(　　)

2. 利用 VBA 程序制作的课件，应另存为"启用宏的 PowerPoint 演示文稿"。　(　　)

3. 用自定义动画制作选择题，题干、选项和答案可以放在同一个文本框中。　(　　)

4. 透明度是指填充物的透明程度，透明度越小，被遮挡的图层就越清晰。　　(　　)

5. 在制作光路图时，若为某光线添加"擦除"动画，并设置为"自左侧"效果，则显示效果为光线自右侧射入。　　　　　　　　　　　　　　　　　　　　　　　(　　)

6. 制作填表题时，如果用文本框制作所填答案，就不需要拆分表格了。　　　(　　)

7. VBA 中赋值语句用"="实现，如 a=b，表示把变量 b 的值赋给变量 a。　(　　)

8. 用"直线"工具＼绘制光线时，把绘制的箭头和直线重合放置，可以不组合在一起，分别为它们添加自定义动画即可。　　　　　　　　　　　　　　　　　　　　(　　)

9. 在制作填表题时，需要把制作好的表格拆分成多个图形，然后为它们添加自定义动画，并调整动画出现的顺序。　　　　　　　　　　　　　　　　　　　　（　　）

10. 判断题是一种以对或错作为答案的题型，其实质是只有两个选项的单项选择题，因此可以用制作单项选择题的方法制作判断题。　　　　　　　　　　　　　　（　　）

三、问答题

1. 使用自定义动画制作选择题和填空题等题型时，应注意哪些问题？

2. 简述利用 VBA 程序制作判断题的操作过程。

3. 简述利用自定义动画的方法制作选择题、填空题、填表题、填图题时的异同点。

4. 制作绘图题的要点是什么？需要注意哪些问题？

5. 试比较利用自定义动画和VBA程序制作练习型课件的优缺点，可以从它们应用的场合、对制作者的要求、教学效果及检测手段等方面进行分析。

第8章

制作综合型课件

综合型课件的设计过程包括教学设计、结构设计、版面设计，最后形成课件脚本；搜集素材过程包括采集素材、加工素材；评价修改过程包括测试、评价课件，以及根据评价结果修改、完善课件。

本章以沪科版九年级《物理》课件"家庭用电"为例，从制作综合型课件的一般过程入手，通过分析教学设计编写课件脚本，利用母版快速搭建课件主体框架；通过添加文字、图片、动画等素材，完成课件导入、讲解、巩固等主要环节的内容制作；最后添加片内动画和切换动画，带领读者完整体验综合型课件规划、设计、制作、发布的全过程。

本章内容

- 设计课件结构
- 搭建课件框架
- 添加课件内容
- 设置发布课件

8.1 设计课件结构

制作课件应遵循一定的流程和步骤。课件制作的一般工作流程可以分为需求分析、规划设计、素材搜集、课件制作、评价修改等阶段。课件结构规划就是从教学设计的需求分析，到课件脚本的规划设计阶段。课件"家庭用电"的主体结构如图 8-1 所示。

多媒体课件制作经验分享

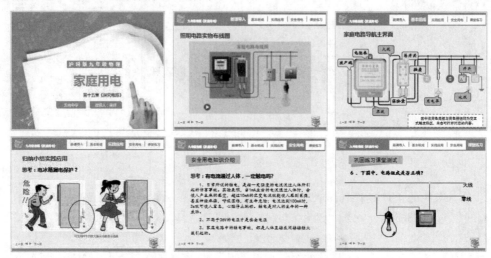

图 8-1 课件"家庭用电"主体结构图

8.1.1 分析教学设计

制作课件前，要认真分析教学设计。通过对教学设计进行分析，才能了解教学预期达成的教学目标；通过对听课对象的情况进行分析，才能选择相关的素材，规划课件内容与呈现形式，做到信息技术与学科知识有效融合。

1. 课件需求分析

制作课件前，要根据教学设计的目标对课件的需求进行分析。例如，实例1"家庭用电"是沪科版九年级《物理》第十四章第五节的内容，从内容来看拟采用两课时进行教学：第一课时重在使学生认识家庭电路，了解家庭用电情况；第二课时从用电安全的角度，分析用电过程中可能出现的安全隐患及解决方法。为了尽可能地优化课堂教学、增强师生间的互动，制作了课件，采用多媒体教学手段，通过动画、视频等学生喜闻乐见的形式，激发学生的学习兴趣。

2. 课件内容分析

在制作课件前，要根据教学设计的要求对课件各环节所呈现的内容进行分析。例如，课件"家庭用电"的内容分析如表 8-1 所示。

表 8-1 课件"家庭用电"内容分析

教学版块（流程）	课件内容分析		
	教师活动	学生活动	课件制作要求
新课导入	需展示家庭电路布线图实物与线路，快速导入课题 需展示与课材相同的家庭电路图，通过动画切换，将实物图分步转为电路图	通过老师展示的课件，产生学习兴趣 学生通过动态课件的展示，进一步产生学好本课的信心与兴趣	插入 Flash 动画，方便教师操作，也方便学生观看
教学重点：家庭电路基本组成	需展示家庭电路图，让学生分小组合作学习。 让学生自主合作学习后，通过课件向其他小组成员进行汇报交流。 教师进行引导，补充学生未讲解的知识	学生先自主合作学习，再通过课件介绍所学内容，与全班同学进行交流。 教师利用课件进行扩展延伸，进一步补充各小组介绍交流的内容	需设计制作具备交互触发功能的导航界面。 根据教学需求，逐一制作家庭电路补充知识点相关子界面。 导航主界面、二级子界面与具体的知识点页面之间，通过按钮进行跳转
教学难点：实践应用	需提供家庭用电虚拟场景，通过课件在课堂教学中呈现。特别是一些比较危险的场景介绍，通过多媒体课件呈现，可以有效地解决教学难点	学生通过对虚拟场景的了解，对家庭用电知识有了进一步认识。 通过观看演示实验视频，了解测电笔正确的使用方法	通过课件展示漏电保护、测电笔、灯泡等家庭用电设备的正确与不正确的使用方法。 使学生通过课件认识错误操作的危害，掌握部分家庭用电设备的正确操作方法
扩展知识：安全用电	需通过课件高效、快捷、安全地展示一些不安全用电带来的危害，让学生在学习知识的同时，注意安全用电，保护自己	学生通过生动形象的课件，提高了安全用电的意识。 进一步了解高压触电、雷击触电等知识	根据教材与教学设计的需求，收集相关的图片、文字、动画等素材，制作对应的课件页面
巩固提高：课堂练习课堂小结	需通过展示一系列的练习，让学生在练习的过程中，巩固所学知识。 教师可通过学生练习情况了解教学效果	学生分组进行练习竞赛。 通过比赛的方式，在活动中进一步巩固所学知识	根据教学设计的要求，收集与本课有关的练习题，选择合适的题目，制作成交互型课件。 课件风格要统一，交互性要强，做好兼容性测试工作

3. 课件素材分析

课件"家庭用电"素材分析如表 8-2 所示。根据素材分析表着手准备制作课件时需要的各种素材，如说明文字、配音、图片、图像、动画、视频等，有些素材可以直接到网上下载或在素材库中搜索，对于找不到的素材，则需要课件制作人员自己加工编辑。

表 8-2　课件"家庭用电"素材分析

序号	类型	内容	获取方式
1	文字	教学设计	录入、复制
2	图像	家庭电路导航主界面、家庭电路布线图、电能表、总开关、保险盒、插座、电灯等	网络下载、拍照、截图、扫描
3	音视频	测电笔的使用视频、灯泡与灯座安装视频等	录制、下载、录屏
4	动画	家庭电路动画演示、测电笔的构造、动画展示电灯接口等	下载、制作

　　由于素材种类多，在采集和加工素材的过程中所使用的硬件、软件也较多，因此，制作者要具备较全面的信息技术应用能力，了解各种素材的采集方法、采集工具，掌握各种素材编辑软件的性能和使用方法等。素材的搜集是课件制作中工作量较大、较烦琐的环节，也是花费时间和精力较多的环节。

　　建议将声音、视频等素材和课件存放在同一个文件夹中，以免移动课件位置后素材无法播放，最好把搜集来的素材按文件类型分类存放在不同的子文件夹中。

8.1.2　撰写课件脚本

　　课件脚本包括文字脚本和制作脚本，撰写课件脚本的工作量很大，需要考虑课件制作的所有细节问题，需要教学设计人员、课件制作人员的共同参与。正所谓"磨刀不误砍柴工"，做好这部分工作，将为后续课件的制作节省很多时间。

1. 文字脚本设计

　　课件文字脚本就是按照教学过程，描述教学中各环节的教学内容及其呈现方式的一种文本形式。撰写文字脚本时，应根据主题的需要，按照教学内容之间的联系和教育对象的学习规律，将相关画面和声音素材分出轻重主次，并对其进行合理的安排和组织，以便完善教学内容。例如，课件"家庭用电"的文字脚本如表 8-3 所示。

表 8-3　课件"家庭用电"文字脚本

学科	使用对象		设计/制作者	课题	课件用途
物理	九年级		唐小华	家庭用电	新课讲授
序号	课件栏目	教学内容	媒体类型	呈现方式	
1	课件封面	介绍课题相关信息	文字	呈现文字	
2	新课导入	家庭电路布线图	动画	嵌入式动画，交互呈现	
3	新课导入	家庭电路动画演示	动画	嵌入式动画，交互呈现	
4	基本组成	家庭电路导航主界面	图片、文字	交互触发呈现文字，超链接子界面	

(续表)

学科	使用对象	设计/制作者	课题	课件用途
物理	九年级	唐小华	家庭用电	新课讲授

序号	课件栏目	教学内容	媒体类型	呈现方式
5	基本组成	知识点：进户线	文字	呈现文字，超链接返回主界面
6	基本组成	知识点：电能表	文字、图片	触发显示放大图片，超链接返回主界面
7	基本组成	知识点：总开关	文字、图片	呈现文字、图片，超链接返回主界面
8	基本组成	知识点：保险盒	文字、图片	呈现文字、图片，单击进入下一页
9	基本组成	保险盒补充知识	文字	知识补充，超链接返回主界面
10	基本组成	知识点：总开关	文字、图片	呈现文字、图片，超链接返回主界面
11	基本组成	知识点：插座	文字、图片	呈现文字、图片，单击进入下一页
12	基本组成	插座电路图知识	文字、图片	呈现文字、图片，超链接返回主界面
13	实践应用	用三孔插座的原因	文字	呈现文字
14	实践应用	电器外壳必须接地原因	文字	呈现文字
15	实践应用	电冰箱漏电保护	文字、图片	呈现文字、图片，放大显示图片
16	实践应用	测电笔的构造	文字、图片	呈现文字、图片
17	实践应用	测电笔的构造	动画	嵌入式动画，交互呈现
18	实践应用	测电笔的使用	图片	呈现图片，可放大显示局部图片
19	实践应用	家庭用电设备电灯	图片	呈现图片
20	实践应用	常见的电灯接口	图片	呈现图片
21	实践应用	动画展示电灯接口	动画	嵌入式动画，交互呈现
22	实践应用	探究思考灯泡与灯座	动画	嵌入式动画，交互呈现
23	安全用电	电流通过人体是否会触电	文字	呈现文字
24	安全用电	安全电压知识	文字	呈现文字
25	安全用电	人体直接或间接接触火线	图片	呈现图片
26	安全用电	人体接触高压线	图片	呈现图片
27	安全用电	雷击触电	文字、图片	呈现文字、图片
28	安全用电	不安全用电行为	图片	呈现图片
29	安全用电	安全用电原则	文字	呈现文字
30	安全用电	如何避免家庭电路中触电	文字、图片	呈现文字、图片
31	课堂练习	选择：电路安装原则	文字	呈现文字题目、答案
32	课堂练习	选择：有人触电，电路图	文字	呈现文字题目、答案
33	课堂练习	选择：家庭停电原因分析	文字	呈现文字题目、答案
34	课堂练习	判断：电路图 1	文字、图片	呈现文字、图片、答案
35	课堂练习	判断：电路图 2	文字、图片	呈现文字、图片、答案

(续表)

学科	使用对象	设计/制作者	课题	课件用途
物理	九年级	唐小华	家庭用电	新课讲授

序号	课件栏目	教学内容	媒体类型	呈现方式
36	课堂练习	综合练习巩固	动画	嵌入式动画，交互呈现
37	课件封底	介绍课题制作者、执教信息	文字	呈现文字

2. 制作脚本设计

课件制作脚本是将课件的文字脚本内容进一步细化，具体到课件每张幻灯片的页面布局、呈现过程、交互方式等，它是制作课件的直接依据。课件"家庭用电"的制作脚本如表 8-4 所示。

表 8-4　课件"家庭用电"制作脚本

页面序号	1	页面内容	封面
页面布局			
呈现过程	背景切换→教材版本、课题、章节信息、授课人→插图		
说明	背景清晰、色彩蓝色系、课题文字突出、插图与主题相关		

8.1.3　设计课件界面

课件界面设计就是对课件的结构、布局和版面进行设计。结构决定了课件内容的组成及整体框架；布局决定了课件的整体风格；版面则体现了单个页面的呈现形式。

1. 课件结构设计

课件具有集成性、交互性、控制性强等特点，是教学设计的具体呈现。结构设计主要包括内容组织形式设计、导航设计和目录设计等，是使教学过程清晰有序的设计环节。课件"家庭用电"的结构设计如图 8-2 所示。

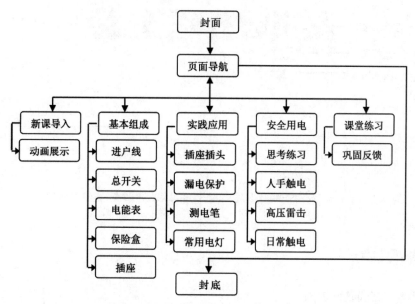

图 8-2　课件"家庭用电"结构设计图

2. 课件布局设计

课件布局一般是由课件设计人员根据学科教师编写好的文字脚本及课件开发的要求设计而成的，是在课件脚本的基础上进行创作的。课件布局设计包括色彩设计、字体设计、页面设计、按钮设计等。课件"家庭用电"的布局效果如图 8-3 所示。

　课件导航界面与按钮设计　　　　　　　课件文字与图片设计

图 8-3　课件"家庭用电"布局效果图

3. 课件版面设计

在制作课件时，如果只是盲目地将图片、文字等内容组合在一起，不考虑幻灯片的排版与设计，是不能吸引学生的，因此，需要尽量使课件中各页面的风格统一。设计时应做到以下几点：布局严谨、重点突出，排版整齐，结构对称，配色美观、色调一致等。为此，可以使用标题、正文、目录 3 层结构先设计一个版面模板。课件"家庭用电"的基本版面设计效果如图 8-4 所示。

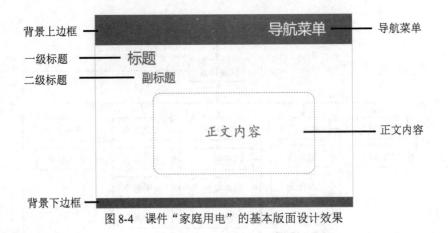

图 8-4　课件"家庭用电"的基本版面设计效果

 知识库

1. 课件选题的基本原则

多媒体课件是一种现代化的教育教学手段,它在教学中有其他媒体无法代替的优势,但一定要适度使用多媒体课件,并不是每一节课都要使用课件,因此制作课件前一定要注意选题、审题。课件用得好,可以极大地提高课堂效率;反之,则只会流于形式,甚至起到相反的作用。选题的基本原则如下。

- 选择适合用多媒体展现的课题。
- 选择能突出多媒体特点、发挥多媒体优势的课题。
- 选择难以用传统教学手段展现的课题。
- 选择学生难以理解、教师难以讲解清楚的重点和难点问题。
- 要考虑效益性原则,用常规手段就能取得较好的教学效果时,就不必花费大量的人力和物力去制作多媒体课件。

2. 课件素材准备

素材的准备包括采集和处理,是制作课件时耗费时间和精力最多的工作,因此,要养成平时不断积累素材的习惯。如图 8-5 所示,素材的准备可以从以下几个方面着手。同时,要掌握常用的素材处理工具,如文字、表格处理工具,Photoshop、《美图秀秀》等图像处理软件,录音机、CoolEdit Pro 等声音处理软件,《格式工厂》《会声会影》等视频处理软件等。

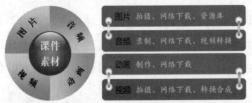

图 8-5　课件素材准备

3. 利用思维导图构建框架内容

确定好内容,便可开始制作课件,可以利用思维导图整理思路,搭建课件的框架。借助《百度脑图》、Mind Master 等思维导图软件，将需要展现的教学内容按照一定的逻辑结构罗列出来，可以理清思路，达到事半功倍的效果。例如，课件"三角形内角和的学习"的思维导图如图 8-6 所示。

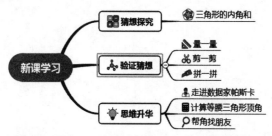

图 8-6　课件"三角形内角和的学习"的思维导图

 创新园

1. 选择一个熟悉的课题，尝试规划设计出课件的结构图和版面。
2. 按照上述规划设计的结果，完成课件文字脚本的制作，并填在表 8-5 中。

表 8-5　课件"＿＿＿＿＿＿＿"文字脚本

序号	课件栏目	内容	媒体类型	呈现方式
1				
2				
3				
4				
5				
6				

8.2　搭建课件框架

根据课件框架规划，在 PowerPoint 软件中，对课件的版式、布局、导航、字体等进行框架制作。通过在母版中插入背景图片、设置字体等操作，可快速搭建课件的整体框架；通过插入图片、形状、艺术字等方式可制作课件框架导航内容，便于交互操作。

8.2.1　制作课件母版

通过对课件母版的制作，可方便、快捷地完成整个课件框架的制作工作。课件母版包含每张幻灯片中显示的共同元素，如背景、动作按钮、文本占位符等。如图8-7所示，在制作课件"家庭用电"时使用了母版，整个课件的布局和风格都得到了统一。

课题名称 →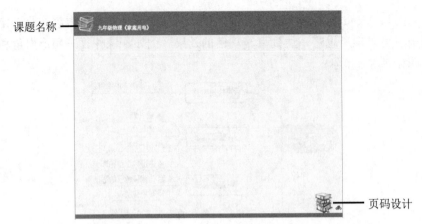

页码设计

图 8-7　课件"家庭用电"母版效果图

 跟我学

修改母版版式

　　当要创建一个新的课件时，使用PowerPoint母版能节省设计时间，可以根据课件主题和个人审美设计制作母版。

1. **新建课件**　运行 PowerPoint 软件，建立一个新的演示文稿，并保存文件为"家庭用电(母版).pptx"。

2. **修改幻灯片大小**　选择"设计"→"幻灯片大小"命令，将幻灯片大小设置为"标准 4 : 3"。

3. **修改母版版式**　选择"视图"→"幻灯片母版"命令，打开母版视图，按图 8-8 所示操作，删除该幻灯片中的其他占位符，只保留"页码"占位符。

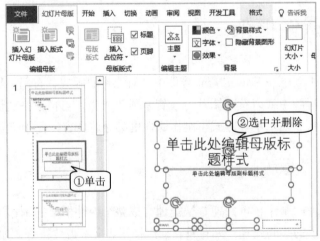

图 8-8　修改母版版式

母版是由一个主母版和各个版式子母版构成的，主母版的设置会影响所有幻灯片，而每个版式子母版的设置只会影响对应版式的幻灯片。通常第一个子母版就是标题幻灯片版式。

设置母版内容

课件的内容页，即幻灯片中的共同元素，如图形、图像、背景、文字样式等，可以提前在内容母版中设计好，以便提高制作课件的效率。

1. **设置母版背景**　选择标题幻灯片，按图 8-9 所示操作，设置背景格式为"纯色填充"，颜色的 RGB 值为"58、191、222"。

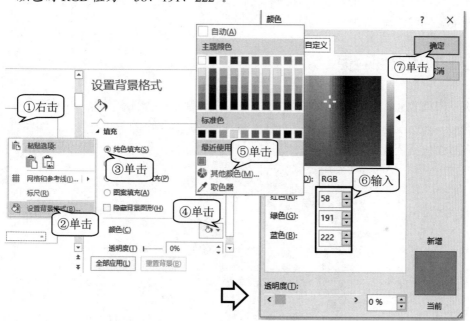

图 8-9　设置母版背景色

2. **插入装饰图片**　插入素材文件夹中的"书本 1.png"和"书本 2.png"图片，调整大小，同时调整好页码的位置。

3. **设置修饰色块**　绘制一个矩形色块修饰母版，调整大小、颜色和位置。

4. **插入课题**　插入文本框，输入文字"九年级物理《家庭用电》"，设置字体为"等线 Light"、颜色为"白色"，保存课件文档，最终效果如图 8-7 所示。

 知识库

1. 填充背景的方式

填充幻灯片母版背景的方式包括纯色填充、渐变填充、图片或纹理填充、图案填充等。

- **纯色填充**：背景使用单一的颜色，即纯色，默认的白色就是一种单色背景。
- **渐变填充**：由一种颜色逐渐过渡到另一种颜色，渐变色会给人一种炫目的感觉。
- **图片或纹理填充**：PowerPoint 预设了一些图片供用户选择，用于填充背景。
- **图案填充**：图案指以某种颜色为背景，以前景色作为线条色所构成的图案背景。

2. 幻灯片母版

幻灯片母版用于为所有幻灯片设置默认的版式和格式，如文本、背景、日期及页码等。PowerPoint 2016 中有 3 种母版，即幻灯片母版、讲义母版、备注母版。母版是一种特殊的幻灯片，若对母版进行修改，则基于该母版的所有幻灯片都会发生改变，但是母版设置完成后，只能在当前演示文稿中使用。如果想在其他演示文稿中使用或保存该母版以便于长期使用，则可以将母版保存为演示文稿模板，这样，在制作新的课件时，只需要应用此模板，就能完成对新课件的母版设置。

8.2.2 制作课件封面

第一印象非常重要，如果课件的封面非常精美，那么就会吸引学生的注意力，激发学生的好奇心。因此在制作封面时，要格外注意封面中图片、文字的美化与设计。课件"家庭用电"的封面包括背景、插图、课题名称、教材版本、制作人等部分，效果如图 8-10 所示。

图 8-10　课件"家庭用电"封面效果图

 跟我学

制作封面背景

制作课件的封面背景可以通过插入图片的方法来实现，插入背景图片后，还可以添加一些符合主题、具有装饰效果的插图。

1. **打开文件**　运行 PowerPoint 软件，打开课件"家庭用电(封面初).pptx"文件，设置第一张幻灯片的版式为"空白版式"。
2. **设置封面背景**　设置第一张幻灯片的背景为素材文件夹中的"封面背景.png"图片，效果如图 8-11 所示。

3. **插入装饰图片** 插入素材文件夹中的"手.png"图片，调整大小和位置，最终效果如图 8-12 所示。

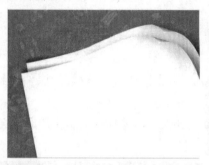
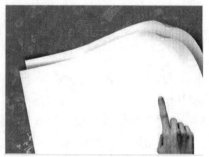

图 8-11 封面幻灯片背景效果图　　　　图 8-12 插入装饰图片效果图

插入标题文字

　　在课件的首页通过插入文本框的方法制作标题，设置字体、字号、颜色及阴影效果后，还可以利用自选图形装饰文字。

1. **制作课件标题** 选择"插入"→"文本框"命令，输入标题"家庭用电"，设置字体为"方正达利体简体 Heavy"、字号为"48"、颜色为"蓝色"。

　　为了使封面配色和谐，在设置标题文字的颜色时，利用取色器，选择和背景色相同的蓝色。

2. **制作课件版本** 插入文本框，输入文字"沪科版九年级物理"，设置字体为"方正清刻本悦宋简体"、字号为"18"、颜色为"白色"，并设置文本框的填充颜色为"橙色"。

3. **其他文字制作** 插入剪去对角的矩形 ▱，设置其填充颜色为"蓝色"，并添加授课人的学校和姓名，最终效果如图 8-10 所示。

4. **保存课件** 单击"保存"按钮 💾，保存课件。

 知识库

1. 快速复制图形

　　在 PowerPoint 中快速复制图形的方法除了按 Ctrl+C 键(复制)、Ctrl+V 键(粘贴)以外，还有以下 3 种便捷操作。

- Ctrl+D：选择要复制的对象，按 Ctrl+D 键，即可快速复制所选图形。
- Ctrl+拖动图形：选择要复制的对象，按住 Ctrl 键，同时拖动鼠标，即可快速复制。
- Ctrl+Shift+拖动图形：按住 Ctrl+Shift 键，同时拖动鼠标，可以实现对齐复制的功能。

2. 设置文本效果

　　PowerPoint 自带了一些艺术字样式。为了使艺术字更加美观、有创意，还可以自定义艺术字样式，例如，修改艺术字的"文本填充"色、"文本轮廓"色，以及"文本效果"等，其中"文本效果"又分为阴影、映像、发光、棱台、三维旋转和转换六大类。

创新园

1. 打开"三角形的内角和.pptx"课件，将"背景.jpg"图片设置为课件的封面背景，效果如图 8-13(a)所示。

2. 复制课件"三角形的内角和"的封面，在课件结尾处粘贴，制作片尾，标题内容改为"谢谢！"，效果如图 8-13(b)所示。

(a) 设置片头背景　　　　　　　　　　(b) 制作片尾标题

图 8-13　课件"三角形的内角和"封面和封底效果图

8.2.3　制作课件导航菜单

课件"家庭用电"的导航菜单效果如图 8-14 所示。要制作导航目录和翻页按钮，可在操作时，先插入自选图形，然后添加文字、设置格式等，最后为每个对象创建超链接或动作。

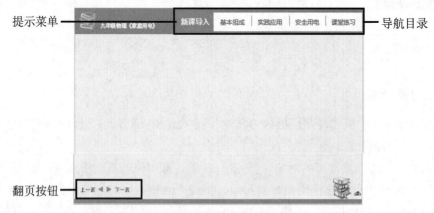

图 8-14　课件导航菜单效果图

跟我学

制作导航目录

在幻灯片页面的上方插入矩形形状并调整其大小和颜色,然后添加栏目文字并设置文字格式,完成导航目录的制作。

1. **打开课件** 运行 PowerPoint 软件,打开课件"家庭用电(母版初).pptx",选择"视图"→"幻灯片母版"命令,准备对课件母版进行修改。

2. **插入自选图形** 选择"插入"→"形状"命令,绘制矩形形状,然后根据需要复制出 4 个矩形形状,设置其格式,并排列对齐,效果如图 8-15 所示。

图 8-15 插入自选图形

3. **添加文字** 在插入的矩形形状上添加文字,并设置文字格式,效果如图 8-16 所示,完成导航目录的制作。

图 8-16 添加文字

设置不同的颜色来表示提示菜单,设置第一个矩形形状的颜色为"橙色",表示当前所选栏目是"新课导入"。

4. **插入间隔竖线** 在每个矩形形状的中间,插入蓝色线条,以区分菜单中的栏目,效果如图 8-17 所示。

图 8-17 插入间隔竖线

5. **制作其他导航目录** 选择"视图"→"幻灯片母版"命令,插入新的版式,重复步骤 2~4,完成另外 4 个导航目录的制作,效果如图 8-18 所示。

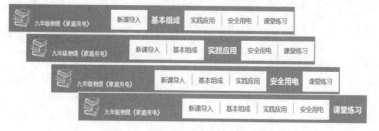

图 8-18 完成其他导航目录的制作

制作翻页按钮

打开幻灯片母版视图，制作用于翻页的按钮，然后为每个按钮设置动作，链接到目标页面。

1. **制作翻页按钮** 选择"插入"→"形状"命令，绘制按钮，并进行添加文字、设置格式、排列对齐等操作，完成翻页按钮的制作，效果如图 8-19 所示。

图 8-19 制作翻页按钮

2. **创建动作** 按图8-20所示操作，完成链接到"上一张幻灯片"的设置。

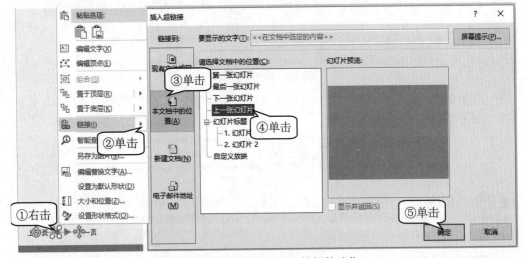

图 8-20 创建"上一页"按钮的动作

3. **创建其他动作** 重复步骤 2 的操作，完成其他按钮的动作设置。
4. **退出母版视图** 按图 8-21 所示操作，退出幻灯片母版视图，单击"保存"按钮🖫，保存课件。

图 8-21 退出母版视图

知识库

1. 对齐图形对象

使用鼠标移动图形对象，很难使多个图形对象排列得很整齐。按图 8-22 所示操作可快速对齐图形对象。

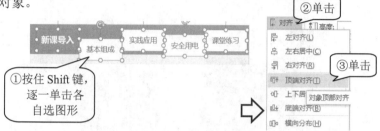

图 8-22　对齐图形对象

2. 重命名版式

在幻灯片母版视图中，制作好课件母版中的各个版式页面后，为了方便使用和选择，还可以按图 8-23 所示操作，给自己制作的版式重命名。

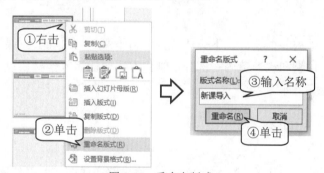

图 8-23　重命名版式

 创新园

1. 打开"轴对称(初).pptx"课件，使用母版主题功能，快速修改课件的页面背景，使最终效果如图 8-24 所示。

图 8-24　"轴对称"课件页面背景效果图

2. 打开"气温的变化与分布(初).pptx"课件，在默认的母版上制作导航菜单，效果如图8-25所示。

图 8-25　课件"气温的变化与分布"导航菜单效果图

8.3　添加课件内容

设计好课件的结构与框架后，下一环节就是制作课件的内容页。课件的内容页大致包括情境导入、分析讲解和练习巩固三部分，制作方法包括插入素材、设置触发器、制作交互导航、制作课堂练习题等。

8.3.1　制作导入部分

本节通过在新课导入环节，嵌入能够展示家庭电路布线图实物及线路演示过程的 Flash 动画，激发学生兴趣，快速引入课题。导入部分由标题文字、装饰图片和电路演示动画三部分组成，如图 8-26 所示。

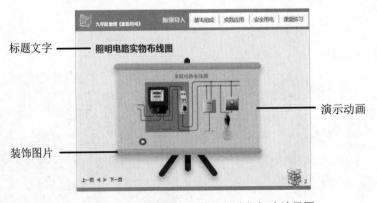

图 8-26　课件"家庭用电"导入部分幻灯片效果图

跟我学

添加装饰图片

　　课件中的装饰图片包括背景图片、内容衬图和装饰图标等，灵活运用装饰图片可以使课件主题突出、风格统一、条理清晰。

1. **打开课件**　运行 PowerPoint 软件，打开课件"家庭用电(内容页初).pptx"，切换至第 2 张幻灯片。

2. **添加标题文字**　使用"文本框"工具，在页面的左上方添加文字"照明电路实物布线图"，按图 8-27 所示参数，设置文字的格式。

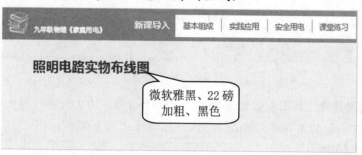

图 8-27　添加标题文字

3. **插入装饰图片**　按图 8-28 所示操作，插入素材文件中的"投影幕.png"图片，作为动画的装饰衬图。

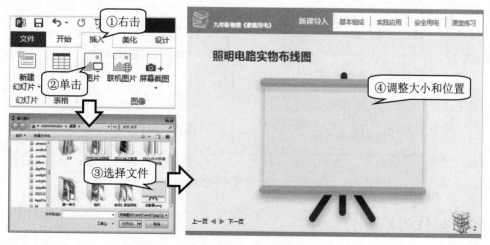

图 8-28　插入装饰图片

嵌入动画文件

　　插入 Flash 动画文件，调整 Flash 动画画面大小与位置，设置 Flash 动画文件为嵌入式保存。

1. **插入动画**　按图 8-29 所示操作，插入 Flash 动画，并调整动画播放界面的大小与位置，使其正好出现在投影幕的幕布上。

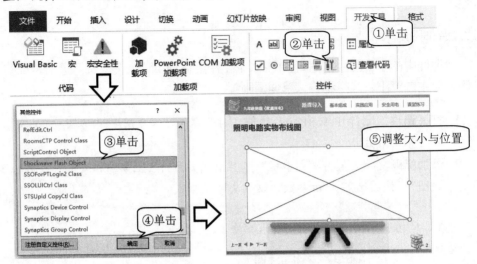

图 8-29　插入动画

2. **设置动画属性**　按图 8-30 所示操作，输入 Flash 动画的文件路径与文件名全称，设置 EmbedMovie 的选择项为 True，使 Flash 文件嵌入保存。

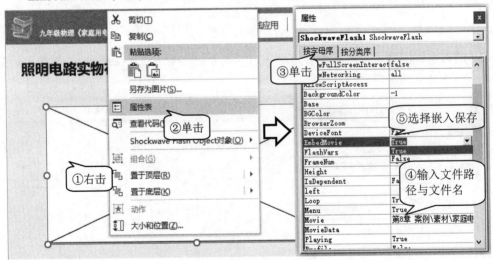

图 8-30　设置动画属性

8.3.2　制作讲解部分

课件"家庭用电"讲解部分幻灯片如图 8-31 所示。本实例通过制作"家庭电路导航主界面"幻灯片，着重介绍触发器设置；通过制作"进户线"幻灯片，着重介绍课件内的导航设置。讲解部分的其他幻灯片，可按照相同步骤进行制作。

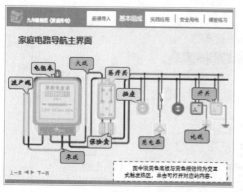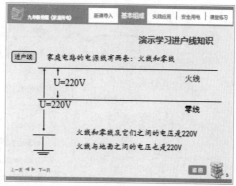

图 8-31　课件"家庭用电"讲解部分幻灯片效果图

 跟我学

制作触发交互

　　在幻灯片中制作触发交互的过程较为复杂，但只要掌握正确的操作方法，制作起来也很简单，即先对幻灯片中的对象统一命名，再按顺序逐一设置呈现方式与触发对象。

1. **规范对象命名**　切换至第 4 张幻灯片，单击左边红框中的对象，按图 8-32 所示操作，在右边红框中给对象重命名，使其便于识别。

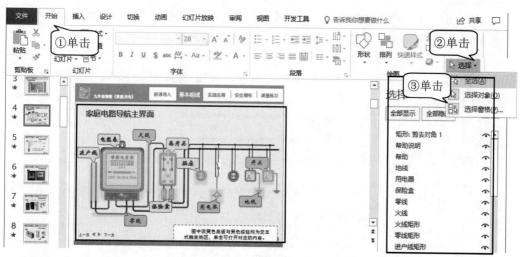

图 8-32　规范对象命名

　　为幻灯片中的对象命名，可以方便对对象进行查找、选取和设置。命名原则：简单直观，且同一幻灯片中，最好不要有重名。

2. **设置触发交互**　以设置"电能表"触发对象为例。按图 8-33 所示操作，先设置"电能表"文字对象的进入动画为"出现"，再在"动画窗格"中，设置其触发对象为"电能表矩形"。

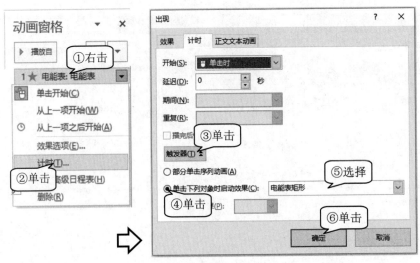

图 8-33　设置触发交互

　交互式触发设置操作步骤较多，但是操作顺序都是一样的，只要经常使用，就可熟练制作出具有灵活、机动交互功能的课件。

3. **完成其他设置**　按照上述步骤，完成其他对象的触发交互设置。

制作交互导航

综合型课件一般内容较多，可通过设置主界面导航对幻灯片进行自由切换。根据教学的需要，还可以对某些重点教学环节设置二级导航界面。

1. **制作二级导航界面**　切换到第 4 张幻灯片，按图 8-34 所示操作，为二级导航界面设置超链接。

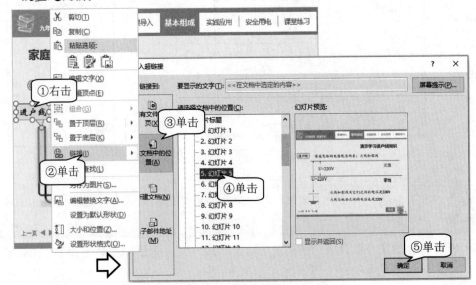

图 8-34　制作二级导航界面

2. **制作返回按钮**　切换到第 5 张幻灯片，按图 8-35 所示操作，为子页面中的"返回"
按钮设置超链接，从而实现单击"返回"按钮即可返回二级导航界面的效果。

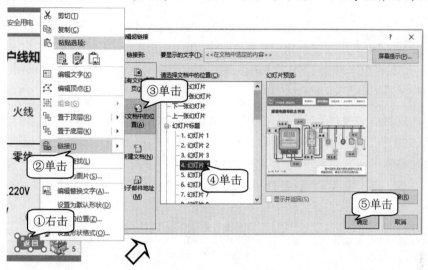

图 8-35　制作返回按钮

3. **制作其他界面**　按照上述步骤，完成其他界面的导航制作。可放映"家庭用电"课
件，感受交互式导航的作用。

 制作交互式导航，可以改变课件的播放顺序，便于教师在教学过程中根据教学
需求，有选择地展示对应的课件内容。

8.3.3　制作巩固部分

课件"家庭用电"巩固部分幻灯片如图 8-36 所示。本实例通过制作"巩固练习"幻灯
片，着重介绍练习题的设计制作方法；通过制作"课堂小结"幻灯片，主要介绍思维导图
在知识梳理中的应用。

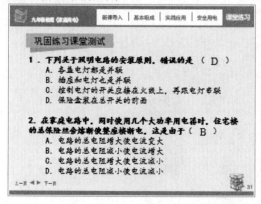 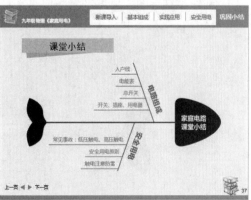

图 8-36　课件"家庭用电"巩固部分幻灯片效果图

跟我学

在幻灯片的适当位置添加文本框，输入内容，使题干和答案处于不同的文本框中，然后为答案添加自定义动画。

1. **输入题目** 切换到第 31 张幻灯片，通过插入文本框、输入文字内容，并设置字号为"20号"等，完成题干和选项的制作，效果如图 8-37 所示。

2. **添加答案** 插入文本框，输入字母 D，设置字体格式为"红色""24号"等；再插入文本框，输入字母 B，设置字体格式为"红色""24号"等，完成答案的制作，效果如图 8-38 所示。

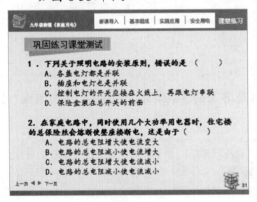

图 8-37 输入题目　　　　　　　　　　　图 8-38 添加答案

制作"小结导图"

通过思维导图可以很好地梳理、总结知识点。先运用思维导图工具制作小结导图，并保存到计算机中，再将小结导图插入幻灯片的适当位置。

1. **制作小结导图** 使用思维导图工具，制作"家庭电路"课堂小结导图，以图片格式保存在计算机中，效果如图 8-39 所示。

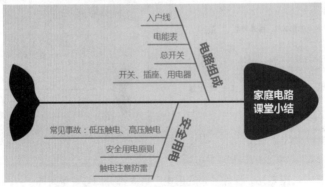

图 8-39 "家庭电路"课堂小结导图效果图

2. 插入小结导图　切换到第 37 张幻灯片，按图 8-40 所示操作，插入素材文件夹中的
"小结导图.png" 图片，作为动画的装饰衬图。

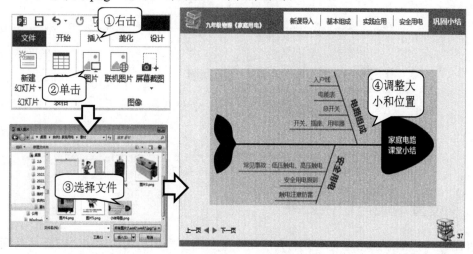

图 8-40　插入小结导图

3. 设置透明色　按图 8-41 所示操作，设置小结导图的背景色为 "透明色"，按 Ctrl+S
键，保存课件。

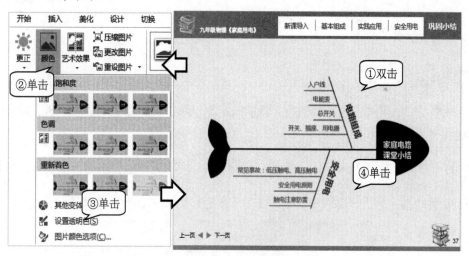

图 8-41　设置透明色

8.4　设置发布课件

为课件幻灯片中的对象设置动画效果，其目的是吸引学生的注意力，起到突出重点、
突破难点的作用，而不是 "哗众取宠"。因此，要根据教学需要，有目的、有重点地设置动
画效果。课件 "家庭用电" 的第 11 张幻灯片中使用了 "进入" 动画，效果如图 8-42 所示。

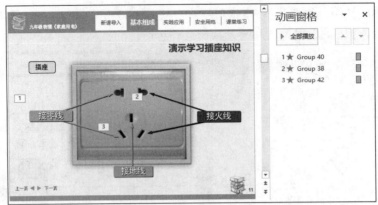

图 8-42 课件"家庭用电"第 11 张幻灯片效果图

8.4.1 设置动画与切换效果

在幻灯片内部添加自定义动画的方法是，单击需要添加动画的对象，打开"动画"选项卡，即可为其添加动画并设置相应效果；为幻灯片添加切换动画的方法是，在普通视图下，切换到需要添加切换动画的幻灯片，打开"切换"选项卡，即可为其添加动画并设置相应的切换效果。

跟我学

设置片内动画

选中文本、图形、图像等对象，添加自定义动画，通过控制对象的出现，起到突出流程顺序或重点的作用。

1. **打开课件** 运行 PowerPoint 软件，打开课件"家庭用电(动画初).pptx"，切换到第 11 张幻灯片。
2. **添加动画** 单击"接零线"对象组合，按图 8-43 所示操作，为其添加"飞入"动画。

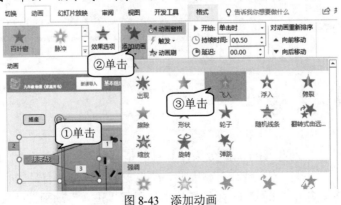

图 8-43 添加动画

3. **设置动画效果**　设置提示文字"接零线"对象的动画效果为"从左侧"飞入。

4. **完成其他动画制作**　重复步骤3和步骤4的操作，为其他对象添加动画并设置效果。

设置切换动画

为幻灯片添加切换动画，使幻灯片从上一页自然过渡到下一页，以增加课件的生动性、艺术性。

1. **添加切换动画**　在普通视图下，切换到第 3 张幻灯片，按图 8-44 所示操作，为第 3 张幻灯片添加"旋转"切换动画。

2. **设置动画效果**　打开"切换"选项卡，按图 8-45 所示操作，设置页面的切换效果为"自左侧"。

图 8-44　添加切换动画

图 8-45　设置动画效果

根据需要，还可以设置页面的切换声音和换片方式，若单击"全部应用"按钮，则该切换效果将应用于此课件的所有页面。

3. **保存课件**　单击"保存"按钮，保存课件。

 知识库

1. 删除动画效果

如果对设置的动画效果不满意，则可以将其删除。在"动画窗格"中，先选中要删除的动画效果，右击，在弹出的快捷菜单中选择"删除"命令或按 Delete 键，即可删除选中的动画效果。

2. 批量设置自定义动画

如果同时有几个对象要设置相同的自定义动画，可利用"动画刷"工具轻松地将一个动画复制到另一个对象上。"动画刷"工具的使用方法与"格式刷"工具相同，它能大大提高效率，节省时间。

8.4.2　处理课件字体与图片

在制作课件时，使用一些特殊字体或高清图片，可以让画面更加美观、清晰，如图 8-46 所示。但是，使用高清图片会让文件变大；使用特殊字体会导致在其他计算机上播放课件时，字体出现变化或错位。为了避免这样的问题出现，课件制作完成后，需要处理字体、压缩图片。

图 8-46　课件"家庭用电"部分幻灯片效果图

 跟我学

打包字体

课件中运用了特殊字体后，为了让课件在其他计算机中也可以正常显示字体效果，需要对字体进行打包，提高课件的兼容性。

1. **打开文件**　运行 PowerPoint 软件，打开课件"家庭用电(动画终).pptx"。
2. **将字体嵌入文件**　依次选择"文件"→"另存为"→"计算机"→"浏览"命令，按图 8-47 所示操作，将字体嵌入文件。

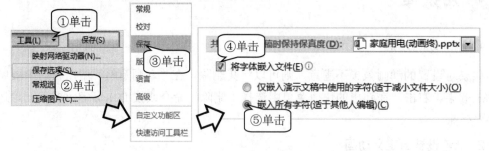

图 8-47　将字体嵌入文件

3. **保存文件**　返回"另存为"对话框，选择文件夹，单击"保存"按钮，保存课件。

压缩图片

在 PowerPoint 中，对图片进行压缩的方式有单张压缩和批量压缩。在压缩图片时，可以根据实际需要选择不同的压缩比例。

1. **压缩单张图片**　切换到第 6 张幻灯片，按图 8-48 所示操作，压缩单张图片。

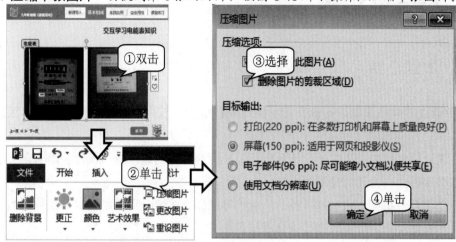

图 8-48　压缩单张图片

2. **批量压缩图片**　选择"文件"→"另存为"→"计算机"→"浏览"命令，按图 8-49 所示操作，批量压缩课件中的所有图片。

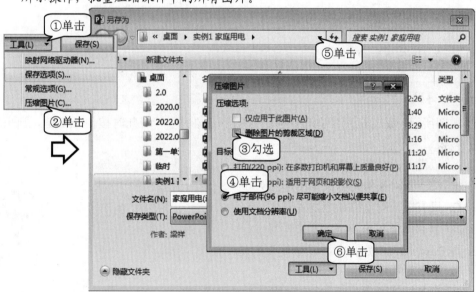

图 8-49　批量压缩图片

3. **保存课件**　单击"保存"按钮█，保存课件。

8.5 小结和习题

8.5.1 本章小结

本章通过具体的实例，详细介绍了制作课件的一般过程、方法和技巧，具体包括以下内容。

- **设计课件结构**：从教学设计分析、课件脚本撰写到课件界面设计，详细介绍了综合型课件结构设计的过程与方法。
- **搭建课件框架**：通过插入图片、形状等操作，详细介绍了如何制作课件母版、封面和导航菜单，以完成课件整体框架的搭建。
- **添加课件内容**：通过制作导入、讲解、巩固 3 个主要授课环节，介绍了插入图片、动画的方法，以及利用触发器、超链接等功能完成课件主体内容制作的技巧。
- **设置发布课件**：介绍了根据教学内容为课件设置片内动画和切换效果的方法，以及处理字体与图片的技巧。

8.5.2 强化练习

一、选择题

1. 如图所示，在幻灯片中拖动鼠标改变图形对象大小，若此时按住Shift键，则出现的结果是(　　)。

    A. 以图形对象的中心为基点进行缩放
    B. 按图形对象的比例改变图形的大小
    C. 只有图形对象的高度发生变化
    D. 只有图形对象的宽度发生变化

2. 在 PowerPoint 软件中，"动画刷"的作用是(　　)。
    A. 复制母版
    B. 复制切换效果
    C. 复制字符
    D. 复制幻灯片中对象的动画效果

3. 在 PowerPoint 软件中，"动画刷"在(　　)选项卡中。
    A. 设计　　　　　　　　　　　　B. 切换
    C. 审阅　　　　　　　　　　　　D. 动画

4. 在制作课件内容页时，若要选定当前幻灯片中的全部对象，可按快捷键(　　)。
    A. Shift+A　　　　　　　　　　　B. Ctrl+A
    C. Shift+C　　　　　　　　　　　D. Ctrl+C

5. 课件制作好后，为了以后打开时能自动播放，应该另存为(　　)格式。

A. pptx
B. ppsx

C. docx
D. xlsx

6. 如果制作幻灯片时使用了 PowerPoint 软件中提供的版式，那么其中各对象的占位符(　　)。

A. 能用具体内容去替换，不可删除

B. 能移动位置，但不能改变格式

C. 可以删除不用，也可以在幻灯片中插入新的对象

D. 可以删除不用，但不能在幻灯片中插入新的对象

7. (　　)不是 PowerPoint 软件母版。

A. 讲义母版
B. 标题母版

C. 大纲母版
D. 备注母版

8. 制作课件时，若想在每张幻灯片中的相同位置插入学校的校徽，则最好的设置方法是在幻灯片的(　　)中进行。

A. 普通视图
B. 浏览视图

C. 母版视图
D. 备注视图

9. 关于对象的组合/取消组合，以下正确的叙述是(　　)。

A. 插入的任何图片都可以通过取消组合将其拆分为若干独立成分

B. 只能在幻灯片视图中对组合对象进行取消组合操作

C. 组合操作的对象只能是图形或图片

D. 对于图元格式的图片可以取消组合

10. 在 PowerPoint 2016 中，要设置幻灯片之间的切换效果(例如，从一张幻灯片"闪耀"到下一张幻灯片)，应在(　　)选项卡中进行设置。

A. 幻灯片放映
B. 设计

C. 切换
D. 动画

二、判断题

1. 幻灯片母版的作用是对幻灯片的页面进行打印设置。　　　　　　　　　　(　　)

2. 填充幻灯片母版背景的方式包括纯色填充、渐变色填充、图片或纹理填充、图案填充等。　　　　　　　　　　　　　　　　　　　　　　　　　　　　　(　　)

3. 在 PowerPoint 中，选定的主题可以应用于所有的幻灯片。　　　　　　　(　　)

4. 在 PowerPoint 中，只能以链接的方式插入 Flash 文件，播放时必须保证 Flash 文件和课件在同一文件夹中。　　　　　　　　　　　　　　　　　　　　　　(　　)

5. 在 PowerPoint 中，可以将选中的对象链接到其他课件中的任何对象上。　(　　)

6. 若要使幻灯片在播放时能每隔3秒自动转到下一页，则应在"切换"选项卡中进行设置。 （ ）

7. 若要在切换幻灯片时添加声音，则可以在"动画"选项卡中进行设置。 （ ）

8. 通过"设计"选项卡的"变体"组中的命令可以更改超链接文字的颜色。 （ ）

9. 在 PowerPoint 中，可以设置同一文本框中不同段落的出现次序。 （ ）

10. 在 PowerPoint 中，对于同一对象可以插入 3 种以上的动画效果。 （ ）

三、问答题

1. 课件制作的一般工作流程可以分为哪几个阶段？

2. 请你用自己的话说一说什么是课件脚本？

3. 请谈谈制作课件时应当遵循的原则有哪些？

4. 幻灯片母版有哪几种？母版的主要作用是什么？

5. 制作课件动画的要点是什么？需要注意哪些问题？